本书为2021年国家社会科学基金重点项目"宋代汉文文献吐蕃词汇整理与研究"（21AZS008）的中期成果

黄河流域文化研究丛书

宋代吐蕃部族研究

齐德舜 著

SONGDAI TUBO BUZU YANJIU

知识产权出版社
全国百佳图书出版单位
—北 京—

图书在版编目（CIP）数据

宋代吐蕃部族研究 / 齐德舜著 . —北京：知识产权出版社，2023.5
ISBN 978-7-5130-8594-6

Ⅰ.①宋⋯　Ⅱ.①齐⋯　Ⅲ.①吐蕃—民族历史—研究—宋代　Ⅳ.①K289

中国国家版本馆 CIP 数据核字（2023）第 000383 号

内容提要

本书通过对宋金时期西北吐蕃部族的个案与综合研究，归纳出整个西北吐蕃部族的内部运行机制、文化变迁过程及与国家和社会的互动关系。同时，通过对宋金时期西北吐蕃部族的微观与宏观研究，揭示西北吐蕃部族发展的个性与共性及其发展规律。

本书可供历史学专业的研究者及历史爱好者阅读。

责任编辑：高　源　　　　　　　责任印制：孙婷婷

黄河流域文化研究丛书

宋代吐蕃部族研究

齐德舜　著

出版发行：	知识产权出版社有限责任公司	网　址：	http://www.ipph.cn
社　址：	北京市海淀区气象路 50 号院	邮　编：	100081
责编电话：	010-82000860 转 8701	责编邮箱：	laichushu@cnipr.com
发行电话：	010-82000860 转 8101	发行传真：	010-82000893
印　刷：	北京中献拓方科技发展有限公司	经　销：	新华书店、各大网上书店及相关专业书店
开　本：	787mm×1092mm　1/32	印　张：	7
版　次：	2023 年 5 月第 1 版	印　次：	2023 年 5 月第 1 次印刷
字　数：	170 千字	定　价：	58.00 元
ISBN 978-7-5130-8594-6			

出版权专有　侵权必究
如有印装质量问题，本社负责调换。

序　言

2004—2010年，齐德舜在兰州大学西北少数民族研究中心跟着我完成了硕士和博士阶段的学习，先后获得民族学专业的硕士和博士学位。从兰州大学毕业后，齐德舜入职河南大学，短短十余年，取得了有目共睹的成绩。在科研方面，齐德舜不仅将他在兰州大学攻读博士学位时开始涉足的唃厮啰家族研究继续向纵深推进，而且将研究领域扩展至整个宋代西北吐蕃部族，十余年间共发表论文40余篇，出版专著3部。尤为可喜的是，继2012年齐德舜同时获批教育部和国家社会科学基金项目之后，2020年再次获批教育部规划项目"宋代笔记吐蕃文献整理与研究"，2021年又获批国家社会科学基金重点项目"宋代汉文文献吐蕃词汇整理与研究"。教育部和国家社会科学基金这些高水平项目的获批意味着齐德舜的研究已获得学界的认可与赞同，他已经进入宋代吐蕃史研究领域的第一方阵。此外，他在河南大学一步一个脚印，2013年从讲师晋升为副教授，2019年从副教授晋升为教授，2020年被遴选为河南大学博士生导师、河南大学历史学特聘教授。每次听到他项目中标的消息，每次看到他发表的新作，每次听到他传给我的喜讯，作为他的导师，我由衷地为他感到高兴，也为自己培养出了一位藏学和民族史研究的新秀而感到自豪！正因如此，在本书即将付梓之际，我欣然答应为本书撰写序言。

宋金时期是西北吐蕃部族重要的发展时期，大大小小的吐蕃部族分散居住在陕西沿边吐蕃居住区（陕西沿边诸州）、熙河兰会吐蕃居住区（通远军及熙、河、兰、会四州）、河北吐蕃居住区（湟、鄯、廓三州及青海湖以西地区）、河南吐蕃居住区（包括积石军及洮岷、迭、宕、阶、文等州）、河西吐蕃居住区（包括灵、凉二州乃至河西走廊）五大区域，上承唐代河湟吐蕃部落，下启明清藏族部落。对西北地区产生重大影响的唃厮啰家族正是形成于宋代并传承至民国时期，明清时期河湟地区很多藏族部落亦肇始于宋金时期。每个吐蕃部落的发展史都是西北社会数百年变迁史的微观缩影，因此对宋金吐蕃部落的研究有助于开阔我们的研究视野，从微观角度透视西北社会发展和民族融合的历程，最终可以全方位、多层次地了解中国西北波澜壮阔的历史，同时也有助于加深对西北民族、历史、地理、政治、经济、军事、宗教、文化等方面的研究。

习近平总书记在《领导干部要读点历史——在中央党校2011年秋季学期开学典礼上的讲话》一文中提出："在中国的史籍书林之中……其中包含着许多涉及对国家、社会、民族及个人成与败、兴与衰、安与危、正与邪、荣与辱、义与利、廉与贪等等方面的经验与教训。"他常说："历史、现实、未来是相通的。""弄清楚我们从哪儿来、往哪儿去，很多问题才能看得深、把得准。"这是一种将过去、现实和未来联系起来考察问题、作出决策的"历史思维"。习近平总书记的讲话为宋金吐蕃部族研究指明了方向。从宋金到明清，很多西北吐蕃部族的首领均担任过重要职务，他们是历朝历代民族宗教政策在西北地区最为重要的执行者，在国家的民族治理体系中发挥过重要作用。从宋金一直到明清，西北吐蕃部族在社会制度、民族关系、宗教文化的变革中扮演着至关重要的角色，研究宋元明清时期的民族宗教政策和民族关系不可能离开对西北吐蕃部族的研究。从现实角度看，现今甘青藏区很多藏族部落均可以追溯到宋金西北吐蕃部族，对宋金西北吐蕃部族的历史进行深入研究，对落实习近平总书记重要讲话精神，对当前制定正确的民族宗教政策、铸牢中华民族共同体意识、构建社会主义和谐社会有着重要的现实意义。

通常来讲，历史学的研究往往以时间为轴线，以人物为线索。齐德舜对宋金西北吐蕃部族的研究却打破了这种单纯民族史或专门史的研究思路和方法，采取的是一种个案与综合相结合的研究路径，立足于宋代西北吐蕃部族的生存场景，围绕政治、经济、文化、宗教及民族关系等线索，从西北吐蕃部族的视角还原宋代西北波澜壮阔的历史。在个案选取方面，齐德舜选取的是既有代表性又颇具影响力的吐蕃部族；在研究的过程中，重点研究所选吐蕃部族最鲜明的特点，如唃厮啰家族从赞普到土司的政治嬗变、包家族从酋豪到土司的身份转换、秦州尚波于部在秦州汉蕃边缘地带艰难的生存环境、陇逋族数百年不断的迁徙过程、乔家族维持自身生存与发展的联姻经历、亚然家族定居邈川的地域特色、西纳族从单一到多元文化的嬗变过程，以及其他世家大族的家族世系传承等。在综合研究方面，则集中探讨部族的发展嬗变、部族的共性特点及内部运行机制等，归纳宋金西北吐蕃部族文化变迁及其与国家和社会的互动、发展的个性与共性、发展路径和发展规律。

从2011年出版第一本专著《唃厮啰家族世系史》，该书已是齐德舜的第四本专著，第五本专著《宋代吐蕃编年史》也已完成初稿并与出版社签订了出版合同。2015年，我曾经为他的第二本专著《〈宋史·吐蕃传〉笺证》撰写序言，寄语他"百尺竿头，更进一步，为学术界不断贡献好的作品，为藏学的发展、为民族学的发展做出更大的贡献！"倏忽五年过去，齐德舜交出了一份令人满意的答卷，成为年轻学者中的佼佼者。这是他不懈追求、勤奋努力的结果。该书付梓之际，我希望齐德舜能够继续努力，在科研的道路上继续求真求实，在未来的五年、十年能够看到他更多的科研成果，取得更为辉煌的成就。我也将继续为年轻学者的成长呐喊、助威、点赞！

洲 塔
兰州大学西北少数民族研究中心教授、博士生导师
2021年12月7日于兰州大学

目　录

绪　论　001

第一章　宋代西北吐蕃部族活动区域的自然及人文环境 　009
　第一节　河湟地区的自然及人文环境　009
　第二节　河西地区的自然及人文环境　013
　第三节　秦州地区的自然及人文环境　020

第二章　从赞普到土司的唃厮啰家族 　025
　第一节　唃厮啰家族最高权力的更迭　025
　第二节　从殿直充巡检使到熙河路官员　029
　第三节　从左武大夫到赵土司　035
　第四节　部落首领：唃厮啰家族从未改变的政治身份　042

第三章　秦州尚波于部 　047
　第一节　秦州尚波于部的族属与居地　047
　第二节　汉蕃边缘的尚波于部　050

第四章　从酋豪到土司的包家族 　055
　第一节　从酋豪到蕃官：北宋时期包家族的政治嬗变　055

第二节　金统治下包家族的政治嬗变　　060
　　第三节　元明清时期的包土司　　063

第五章　部落联姻下的乔家族　　067
　　第一节　乔家族族源及早期居地考述　　068
　　第二节　乔家族与唃厮啰家族的关系考述　　072
　　第三节　乔家族后裔史籍及居地考述　　076

第六章　迁徙不定的陇逋族　　081
　　第一节　陇逋族族源及族名考　　082
　　第二节　从秦州大、小洛门到阶州峰帖硖　　086
　　第三节　从叠州、岷州到积石山以北、青唐城　　091
　　第四节　从湟水中游到玉树地区　　095

第七章　占据邈川的亚然族　　102
　　第一节　亚然家族的世系传承　　103
　　第二节　亚然家族与青唐吐蕃政权的建立与分裂　　107
　　第三节　北宋、西夏、青唐吐蕃政权夹缝中的亚然家族　　110
　　第四节　亚然家族主要部族首领　　115

第八章　宋代吐蕃部族的酋豪群体与世系传承　　119
　　第一节　河南扎实庸咙家族　　119
　　第二节　宗哥李立遵家族　　122
　　第三节　青唐阿里骨家族　　127
　　第四节　河南鬼章家族　　131

第五节　其他吐蕃世家大族　　　　　　　　　　137

第九章　宋代吐蕃部族的内部运行机制及特点　145
　　第一节　宋金吐蕃部族的分布与分类　　　　　　145
　　第二节　宋金吐蕃部族的内部运行机制　　　　　　151
　　第三节　宋金时期吐蕃部族的经济运行特点　　　　157
　　第四节　宋金时期吐蕃部族的共性特点　　　　　　164
　　第五节　宋金时期吐蕃部族的发展路径　　　　　　171

附录一　宋代吐蕃部族同名异译对照表　　　　　　　176
附录二　宋代西北吐蕃大事记　　　　　　　　　　　179

参考文献　　　　　　　　　　　　　　　　　　　　200

后　记　　　　　　　　　　　　　　　　　　　　　209

绪 论

一、研究对象

本书的研究对象是宋金时期活跃在西北地区的广大吐蕃部族。大大小小的吐蕃部族遍布西北各地，东起陇山之首，西至阳关之西，"自仪、渭、原、环、庆、镇戎暨于灵、夏皆有之"❶。据不完全统计，宋金时期有近千个大大小小的吐蕃部族生存、繁衍于西北地区，居地可考且有世系传承者亦有数百个之多，总人口有210万之多。❷

宋金时期大大小小的吐蕃部族共分为五大居住区域：一是黄河以北居住区，主要包括湟州（今青海省海东市乐都区、民和回族土族自治县一带）、鄯州（今青海省西宁市）、廓州（今青海省海东市化隆回族自治县）等地。黄河以北居住区是五代以来甘青藏族最大的聚居区，是唃厮啰家族政权统治的政治、经济、文化中心，可以说是唃厮啰家族政权统治的核心区域。二是黄河以南居住区，主要指积石军及洮（今甘肃省临潭县）、岷（今甘肃省岷县）、叠（今甘肃省迭部县）、宕（今甘肃省宕昌县）、阶（今甘肃省舟曲县）五州，后进一步向南发展，直至四川黎（今四川

---

❶ 脱脱. 宋史·卷492·吐蕃传[M]. 北京：中华书局，1977：14151.
❷ 汤开建，杨惠玲. 宋金时期安多藏族人口的数据与统计——兼谈宋金时期安多藏族人口发展的原因[J]. 西北民族研究，2007（3）：83–93.

省汉源县)、雅(今四川省雅安市)等州。黄河以南居住区最初为唃厮啰之兄扎实庸咙及其后裔的统治区域,后来一部分地区成为唃厮啰四世孙结什角统治地区。三是河西走廊地区,包括凉(今甘肃省武威市)、甘(今甘肃省张掖市)、瓜(今甘肃省酒泉市)、沙(今甘肃省敦煌市)、灵(今宁夏回族自治区吴忠市)等州。河西走廊居住区最初为六谷蕃部统治区域,后来为西夏占领,六谷蕃部全部迁走。四是熙河地区,包括古渭州(今甘肃省平凉市)、熙州(今甘肃省临洮县)及河(今甘肃省临夏回族自治州)、兰(今甘肃省兰州市)、会(今甘肃省靖远县)等州,均在甘肃境内。熙河居住区最初亦为唃厮啰政权统治区,后来唃厮啰政权一分为三,唃厮啰之子瞎征来到熙河地区被当地吐蕃部落推举为首领。五是陕西缘边区,包括当时的秦凤(今甘肃省天水市)、泾原(今甘肃省平凉市)、环庆(今甘肃省庆阳市)等路,这一地区主要为吐蕃熟户居住区。

二、国内外相关研究的学术史梳理及研究动态

对宋金时期西北吐蕃部族这一庞大群体的学术研究始于20世纪70年代,既有个案研究,亦有综合研究。

(一)个案研究

国内外学术界对宋金时期吐蕃部族的个案研究最早应为日本学者岩崎力,他在20世纪70年代发表的《宋代青唐部落史料》一文[1]拉开了对宋代吐蕃部族研究的序幕。此后,岩崎力分别在《西夏国的建立与宗哥族的动向》[2]和《宗哥城唃厮啰政权的特点及结

---

[1] 岩崎力.宋代青唐部落史料[J].中央大学大学院论丛,1973,5(1).
[2] 岩崎力.西夏国的建立与宗哥族的动向[C]//中村治兵卫先生七十寿辰纪念东洋史论丛,刀水书房,1986.

构》❶等文章中对宗哥族进行了深入研究,在《西凉府潘罗支政权始末考》❷《宋代河西藏族部落与佛教》❸《北宋时期河西藏族部落之研究》❹等文章中对河西六谷蕃部进行了个案研究。另一位日本学者铃木隆一的《青唐吐蕃唃厮啰王朝与青海藏族部落:以乔家族为研究重点》❺一文对乔家族进行了考察与研究。

  国内学者对宋代吐蕃部族的关注与研究始于20世纪80年代,略晚于日本学者岩崎力,早于日本学者铃木隆一,研究重点依然是河西六谷蕃部和唃厮啰部,对其他部族研究较少。上海师范大学古籍研究所顾吉辰先生的《五代北宋初期西凉府族帐考》❻和暨南大学汤开建先生的《关于公元八六一年至一〇一五年凉州地方政权的历史考察》❼文章是国内研究六谷蕃部比较早的代表作。对唃厮啰部族的研究之多、最权威的当属中国社会科学院祝启源先生的《唃厮啰——宋代藏族政权》❽和《青唐盛衰:唃厮啰政权研究》❾两本专著。此外,汤开建、杨惠玲的《宋、金时期安多吐蕃部落包家族考述》❿则对兴起于北宋时期的俞龙珂家族进行了研究,很有价值。此外,对西北吐蕃部族有深入研究的还有李华瑞、刘建丽、芈一之、吴均、黎宗华、任树民、李蔚等一大批学者。

---

❶ 岩崎力.宗哥城唃厮啰政权的特点及结构[J].中央大学亚洲史研究,1978(2).
❷ 岩崎力.西凉府潘罗支政权始末考[J].东方学,1974(47).
❸ 岩崎力.宋代河西藏族部落与佛教[J].东洋史研究,1987(1).
❹ 岩崎力.北宋时期河西藏族部落之研究[J].东洋文库研究所研究报告,1986(44).
❺ 铃木隆一.青唐吐蕃唃厮啰王朝与青海藏族部落:以乔家族为研究重点[J].安田学院研究纪要,1986(26).
❻ 顾吉辰.五代北宋初期西凉府族帐考[J].中国史研究,1984(3).
❼ 汤开建.关于公元八六一年至一〇一五年凉州地方政权的历史考察(上)[J].西藏研究,1988(3):25-34;汤开建.关于公元八六一年至一〇一五年凉州地方政权的历史考察(二)[J].西藏研究,1988(4):34-41.
❽ 祝启源.唃厮啰——宋代藏族政权[M].西宁:青海人民出版社,1988.
❾ 祝启源.青唐盛衰:唃厮啰政权研究[M].西宁:青海人民出版社,2010.
❿ 汤开建,杨惠玲.宋、金时期安多藏族部落包家族考述[J].民族研究,2006(1):67-76.

(二)综合研究

在对宋代西北吐蕃部族进行综合研究方面,成果最卓著的当属汤开建先生,他在《五代宋金时期甘青藏族部落的分布》❶一文中详细考证了宋金时期219个吐蕃部族的居地及活动的大致情况。除此之外,汤开建先生还在《宋金时期安多吐蕃部落史研究》❷一书中对宋金时期西北吐蕃部族的社会经济、婚姻及女性地位、宗教信仰等方面进行了系统研究。西北师范大学刘建丽的《宋代西北吐蕃研究》❸也详细研究了北宋时期西北吐蕃的政治、经济、文化、民族关系等。中国台湾学者廖隆盛先生的《北宋对吐蕃的政策》❹一文则从北宋抚边到拓边的角度对西北吐蕃部族进行了宏观研究。日本学者前田正名的《河西历史地理学研究》❺对六谷蕃部、秦州部落、唃厮啰部进行了综合研究。

学术界对宋金时期西北吐蕃部族的既有研究成果为本书的写作提供了重要的基础,但是也存在着一些不足之处。

第一,既有研究对宋金时期西北吐蕃部族的发展路径未能进行深入分析。宋金时期西北吐蕃部族随着宋代民族政策的转变经历了不同的发展道路:有的部族与西夏联合抗宋最终消亡,有的部族归附宋朝后发展为明清时期的地方土司,有的部族则迁徙至宋朝政治势力难以触及的更远的地方发展为地方酋豪。既有研究对上述发展路径未进行深入分析。

第二,既有研究主要集中在唃厮啰部和六谷蕃部等几个大的部族。宋金时期西北吐蕃部族见于各类文献且有据可查者达数千

---

❶ 汤开建.五代宋金时期甘青藏族部落的分布[J].中国藏学,1989(4).
❷ 汤开建.宋金时期安多吐蕃部落史研究[M].上海:上海古籍出版社,2007.
❸ 刘建丽.宋代西北吐蕃研究[M].兰州:甘肃文化出版社,1998.
❹ 廖隆盛.北宋对吐蕃的政策[J].台湾师范大学历史学报,1976(4).
❺ 前田正名.河西历史地理学研究[M].陈俊谋,译.北京:中国藏学出版社,1993.

个之多,有影响力的亦有数十家,学术界目前的研究仅仅局限于唃厮啰部、六谷蕃部、宗哥部等几个大的部族,对其他小部族的研究很少。

第三,学术界对吐蕃部族的研究多集中于政治、经济、文化等方面,对吐蕃部族内部的组织形式、部族的嬗变、文化变迁、与国家政权的互动、民族融合等方面基本没有涉及。

三、本书学术、理论和应用价值

(一)学术价值

西北吐蕃部族长期占据一定区域,成为甘青地区数百年社会发展的一个缩影,对这些部族进行个案与综合研究,可以开阔视野,转换角度,最终全方位、多层次地了解中国西北地区波澜壮阔的历史,同时也有助于加深对西北民族、历史、地理、政治、经济、军事、宗教、文化等方面的研究,可以说,对宋金西北吐蕃部族的研究有着重要的学术意义。

(二)理论价值

宋金时期西北吐蕃部族非常复杂,有熟户与生户之分,有血缘与地缘之别。从部族的历史发展来看,有的部族比较稳定,一直绵延发展至民国时期;有的部族则在不断的发展嬗变中渐渐消失;有的部族经过整合与重组后形成新的部族,继续在西北地区发挥重要作用。如何对这些复杂的吐蕃部族进行深入研究,学术界尚没有成熟的理论支撑。本书以个案与综合研究、微观研究和宏观研究相结合,既研究单个吐蕃部族的个性发展,又力争概括整个西北吐蕃部族的共性,深入分析吐蕃部族与社会、政治、经济、文化及国家政权等相互之间的关系,尽力跳出以往部族研究单纯考证其居地与史迹和罗列人物的窠臼,无疑有一定的理论意义。

（三）应用价值

从宋金到明清，很多西北吐蕃部族的首领均担任过重要职务，他们是历朝历代民族宗教政策在西北地区最为重要的执行者，在国家的民族治理体系中发挥过重要作用。在这一历史时期，西北吐蕃部族一直在社会制度、民族关系、宗教文化的变革中扮演着至关重要的角色。研究宋元明清时期的民族宗教政策和民族关系不可能离开对西北吐蕃部族的研究。从现实角度看，对宋金时期西北吐蕃部族的历史进行深入研究，对当前铸牢中华民族共同体意识、构建和谐社会有着重要的现实意义。

四、研究内容

本书从个案和综合研究两方面对宋金时期吐蕃部族展开研究。个案研究方面选取几个比较有影响力的吐蕃部族，如对唃厮啰家族与包家族的政治嬗变、秦州尚波于部的生存、陇逋族的迁徙、乔家族的联姻、亚然家族的地域特色等进行论述。综合研究方面则集中探讨部族的发展嬗变、部族的共性特点及部族内部运行机制等。

（一）研究重点

第一，通过对宋金时期西北吐蕃部族的个案与综合研究，归纳出整个西北吐蕃部族的内部运行机制、文化变迁过程及与国家和社会的互动关系。第二，通过对宋金时期西北吐蕃部族的微观与宏观研究，揭示西北吐蕃部族发展的个性与共性及其发展路径和发展规律。

（二）研究目标

第一，探索宋金时期西北吐蕃部族的个性与共性。宋金时期西北吐蕃部族千差万别，各有特色，既有血缘与地缘之分，又有熟户和生户之别，但他们有着共同的向心力和民族认同，共同的部落制、游牧经济、高原特色文化。本书通过对宋代吐蕃部族的个案与综合研究，努力探索宋代吐蕃部族数百年发展历程的共性与个性。

第二，通过西北吐蕃部族的视角探索宋代西北地区的历史与民族关系。学术界对宋代西北史的研究往往从政治、经济、文化等视角切入，本书将从西北吐蕃部族发展嬗变的全新视角探索宋代西北史及民族关系史，研究宋代西北吐蕃部族与国家政权及周边民族的互动关系。

第三，探索宋金时期西北吐蕃部族不同的发展嬗变路径。宋金时期西北吐蕃部族经历了不同的发展道路，既有部落制与土司制的结合，又有部落制与宗教制度的结合，本书将对宋金时期西北吐蕃部族经历的不同发展道路进行详细稽考与探索。

五、研究的基本思路与方法

（一）基本思路

个案研究与综合研究、微观研究与宏观研究的有机结合。个案研究和微观研究是指对单一西北吐蕃部族及部族某一问题的专门研究，其目的是探寻宋代西北吐蕃部族发展的个性；综合研究和宏观研究是对整个宋代西北吐蕃部族的研究，目的是归纳宋代西北吐蕃部族的共性。个案研究和微观研究是研究的基础，是立足点与出发点，综合研究和宏观研究是个案研究的概括、拓展和延伸。

个案选取的原则是从宋代吐蕃部族在西北的五大居住区域中选取在某些方面具有代表性的部族为研究对象。对于某些较有代表性或较为知名的部族个案，如六谷蕃部和唃厮啰部，学界已有较多研究成果，本书则适当简略述之。在具体研究过程中，对所选个案的突出社会特点加以深入探讨，其他方面则较少论述。

纵向对比和横向对比的有机结合。纵向对比是指对宋代某一特定吐蕃部族不同时期的政治、经济、文化等方面的对比，其目的是探讨特定吐蕃部族的发展路径及特色。横向对比则是指宋代西北吐蕃部族之间及与其他部族的对比，通过对比可以更加清楚地概括宋代西北吐蕃部族的发展规律和整体特点，从而探索宋金时期西北吐蕃部族各自不同的发展道路。

（二）研究方法

历史文献法，包括文献辑录法和文献整理法。一方面要从浩如烟海的汉藏历史文献中把与宋代西北吐蕃部族有关的文献辑录出来；另一方面将辑录出来的文献作进一步的整理，按年代或内容编目，分门别类，为下一步的研究打下基础。

实地调查法和访谈法。在宋代西北吐蕃部族生息繁衍之地实地考察，进一步揭示宋代西北吐蕃部族的发展历程；与当地居民的深度访谈可以获得更多的一手资料，以弥补文献资料的不足。

第一章　宋代西北吐蕃部族活动区域的自然及人文环境

对宋代吐蕃部族进行研究，首先需要关注的是其活动区域的自然环境与人文环境问题。自然环境与人文环境不仅决定着广大吐蕃部族的生存条件，而且与他们的政治、经济、文化等诸多方面息息相关。宋金时期吐蕃部族的活动区域大致划分为三部分，一是河湟地区，二是河西地区，三是秦州地区。

第一节　河湟地区的自然及人文环境

河湟地域范围，大致涵盖今青海省的海东市（含化隆回族自治县、互助土族自治县、民和回族土族自治县、循化撒拉族自治县、湟中县、湟源县、海东市乐都区等地）、西宁市（含大通回族土族自治县等地）、黄南藏族自治州（含同仁县、尖扎县、泽库县、河南蒙古族自治县等地）、海北藏族自治州（含祁连县、海晏县、刚察县、门源回族自治县等地）、海南藏族自治州（含贵德县、贵南县、共和县等地）和甘肃省的临夏回族自治州（含广河县、康乐县、和政县、东乡族自治县、积石山保安族东乡族撒拉族自治县等地）、甘南藏族自治州（含卓尼县、临潭县、夏河县等地)等。河湟不仅是一个地理概念,还包含有一定的政治、文化、族群概念。

一、河湟地区的自然环境

河湟地区地处西北内陆,是一个相对完整的地理单元。从地缘上看,河湟地区属于山地高原区,恰好处于我国地势的一、二级台阶交汇之处,西部为青藏高原的组成部分,东部为黄土高原的组成部分。由于这一地区恰好是黄河和湟水流经之地,因此自西汉开始就被统称为"河湟地区","河湟间有鄯(今青海西宁)、洮(今甘肃临潭)、河(今甘肃临夏)、渭(今甘肃平凉)、岷(今甘肃岷县)、叠(今甘肃迭部)、宕(今甘肃宕昌)、廓州(今青海尖扎)"[1]。黄河自发源地蜿蜒东流,绕过积石山后屈曲西北流,在今青海省兴海县境内逐渐弯向东流,出今青海省境流入今甘肃省永靖县,再从今兰州城北向东。因此,黄河流域的辖地包括今青海之贵德、尖扎、同仁及今甘肃的甘南、临夏地区和定西的临洮、岷县一带。湟水自大通山南麓牛堆心曲折向东流,经鄯、湟二州后,汇入黄河。湟水流域的辖地包括今青海湟源、湟中、平安及西宁一带。

河湟地区的气候属温带季风气候,大陆性气候的特性非常明显,暖湿气流难以到达,常年干旱少雨,相对温度低,经常出现霜冻、冰雹、风沙等自然灾害。每年3月至5月为春季,6月至8月上旬为夏季,8月中旬至11月为秋季,11月至次年2月为冬季。全年气温在-25℃~35℃,昼夜温差大。河湟地区的海拔一般在2000~4500米,因此光照充足,太阳辐射强。由于受河谷地势影响,冬季气温比同纬度地区要高,即使是海拔3000米以上

---

[1] 李远.青唐录[M]//青海省民委少数民族古籍整理规划办公室.青海地方旧志五种.西宁:青海人民出版社,1989:9.

的高山草山地区，积雪在阳面山上也很少能看到。这种特殊的气候使冬季不会因大雪覆盖草山而影响牲畜进食，也不需在秋季花费大量人力储存草料以备冬季牲畜食用。

除黄河和湟水流经的显著特征之外，河湟地区群山密布，山峦起伏，山高坡陡，岷山山脉、西倾山脉、积石山脉、太子山脉和莲花山脉贯穿其中，多山成为其另一重要特征。河湟地区的地貌形态大致可以划分为以下几种类型。

一是高山草原区。这一区域以地处黄河九曲的甘肃省甘南州、黄南州、河南蒙古族自治县、海南州等为典型，山平谷宽，植被良好，沃野辽阔，是天然的优良牧场。

二是高山森林区。这一区域包括岷山山脉与西倾山脉，迭部县、舟曲县和卓尼县的洮河南岸地区，大夏河、冶木河、羊沙河流域，以及地处祁连山东南部的海北州部分区域，这一地区沟壑纵横，森林茂密，是河湟地区的主要林区。

三是丘陵低山区。这一区域包括夏河、碌曲、临潭及同仁、尖扎等地的广大地区，其中碌曲、夏河属高原盆地。这一地区除少部分地区山高坡陡、沟谷深狭外，大部分地区山峦起伏、沟浅谷宽，饲养业和种植业发达。

四是黄土低山丘陵区。这一区域主要指临夏、西宁市和海东地区，平均海拔在2300米，境内山大沟深，多为山地、川地和塬台地。这一地区属青藏高原和黄土高原丘陵沟壑区的过渡地带，是中原农业文明与草原牧业文明交汇地区。

五是河湟谷地。黄河、湟水流经地区，地形狭窄，河水湍流，出现许多宽谷、盆地、台地和缓丘陵，地表覆盖有深厚的黄土层，属河湟谷地。这里降水虽少，但水源丰富，河水流域的诸多溪流可以引渠灌溉，适于农耕和放牧，故其农业生产少有旱涝之灾，属于河湟地区重要的农耕区。

河湟地域地貌的多样性，影响着河湟地区的经济形态，使之极富差异性。以畜牧为主的草原牧区，以农耕为主的旱作农田，以及农牧二者相兼的坡地草山，造就了与生态环境相适应的生计方式。植根于自然生态的不同生计方式，又促使不同族群及文化的生成，并使不同族群间在物质与精神文明上出现一定的差异。而这种差异，又使不同经济形态的族群间形成相互依赖的关系，久而久之，区域内部各族群认同的地缘文化随之生成。

二、河湟地区的人文环境

河湟地区处于黄土高原和青藏高原、农耕经济和游牧经济的交汇点，自古以来，不同文化特质的族群在这里频繁互动、相互交融，一部分族群在互动中消失，一部分族群则在互动中不断寻找自己生存的给养，繁衍扩大了自己族群的势力。商周时期的西戎，秦汉以来的氐、羌是河湟地区最早的居民，这些族群不断向河湟以外迁徙，为中华民族的形成奠定了基础。与此同时，大量河湟以外的族群不断进入这一地区，使这里的族群结构不断解体、重组、整合。例如，三苗、匈奴、鲜卑、吐蕃等族群进入河湟地区后，与河湟本土族群在征伐掠夺、政权统治、经济互易、社会联姻等交往中，双方的族群结构均发生了重大变化。正是这些变化使河湟地区的族群结构呈现复杂的状态，你中有我、我中有你、交错杂处，各族群间产生了相互认同感和地缘归属感，成为这一地区族群分布最显著的特点。

早在先秦时期，河湟文化主要表现为羌戎文化，最典型的特征是原始部落文化，兼有父系氏族社会形态和母系氏族社会形态，既有农耕文化也有畜牧文化。受典型高原地貌、气候条件及相对贫乏的生产、生活资料等特殊环境的影响，河湟文化主体具有强烈的生存需求和自强意识，驾驭和征服不利的生态环境成为其最核心的内容。由于农耕文化的输入，河湟文化中又融入了农业文化循规蹈矩、容易满足的因素。因此，河湟文化从一开始就受自然环境和社会经济的双重影响，表现出一定的复杂性。

秦汉以后，丝绸之路和通往长安的东部通道的开辟使河湟地区成为联系东西方的重要枢纽。大量汉族移民的涌入，小月氏、匈奴、鲜卑、吐蕃、党项、回纥等民族在这一地区或通过和平或通过战争的形式不断地进行交往、交流、交融，最终使不同的民族文化在河湟地区得以传播和融合，成为河湟文化的重要内容，丰富了河湟文化的内涵与底蕴。

河湟地区地处东西方文化交流的通道及中原与周边地区政治、经济、文化相互消长的中间地带，是中原文化与周边文化、域内文化和域外文化双向交流扩散、荟萃传播的桥梁。河湟文化自成体系，其博大宽容的特质使各种文化在河湟地区生根、拓展，各种文化不分强弱、不分主流和支流，在学习、吸收他文化的优势与长处的同时，自身的优势与长处亦被他文化所吸收，最终成为河湟文化的新鲜血液。可以说，河湟文化是一种多民族文化与地域文化整合的产物，是多元文化在边地互相交流与融合的产物。

第二节　河西地区的自然及人文环境

河西地区位于甘肃西部，因地处黄河以西而得名。但是，人们通常所说的河西地区，却不是严格以黄河为界的，而主要是指祁连山以北，包括今甘肃省嘉峪关、酒泉、张掖、金昌和武威五市辖区。今兰州市所辖的永登、皋兰两县和白银市所辖的景泰县及靖远县的一部分，虽然也位于黄河以西，但一般并不将其视为河西地区。河西地区，南与青藏高原毗连，北与蒙古高原接壤，东与黄土高原相邻，西与塔里木盆地交界，自古以来就是丝绸之路的要冲。宋金时期，河西地区先为吐蕃六谷蕃部所占，后为西夏党项人控制，六谷蕃部大部南迁河湟地区，少部分继续留在河西地区。

一、河西地区的自然环境

河西地区南面是祁连山脉，又称"南山"；北面自东向西依次有龙首山、合黎山和马鬃山，统称为"北山"。在南北两山之间，形成了一条呈西北—东南走向的狭长走廊，故又称"河西走廊"。河西走廊东起古浪峡口一带，西迄疏勒河下游甘肃、新疆交界处的库木塔格沙漠东缘，东西长约900千米，南北宽50～120千米，海拔1000～3200米，主要由敦煌—瓜州盆地、酒泉—张掖盆地和武威盆地三个独立的内陆盆地组成。河西走廊自古以来就是河西地区政治、经济和文化的中心。

河西走廊地处南北两山之间，南边的祁连山高耸入云，终年积雪，极难翻越；走廊北边的北山远不像祁连山那样高峻陡峭、逶迤连绵，对于过往商旅和军队而言，并非不可逾越的屏障。但是，由于北山以外是腾格里沙漠和巴丹吉林沙漠，即使能越过北山，也难以穿越浩瀚无垠、荒无人烟的沙漠。相比之下，走廊腹地则平缓易行，又有片片绿洲分布其间，无疑是理想的行进路线。不论是东来西往的使者、商旅，还是南下北上的征战军队，大多取道河西而行，因而使河西成为名副其实的交通走廊。

河西走廊位于欧亚大陆腹地，远离海洋，大部分地区属温带或暖温带大陆性干旱气候，具有光照丰富、热量较好、温差大、干燥少雨、多风的特点。祁连山的冰雪融水为河西走廊提供了丰富的水资源，滋润和哺育了河西走廊广袤的土地。河西走廊大大小小50多条内陆河均发源于祁连山。这些内陆河又汇集为石羊河、黑河和疏勒河三大水系。石羊河发源于祁连山山脉冷龙岭北麓，水系呈扫帚状，河流短促，无主次之分，自西向东主要有西大河、东大河、西营河、金塔河、杂木河、黄羊河、古浪河、大靖河等，在武威城北的黄花寨子汇合后北流，至民勤湖区消失，全长约250千米，流域面积4.16万平方千米。黑河发源于祁连山北麓中段的南山—托赖山之间，在祁连县与八宝河汇流后进入甘肃，再由鹰落峡出山后流入河西走廊，过正义峡经鼎新向北进入内蒙古，最后注入居延海，全长956千米，流域面积7.68万平方千米。黑河是甘肃省第一、全国第二大内陆河，主要支流有讨赖河（下游称"北大河"）、洪水坝河、丰乐河、肃南马营河、梨园河、大都麻河、洪水河和山丹马营河等。疏勒河发源于疏勒南山与托来南山东段，自昌马峡出山（昌马堡至玉门镇段称为"昌马河"），流经玉门、瓜州等地，在哈拉诺尔消失，全长945千米，流域面积10.19万平方千米，主要支流有党河、榆林河（踏实河）。凭借三大水系众多河流的灌溉滋润，河西走廊腹地形成了三块面积较大的绿洲，即武威绿洲、张掖绿洲、酒泉绿洲。直到今天，三大绿洲地区仍然是河西乃至甘肃最为发达富庶的农牧业区。

河西走廊是著名的"丝绸之路"的咽喉交通要道，历史上有名的灵州道、泾原道、熙兰道都以河西走廊的凉州为总汇地，然后途经河西走廊前往中亚地区。宋朝失灵州（今宁夏回族自治区灵武县西南）后，灵州道阻绝。西夏占据灵州后，可依傍贺兰山，沿黄河南下，经鸣沙州（今宁夏回族自治区中卫市东）、应理（今宁夏回族自治区中卫市），过黄河，直抵凉州；也可以自灵州渡黄河，出贺兰山口，穿腾格里沙漠，到今甘肃省民勤县，沿白亭河谷（亦名"石羊河"）抵凉州城下，再由凉州穿越河西走廊而行。泾原道是由关中沿泾河河谷西北行，至渭州（今甘肃省平凉市）北上入葫芦河谷，傍六盘山东麓，经今宁夏回族自治区固原、三营、石门关、天都山入会州（今甘肃省靖远县），至五佛寺渡河，至甘肃省景泰县、裴家营、土门子等抵达凉州。如果西夏占据会州，就可以扼泾原道通凉州之路，不但能藩蔽凉州，而且便于攻宋朝之陇右。熙河道是从长安（今西安市）出发，沿渭河西上，经今凤翔、宝鸡，越大震关，至秦安县西北行，经通渭寨（在今甘肃省陇西县境）、巩州（今甘肃省陇西县）、渭源县、熙州（今甘肃省临洮县）、兰州（今甘肃省兰州市），越乌鞘岭到凉州。乌鞘岭高峻挺拔，素称"河西走廊的门户"，四周群峰林立，是河西走廊的天然屏障。乌鞘岭西北有古浪峡，峡两面峭壁千仞，中有隧道通过。这里是扼守兰州至凉州的咽喉，素称"金关银锁"。

河西走廊负山阻河，地理环境特殊而优越，易守难攻，具有重要的战略地位，自古就是兵家必争之地。五代两宋时期，这里陆续成为北宋、西夏、吐蕃、回鹘等几大力量争夺的焦点地区。

二、河西地区的古代民族

河西地区历来都是多民族错杂纷争之地，自汉唐以来，月氏、匈奴、鲜卑、羌、汉人在这一地区交错杂居。南北朝时期，自中亚迁居河西的粟特商人以凉州为根据地，北出长城，南下江淮，足迹遍及大江南北、长城内外。到唐朝初年，粟特商人占据凉州七城中的五城。回鹘、契苾、思结、浑等铁勒部落亦纷纷迁居河西地区，这一地区的民族成份更加复杂。

唐代宗广德年间以后，吐蕃统治者乘唐王朝的内乱并依仗自己强大的军事力量攻占了河陇地区，在河西地区统治了将近70年的时间。其间，出于战争和统治的需要，吐蕃王朝将大批吐蕃部落迁往河西地区，吐蕃渐渐成为河西地区民族的主力，"在吐蕃的强制同化政策及广泛的民族交往中，吐蕃人口因其他民族的融入得到增加，吐蕃人口的分布区域也随之扩大，逐渐成为黄河上游地区的主要民族之一。直到宋代，这些地方的民族关系主要是汉、吐蕃、党项族之间的关系"❶。

唐朝末年，吐蕃王朝崩溃之后，河西地区统一的局面被打破，回鹘、吐谷浑、党项、嗢末、沙陀、龙族、通颊、南山等族群纷纷登上历史舞台，河西地区的人文环境变得异常复杂。五代初期，曾经十分强大的北方游牧势力回鹘部族不断地迁入河西地区，活跃于河套地区的党项族也不断地向河西地区渗透，吐蕃部族在河西地区逐渐失掉了统治权，"至五代时，吐蕃已微弱，回鹘、党项诸羌夷分侵其地，而不有其人民"❷。尽管失去统治权，但是吐蕃部族仍然遍布河西地区，数量庞大，人口众多，从河西走廊东南面的宁夏灵州（今宁夏灵武）起，穿越整个河西走廊，一直到新疆塔里木盆地南缘的于阗（今新疆维吾尔自治区于阗），近1000平方千米范围内都有吐蕃部族居住，"自灵州渡黄河至于阗，往往见吐蕃族帐"❸。

五代后期，河西吐蕃部族势力再次强大，河西走廊西部的吐蕃部族开始大规模向凉州集结，这一地区的吐蕃人口急剧上升，逐渐成为凉州居民的大多数，"凉州郭外数十里，尚有汉民陷没者耕作，余皆吐蕃"❹。部族和人口的增多最终导致政治上的变化，吐蕃六谷蕃部在凉州建立政权。六谷蕃部主要耕牧于古浪河、黄羊河、杂木河、金塔河、西营河、东大河这六条河谷中，因此命名为"六谷蕃部"。六谷蕃部的民族成份主要以吐蕃为主，也包含部分汉人，另外还有吐蕃化的回鹘人和党项人等。

---

❶ 赵永红.河西走廊藏文化史要[M].兰州：甘肃民族出版社，2010：45.
❷ 薛居正.旧五代史·卷138·吐蕃传[M].北京：中华书局，1976：1839.
❸ 欧阳修.新五代史·卷74·四夷附录第三·于阗[M].北京：中华书局，1974：919.
❹ 脱脱.宋史·卷492·吐蕃传[M].北京：中华书局，1977：14152.

五代宋初，河西地区人口较多的族群除吐蕃之外还有如下几类。

吐蕃化的汉人。安史之乱后，河西地区被吐蕃攻陷，"唐人子孙，生为戎奴婢，田牧种作。或丛居城落之间，或散处野泽之中"❶。整个河西和陇右地区陷蕃人数达百万之众，"吐蕃乘虚攻陷河西、陇右，华人百万皆陷于虏"❷。具体到河西地区陷蕃汉人则有17万余人，陇右地区除伊西州、西州、庭州三州外，陷蕃汉人为321648人。❸这些陷蕃汉人经过吐蕃一百多年的统治，已出现吐蕃化的现象，最初是语言上的变化，"开成之际，朝廷遣使还番，过凉、肃、瓜、沙，城邑如故，华人见汉旌使，齐夹道诉泣……虽语言小讹，而衣服未改"❹。后来则是衣服上的吐蕃化，"叹念敦煌虽百年阻汉，没落西戎，尚敬本朝，余留帝像，其余四郡，悉莫能存。又见甘、凉、瓜、肃，雉堞凋残，居人与蕃丑齐肩，衣着岂忘于左衽；独有沙州一地，人物风华，一同内地"❺。唐朝末年汉人著蕃服说蕃语，基本完全吐蕃化。

甘州回鹘。回鹘，原系铁勒的一支，属突厥语族。安史之乱前后在蒙古高原建立回鹘政权，唐开成五年（840年），被黠戛斯击败，部众分为四支，一支迁入东北地区，三支西迁。其中来到以甘州为中心的河陇一带的回鹘人，史称"甘州回鹘"或"河西回鹘"。吐蕃占领河西后，他们依附于吐蕃。会昌二年（842年），沙州张义潮领导起义反抗吐蕃统治，这支回鹘人支持张义潮，随即归附唐朝。张义潮死后，沙州归义军政权衰落，咸通

---

❶ 沈亚之.沈下贤集校注·卷10·贤良方正直言极谏策[M].天津：南开大学出版社，2003：222.

❷ 欧阳修.新五代史·卷74·吐蕃传[M].北京：中华书局，1974年：914.

❸ 欧阳修，宋祁.新唐书·卷40·地理志[M].北京：中华书局，1975：1045.

❹ 王溥.五代会要·卷30·吐蕃[M].上海：上海古籍出版社，1978：467.

❺ 王重民等.敦煌变文集·上[M].北京：人民文学出版社，1984：124.

十三年（872年），回鹘攻入甘州，控制河西地区西部。甘州回鹘与河湟吐蕃的关系非常密切，特别是西夏切断回鹘向宋进贡的灵州路之后，回鹘往返宋都开封的使臣与商旅，只好取道宗哥路。早在景德三年（1006年），甘州回鹘就与河湟吐蕃建立了关系，这种关系，"并非拘泥于之后景德四年宋朝方面的要求西凉府和甘州回鹘联合，而是甘州回鹘考虑到西夏的扩张，感到经由凉州的朝贡道路不安全，业已利用湟水流域的宗哥族独立开设了朝贡道路"❶。到大中祥符四年（1011年），这种联合更加频繁与稳固，"甘州回鹘可汗夜落纥遣使奉表诣阙。初，夜落纥屡与夏州接战，每遣使入贡，即为赵德明所掠。至是，宗哥等族皆感朝恩，遣人防援而至焉"❷。宋天圣二年（1024年），李元昊统西夏大军进攻甘州，甘州回鹘大败，甘州为西夏军所占，接着凉州亦为西夏所占。甘州回鹘溃散，一部分人投奔唃厮啰，"及元昊取西凉府，潘罗支旧部往归厮啰，又得回纥种人数万"❸。

龙族等其他族群：河西地区除甘州回鹘之外，还有龙族、羌族、嗢末、退浑等族群，数量有数十万，"河西异族狡杂，羌、龙、嗢末、退浑，数十万众"❹，遍布河西诸州，"河西诸州，蕃、浑、温末、羌、龙狡杂，极难调伏"❺。这几个部落当中势力最强的当属龙族，龙族早年居于西域焉耆，后来迁居河西，能征善战，"龙部落本焉耆人，今甘、肃、伊州各有首领。其人轻锐，健斗战，皆禀皇化"❻。龙部落的风俗习惯与回鹘大致相同，稍有差异，后来迫于甘州回鹘的压力从甘州撤离，定居于肃州，"其

---

❶ 岩崎力．西凉府政权的灭亡与宗哥族的发展[J]．李大龙，译．西北史地，1991（2）．
❷ 李焘．续资治通鉴长编·卷77[M]．北京：中华书局，1992：1733．
❸ 脱脱．宋史·卷492·吐蕃传[M]．北京：中华书局，1977：14161．
❹ 郑炳林．敦煌碑铭赞辑释[M]．兰州：甘肃教育出版社，1992：267．
❺ 唐耕耦．敦煌社会经济文献真迹释录（第4辑）[M]．北京：书目文献出版社，1986：363．
❻ 唐耕耦．敦煌社会经济文献真迹释录（第1辑）[M]．北京：书目文献出版社，1986：41．

龙王衷私发遣僧一人，于凉州嗢末首领边充使，将文书称：我龙家共回鹘和定已后，恐被回鹘侵凌。甘州事须发遣嗢末三百家已来同住甘州，似将牢固。如若不来，我甘州便共回鹘为一家，讨你嗢末，莫道不报。其吐蕃入国去后，龙家三日众衙商量，城内绝无粮用者，拣得龙家丁壮及细小壹百九人，……今月九日，并入肃州"❶。

第三节　秦州地区的自然及人文环境

陕西沿边四路之中，秦凤路是吐蕃的重要分布地区，秦州吐蕃实力也最为强盛，"吐蕃族帐四路惟秦号最盛"❷。秦州地区自秦汉以来，历属于各政权管辖，成为蕃夷错居杂处之地，"本秦初封之地，在汧渭之间，诸羌杂处"❸。

一、秦州地区的自然环境

秦州（今甘肃省天水市）是中国历史文化名城，位于甘肃省东南部，地处陕、甘、川三省交界。在中国历史上，秦州一直处于非常重要的战略位置，"今夫秦四塞之地，被山带渭，天府之国也。东有关河，南有汉中，西有巴蜀，北有代马，故自古帝王都会于此"。秦州自古以来即为兵家必争之地，"其地东扼陇坻，西停天门，形势之胜，隐然关内，而自汉以来当为用武之地"❹。此外，秦州地处渭水南岸，是陇右通往关中、蜀中的三岔交汇之地，正所谓"秦地控接三蜀，疆境甚远，军中不逞辈，虑忽聚

---

❶ 唐耕耦. 敦煌社会经济文献真迹释录（第4辑）[M]. 北京：书目文献出版社，1986：489.
❷ 韩琦. 韩魏公集·卷11[M]. 丛书集成初编. 北京：中华书局，1985：175.
❸ 曾公亮. 武经总要前集·卷18上[M]. 台湾影印文渊阁四库全书本.
❹ 费廷珍. 乾隆直隶秦州新志[M]//中国地方志集成·甘肃府县志辑. 南京：凤凰出版社，2008：7.

盗，宜警备之"❶。宋人刘敞曾评价秦州在军事上的重要性，"秦地天下险，秦兵天下强。曩在景祐末，叛国正陆梁。渡河窥中原，不见飞鸟翔"❷。

秦州地区山脉纵横，河流交错，地形十分复杂，有些山脉高大险峻，成为秦州的天然屏障。秦州的总体地形西北高，东南低，西北为黄土丘陵地貌，东南为山地地貌。在秦州的东面有牛头山（秦州东五十里）、东柯山（东五十五里）、小山（东六十里）、柏林山（东七十里）等山脉，其中小山最为险峻。小陇山与大陇山相连，又称"丁华岭"。秦州之东南面有秦亭山（东南五十里）、仙嘉岭（东南六十里）、麦积山（东南八十里）、仙人山（东南九十里）、秦岭（东南三百里）等，秦岭是我国的南北分界线，其势高大险峻。秦州的南面和西面有盘龙山（南七十里）、刑马山（南九十里）、关子岭（西七十里）、西北方有凤凰山（西北五十里），北面则有著名的六盘山。从秦州北上翻越六盘山，可以直接进入今天的宁夏地区。北宋时期秦州成为西北边防前线，因其与陇州之间有大小陇山相隔，显得最为孤绝。加之宋初宋王朝的统治势力只到秦州一带，因此秦州成为北宋西北极边之地，受到北宋君臣的重视，最为孤绝的秦州"扼巴蜀之境，陷河湟之域，其西又控党项、吐蕃，陇右山之外。今之一都会"❸。

秦州地区山岭纵横，河川也分布广泛，共有大小河流41条，最大的一条河流是黄河的支流渭河，发源于现在渭源的鸟鼠山，全长818千米，流域面积13.4766万平方千米，渭源城即因坐落于渭水源头而得名，"渭水出首阳县首阳山渭首亭南谷山，在鸟

---

❶ 李焘.续资治通鉴长编·卷87[M].北京：中华书局，1992：1993.
❷ 张廷杰.宋夏战事诗研究[M].兰州：甘肃文化出版社，2002：269.
❸ 顾炎武.天下郡国利病书（四）[M].黄坤等，校点.上海：上海古籍出版社，2012：2066.

鼠山西北,此县有高城岭,岭上有城号渭源城,渭水出焉"❶。渭河上游及北岸有泾河、洛河等支流,流经黄土高原,夹带大量泥沙。渭河中、下游渠道纵横,自汉至唐,皆为关中漕运要道。

二、秦州地区的人文环境

北宋时期的秦州处于汉蕃交界的边缘地区,无论是人文还是政治都极具鲜明的地域特色。人文方面,秦州的主要居民是吐蕃部落,既有熟户,亦有生户,"泾原、秦凤两路除熟户外,其生户有蹉鹘者谷达谷必利城、腾家城、鸥枭城、古渭州、氅谷、洮河、兰州、叠宕州、连宗哥、青唐城一带种类,莫知其数"❷。秦州蕃部不仅数量众多而且实力强大,"吐蕃族帐,四路惟秦号最盛"❸。除吐蕃之外,秦州还居住着为数不多的汉人移民,如水洛城,位于秦州东北方,"西南去略阳二百里,中有城曰水洛,川平土沃,又有水轮、银、铜之利,环城数万帐,汉民之逋逃者归之,教其百工商贾,自成完国"❹。秦州以西六十里之夕阳镇(今甘肃省甘谷县附近),亦是蕃汉杂处,"又西北五里,有夕阳镇,当伏羌、永宁两路之隘,古有城基尚存,若就上镇创一寨,置兵戍守,缓急有警,收旁近蕃汉老幼孳畜而入保之,实为经久之利"❺。日本学者前田正名曾对宋朝秦州的居民进行过详细分析,"不仅渭州、水洛城等秦州的北方、东北方面与大小洛门以西的秦州西方都是诸羌群居的颇为危险之地,而且在秦州境内也居住着羌戎的大族。而汉人仅仅居住在秦州内的秦州城、伏羌城等城市……他们不断遭受羌族的寇掠,从而形成极为孤立的汉人聚

---

❶ 郦道元.水经注校证[M].北京:中华书局,2007:423.
❷ 李焘.续资治通鉴长编.卷149[M].北京:中华书局,1992:3607.
❸ 韩琦.韩魏公集.卷11[M].北京:中华书局,1985:175.
❹ 李焘.续资治通鉴长编.卷144[M].北京:中华书局,1992:3486.
❺ 李焘.续资治通鉴长编.卷158[M].北京:中华书局,1992:3827.

落。然而，渭河流域，特别是渭河南岸地域自宋初建隆时期起就是汉人占据优势的地区，可以说宋朝的势力就是沿着渭河南岸向西推进的。从宏观上看，自渭河南岸到南方秦岭，羌戎的族帐不多，但是秦州的东北方、北方和西方悉为诸羌所包围，而秦州则成为沿着渭河伸向西方的突出的汉人居住地"❶。

政治方面，随着吐蕃王朝崩溃，吐蕃王朝丧失了秦州蕃部对其的向心力，由于没有形成一个统一的地方政权，秦州蕃部之间互不统属，力量分散，"族帐分散，不相君长，故不能为中国之患"❷。自古以来，秦州处于丝绸之路的交通要冲，在河西走廊畅通的情况下，秦州是西域诸国与中原王朝通商的必经之路。在历代中原王朝统治者的眼中，秦州的地理位置非常重要，正因如此，尽管秦州的主要居民为吐蕃，在北宋统治者的眼中，秦州仍是北宋非常重要且不可或缺的一个地区，是北宋的"根本"，北宋右拾遗、直史馆王禹偁就有这样的奏议："今郡县虽多，要荒且远，除河北备边之外，民力可用者，惟东至登、莱，西尽秦、凤，南抵淮、泗而已。此数十州者，中土之根本，不可不惜也。"❸

除此之外，在北宋的西北版图中，西夏是一支强劲的政治力量，对北宋威胁巨大，秦州蕃部有时依附于西夏，有时依附于北宋，他们的向背成为北宋经略整个西北成败的关键因素之一。"贼所以盘桓未敢攻秦州者三焉：邈川尚强，杂羌未附，而韩琦为守也。……以一军直捣秦州，而援军不至，杂羌外附，则秦州非我之有也。"❹秦州若失则北宋整个西北边疆的经略就会一败涂地，与西夏的对抗就会陷于不利局面。因此，从与西夏对抗的角

---

❶ 前田正名.河西历史地理学研究[M].陈俊谋，译.北京：中国藏学出版社，1993：375.
❷ 李焘.续资治通鉴长编·卷149[M].北京：中华书局，1992：3607.
❸ 李焘.续资治通鉴长编·卷30[M].北京：中华书局，1992：674.
❹ 李焘.续资治通鉴长编·卷138[M].北京：中华书局，1992：3323–3324.

度来说，秦州断不可失。

  经济方面，北宋时期的秦州是一个非常富庶的地方，宋朝集贤校理余靖曾上表称"沿边诸郡，最富实者秦州尔"❶。宋真宗亦特别强调秦州的富庶及重要性，"上以陕西二十三州图示辅臣，历指山川险易，蕃部居处。又指秦州曰：'此州在陇山之外，号为富庶，且与羌戎接畛。昨已命张雍出守，冀其绥抚有方也'"❷。宋初的秦州以生产珍贵的木材闻名遐迩，北宋京师的高官显贵热衷购买秦州木材，甚至违犯朝廷禁律也要到秦陇间购买巨木以营造私宅，"供备库使李守信，受诏市木秦、陇间，盗官钱巨万，及代归，为部下所告"❸。为争夺巨木的采伐权，汉蕃之间多次发生冲突。

---

❶ 李焘.续资治通鉴长编·卷138 [M].北京：中华书局，1992：3323.
❷ 李焘.续资治通鉴长编·卷49 [M].北京：中华书局，1992：1078.
❸ 李焘.续资治通鉴长编·卷14 [M].北京：中华书局，1992：300.

第二章　从赞普到土司的唃厮啰家族

唃厮啰家族是甘肃、青海地区藏族部落中最有影响的一支力量。宋朝时期，唃厮啰担任河湟吐蕃政权的首任赞普；金统治河湟地区时，赵世昌担任忠翊校尉；元朝时期，赵阿哥潘父子分别担任临洮府达鲁花赤；明清时期，唃厮啰家族世袭临洮卫指挥使；民国时期，世袭土司职位被取消，赵天乙开始担任官堡镇保安队长等职。在政治身份不断嬗变的同时，唃厮啰家族始终坚守着自己部落首领的政治身份。唃厮啰家族在近千年的历史长河中政治身份的坚守与嬗变是宋金时期诸多西北吐蕃部落一个缩影，是国家、民族、家族互动所产生的必然结果。

第一节　唃厮啰家族最高权力的更迭

大中祥符元年（1008年），唃厮啰年仅12岁，被带到河湟地区。作为吐蕃王朝赞普的后裔，唃厮啰的到来迅速凝聚起河湟地区的各派力量，两大势力集团李立遵和温逋奇先后将唃厮啰拥立为"赞普"。赞普是唃厮啰家族最为重要的一种政治身份，奠定了唃厮啰家族成为河湟吐蕃大族的基石。然而，伴随着赞普这一政治身份的却是一幕幕权力的争夺，是唃厮啰家族史上一段血雨腥风的历史。

一、从傀儡到实至名归的赞普之位

将唃厮啰带到河湟地区的是何郎业贤,最先控制唃厮啰的却是大姓耸昌厮均,唃厮啰被掳走,引发西北政治冲突。"以厮啰居移公城(今临夏境),欲于河州立文法。"❶然而,势力更大的李立遵和温逋奇听说吐蕃赞普的后人来到河湟地区,便联合起来,从耸昌厮均手中劫持了唃厮啰,"既而宗哥僧李立遵、邈川大酋温逋奇略取厮啰如廓州❷,尊立之,部族寖强"❸。唃厮啰由此便成为河湟吐蕃政权的赞普,李立遵自立为"论逋"。此时的唃厮啰尚年幼,尽管他拥有河湟吐蕃政权赞普的身份,却是受人摆布的傀儡,并无真正权力。

即使是名义上的赞普之位,李立遵亦想取而代之。大中祥符九年(1016年),李立遵要求宋朝政府册封自己为赞普,"时唃厮啰强盛,立遵佐之。立遵乃上书求号'赞普'"。对李立遵的这一请求,宋朝政府并没有批准,"赞普,可汗号也。立遵一言得之,何以处唃厮啰邪?且复有求,渐不可制"❹。

李立遵求赞普号未遂的举动引发了河湟吐蕃政权的内外矛盾。对外,李立遵发动对宋朝的三都谷战役,结果被宋军击溃,曹玮指挥宋军"逐北二十余里,斩首千余级,生擒七人,获马、

---

❶ 脱脱.宋史.卷492·吐蕃传[M].北京:中华书局,1977:14161.

❷ 廓州,《宋史·地理志》云:"元符二年,以廓州为宁塞城。崇宁三年弃之,是年收复,仍为廓州。城下置一县,五年罢。大观三年,为防御。东至宁塞砦一十七里,西至同波北堡不及里,南至黄河不及里,北至肤公城界十五里。"由此可见,廓州城就在黄河边上。《化隆回族自治县概况》认为廓州城址在今该县之群科古城,"群科镇位于县城西南九十里,黄河北岸,是群科公社机关所在地。隔黄河与尖扎县相望,西与牙什尕尔公社毗连。它是黄南藏族自治州同仁县、泽库县、河南蒙古族自治县、尖扎县等去西宁必经的交通要道"。

❸ 李焘.续资治通鉴长编.卷82[M].北京:中华书局,1992:1877.

❹ 脱脱.宋史.卷258·曹玮传[M].北京:中华书局,1977:8986.

牛、杂畜、器仗、衣服三万三千计"❶；对内则招致部众离心，怨声载道，"立遵峻酷专恣，已失部族心，恐必不久。唃厮啰，赞普之后，众渐归之，咸以立遵恃权自任，不平其事"❷。

李立遵内外政策的失利使唃厮啰有了摆脱李立遵的机会，唃厮啰率其属下秘密投奔邈川大首领温逋奇，"为其妻族纳斯结等窃诱往邈川城温逋奇所住坐，又十余年因入贡"❸。到达邈川后，温逋奇仍旧尊唃厮啰为赞普，自为"论逋"。毫无疑问，此时的唃厮啰之赞普职位仍然是名义而已，与李立遵时期并无明显改变。

唃厮啰名义上至高无上的赞普地位与温逋奇实权在握是一对无法调和的矛盾，这种矛盾最终导致了明道元年（1032年）的政变。温逋奇将唃厮啰囚禁于阱中并率部离开邈川城，"幽唃厮啰，置阱中防守，而身领兵他出"❹。温逋奇离开之后，负责看守唃厮啰的士兵将唃厮啰从阱中放出。唃厮啰集中兵力控制邈川城，失去邈川城的温逋奇被唃厮啰所杀，温逋奇发动的政变被平息。唃厮啰离开邈川，迁居青唐，自立为赞普。

定都青唐自立赞普之后，唃厮啰开始着手构建赞普应有的至高无上的权力与地位，为自己修建的青唐宫城处处体现赞普权力与地位之神圣不可侵犯，"过仪门北二百余步为大殿，北楹柱绘黄，朝基高八尺，去坐丈余矣。碧琉璃砖环之，羌呼'禁围'。凡首领升殿白事，立琉璃砖外，犯者杀之"❺。为防止论逋权力过大，防止李立遵和温逋奇之类事件的再次发生，唃厮啰专门设

---

❶ 李焘.续资治通鉴长编·卷88[M].北京：中华书局，1992：2012.
❷ 李焘.续资治通鉴长编·卷85[M].北京：中华书局，1992：1949.
❸ 徐松辑.宋会要辑稿·蕃夷6之1[M].中华书局影印本.北京：中华书局，1957：7818.
❹ 张方平.乐全集·卷22[M].上海：上海商务印书馆1935年影印文渊阁四库全书本.
❺ 李远.青唐录[M]//青海省民委少数民族古籍整理规划办公室.青海地方旧志五种.西宁：青海人民出版社，1989：10.

立"国主亲属议事厅"和"国相亲属议事厅"两处机构。这两处机构互相制约,互不统属,"国相厅事,处其西;国王亲属厅事,处其东"❶,各种事务的最终决策权掌握在赞普一人手中。自此之后再无人能够挑战赞普的权威,唃厮啰作为赞普终于实至名归。

二、从承袭到被夺去的赞普之位

嘉祐七年(1062年),唃厮啰三子董毡开始主持青唐吐蕃政权的内外事务,"邈川首领唃厮啰既老,国事皆委其子董毡"❷。治平二年(1065年),唃厮啰去世,董毡承袭为河湟吐蕃政权的第二任赞普。

尽管唃厮啰家族顺利完成赞普之位的首次承袭,但围绕赞普这一职位的争夺远没有停止,带给唃厮啰家族的伤痛亦远没有结束。董毡生有一子,名蔺逋比。董毡对蔺逋比寄予厚望,希望蔺逋比日后能承袭青唐吐蕃政权的赞普之位。除蔺逋比之外,董毡还收养阿里骨为义子,阿里骨之母"给事董毡,故养为子"❸。晚年的董毡体弱多病,大权逐渐落入养子阿里骨之手。为夺取赞普之位,阿里骨设计袭杀董毡子蔺逋比,"董毡先有子欺丁(即蔺逋比),夏人及回鹘皆以女妻彼。欺丁性轻佻,好易服微行,阿里骨阴使人贼杀欺丁"❹。蔺逋比被杀之后,阿里骨乘机篡夺赞普之位,"董毡病革,召诸酋领至青唐,谓曰:'吾一子已死,惟阿里骨母尝事我,我视之如子。今将以种落付之,何如?'诸酋听

---

❶ 李远.青唐录[M]//青海省民委少数民族古籍整理规划办公室.青海地方旧志五种.西宁:青海人民出版社,1989:10.
❷ 李焘.续资治通鉴长编·卷197[M].北京:中华书局,1992:4774.
❸ 脱脱.宋史·卷492·吐蕃传[M].北京:中华书局,1977:14165.
❹ 李焘.续资治通鉴长编·卷340[M].北京:中华书局,1992:8192.

命。既嗣事，遣使修贡"❶。

阿里骨继立之后，唃厮啰家族遭到致命打击，唃厮啰长兄扎实庸咙之后人溪巴温被逼走他乡，"自阿里骨之立，去依陇逋部，河南诸羌多归之"❷。最具威胁的唃厮啰之孙巴毡角所占据的洮州被阿里骨攻占，阿里骨"掳赵醇忠（即巴毡角）及杀属户大首领经斡穆等数千人，驻兵常家山，分筑洮州为两城以居"❸。唃厮啰家族势力逐渐被阿里骨荡平，从此失去了赞普之位。

第二节　从殿直充巡检使到熙河路官员

西夏元昊立国之后，数次用兵河湟，唃厮啰家族不得不借助宋朝的力量来应对西夏的威胁。同时，吐蕃王朝崩溃之后，河湟吐蕃各部的向心力转向中原王朝，期望得到中原王朝的封授与赏赐，以此来提高自己集团的权威，最终达到统一吐蕃诸部的目的。在这样的背景与目的之下，唃厮啰家族从政权建立之初即接受了宋朝政府的册封，随着唃厮啰家族实力的不断变化，其家族在政治上的地位也不断发生嬗变。

一、唃厮啰：从殿直充巡检使到武威郡开国公

"宋朝继承了汉唐'内臣化'册封的做法，授予境外诸国和政权首领、使节宋朝内臣官衔，所封官衔种类既有继承又有增益。"❹总体来说，宋朝在汉唐基础上将对外臣册封封邑和功臣号

---

❶ 脱脱.宋史.卷492·吐蕃传[M].北京：中华书局，1977：14165.关于阿里骨夺权继立之事，笔者曾经作过详细论述，参见齐德舜.唃厮啰家族世系史[M].北京：民族出版社，2011：137.
❷ 脱脱.宋史.卷492·吐蕃传[M].北京：中华书局，1977：14166.
❸ 李焘.续资治通鉴长编.卷400[M].北京：中华书局，1992：9743.
❹ 黄纯艳.宋朝对境外诸国和政权的册封制度[J].厦门大学学报（哲学社会科学版），2013（4）：128-138.

制度化，形成了阶、官、勋、爵、封邑、功臣号六个要素。北宋时期这六个要素全部受封的地方政权仅有交趾、归义军、西夏、吐蕃、高丽，吐蕃唃厮啰家族就是其中之一。唃厮啰家族所受封号的变化是一个循序渐进的过程，这个过程与唃厮啰家族自身的实力和北宋的政治需要是完全分不开的。

大中祥符七年（1014年），居于渭州（今甘肃省平凉市）的唃厮啰率部归顺，宋朝政府第一次封赏唃厮啰，"以渭州蕃族首领唃厮啰为殿直、充巡检使。时唃厮啰帅其帐下来归，给以土田，未及播种，求俸给赡用，故有是命"❶。所谓的殿直充巡检使是一个非常小的官职，仅仅负责地方捕诘盗贼之事。殿直充巡检使这一官职的授予与唃厮啰当时的实力是相符的，初到河湟的唃厮啰并无多大实力，其地位并不足以引起宋朝政府的重视。

宋朝政府授予唃厮啰殿直充巡检使这一职位后很长时间没有对他再进行加封，尽管他早已是河湟吐蕃政权的赞普。直到明道元年（1032年），宋朝政府才第二次册封唃厮啰，"以邈川大首领唃厮啰为宁远大将军、爱州团练使，亚然家首领温逋奇为归化将军"❷。景祐二年（1035年），唃厮啰在青唐城保卫战中一举击溃西夏李元昊，不仅巩固了刚刚建立的吐蕃政权，而且极大地提高了自身在河湟吐蕃诸族中的地位，宋朝朝野上下开始对唃厮啰刮目相看。唃厮啰实力的增强及西夏在西北咄咄逼人的攻势促使宋朝政府第三次加封唃厮啰，"宝元元年（1038年），加保顺军节度使，仍兼邈川大首领"❸。

自此之后，唃厮啰势力越来越强。为拉拢唃厮啰抗夏，宋朝政府对唃厮啰数度封赏，封赏的官爵越来越高。庆历元年（1041

---

❶ 李焘.续资治通鉴长编·卷82[M].北京：中华书局，1992：1877.
❷ 李焘.续资治通鉴长编·卷111[M].北京：中华书局，1992：2587.
❸ 脱脱.宋史·卷492·吐蕃传[M].北京：中华书局，1977：第14162.

年)春,宋朝政府册封唃厮啰为河西节度使,"西蕃邈川首领、保顺军节度使唃厮啰兼河西节度使"❶。康定二年(1041年)正月之前,唃厮啰已经是"邈川首领保顺军节度、洮州管内观察处置等使、金紫光禄大夫、检校太尉、使持节洮州诸军事、洮州刺史兼御史大夫、上柱国、武威郡开国公、食邑二千户、食实封三百户",此后,宋朝政府又加封唃厮啰"可特依前检校太保、使持节洮州凉州刺史、兼御史大夫、充保顺河西等军节度、洮州凉州管内观察处置押蕃落等使"❷。这样,唃厮啰已经具备了北宋封赏制度中的官、勋、爵、封邑四项。庆历四年(1044年)十一月,宋朝政府再次对唃厮啰进行封赏,"具官唃厮啰,朴质有守,忠孝不回,光胙西土之良,训定中军之教,亭候完谨,民物阜安,奉宣朝猷,协底贡艺,乘车束马,则蹯及有司,垂橐偃节,则坐固吾围,金咨舆议,诚谓有劳,用当厘事之成,昭进宠阶之等……"❸

由此,唃厮啰又获得了"阶"的封赏。不久,宋朝政府颁布《唃厮啰授依前保顺河西节度加食邑实封功臣制》诏:"维皇德泽之均,始于近而加于远,维臣忠义之节,善其初者惟其终,勤宣令猷,永锡蕃祉。"❹至此,宋朝册封制度中的阶、官、勋、爵、封邑、功臣号六个要素唃厮啰已经全部齐备。

唃厮啰官爵的变化与当时西北的政治形势是密切相关的。宋朝政府之所以一再对唃厮啰进行封赏,最主要的原因是希望唃厮啰能够牵制西夏的力量,这一点从宋朝政府颁发给唃厮啰的诏书中可以明确地看到:"朕以吴(昊)贼猖獗,侵掠边隅,卿累世

---

❶ 李焘.续资治通鉴长编·卷130[M].北京:中华书局,1992:3083.
❷ 佚名编.司义祖整理.宋大诏令集·卷239·政事[M].北京:中华书局,1962:936.
❸ 佚名编.司义祖整理.宋大诏令集·卷239·政事[M].北京:中华书局,1962:936.
❹ 佚名编.司义祖整理.宋大诏令集·卷239·政事[M].北京:中华书局,1962:936.

称藩，资忠效顺，高牙巨节，保我西陲，愤兹丑羌，尝议讨伐，所宜早兴师旅，往袭空城，乘彼未还，据其根本，父子竭力，殄灭凶渠，今也其时，几不可失，待诏到日，刷（率）领手下军马，径往贼界，同力剪除，如能成功，当授银、夏等州节制。"❶

二、董毡弟兄：从团练使到常乐郡开国公

景祐三年（1036年），唃厮啰政权分裂，唃厮啰长子瞎毡迁居河州，次子磨毡角迁居宗哥城。为拉拢瞎毡和磨毡角，宝元二年（1039年），宋朝政府同时加封瞎毡和磨毡角及唃厮啰之妻，"以保顺军节度使、邈川大首领唃厮啰妻安康郡李氏为尼，仍赐紫衣，妻太原郡君乔氏为永嘉郡夫人，子瞎毡为澄州团练使，磨毡角为顺州团练使，各赐袭衣、金带、器币及茶，仍每月别给彩绢各十五匹"❷。宋朝政府之所以加封瞎毡和磨毡角，最主要的目的就是希望他们与西夏元昊交战，以此来减轻宋朝西北的边防压力，"朝廷欲兼抚之，故有是命"❸。

相比于瞎毡和磨毡角，唃厮啰三子董毡所获宋朝政府的封爵最高。早在康定元年（1040年）董毡9岁时，唃厮啰即上书宋朝政府为董毡请封。北宋政府答应唃厮啰的请求，"以邈川首领唃厮啰子董毡为会州刺史"❹。

唃厮啰去世之后，宋朝政府很快便承认了董毡的合法地位，加封董毡为"保顺军节度使、检校司空"❺。宋朝政府希望董毡能够像唃厮啰一样，成为宋之左膀右臂，在西北地区抑制西夏南下。董毡承袭之后，屡次出兵帮助宋军，给西夏军队以重

---

❶ 佚名编．司义祖整理．宋大诏令集·卷239·政事 [M]．北京：中华书局，1962：935．
❷ 李焘．续资治通鉴长编·卷123 [M]．北京：中华书局，1992：2901．
❸ 李焘．续资治通鉴长编·卷123 [M]．北京：中华书局，1992：2901．
❹ 李焘．续资治通鉴长编·卷127 [M]．北京：中华书局，1992：3008．
❺ 脱脱．宋史·卷492·吐蕃传 [M]．北京：中华书局，1977：14164．

创,"昨夏人聚兵犯环庆,谍报西蕃董毡尝乘虚深入其境,虏获甚多"❶。正因为如此,宋朝对董毡的加封步步升级,董毡由保顺军节度、检校司空逐渐成为"西蕃邈川首领、保顺军节度、洮州管内观察处置押蕃落等使、金紫光禄大夫、检校太保、使持节洮州诸军事、洮州刺史兼御史大夫、上柱国、常乐郡开国公,食邑五千一百户、食实封一千一百户"❷。到熙宁三年(1070年),宋神宗对董毡的封赏已经超过宋朝政府曾经对唃厮啰的封赐。

尽管如此,宋神宗觉得还不够,熙宁四年(1071年),宋朝对董毡的封赏达到顶峰:"可特授依前检校太傅、使持节鄯州诸军事、行鄯州刺史、兼御史大夫、西平军节度、鄯州管内观察处置押蕃落等使,仍旧西蕃邈川首领、加食邑一千户、赐推诚顺化功臣。"❸

至此,董毡和唃厮啰一样,宋朝册封制度中的阶(特进)、官(西蕃邈川首领、保顺军节度、洮州管内观察处置押蕃落等使、金紫光禄大夫、检校太保、使持节洮州诸军事、洮州刺史兼御史大夫、使持节鄯州诸军事、行鄯州刺史、西平军节度、鄯州管内观察处置押蕃落等使)、勋(上柱国)、爵(常乐郡开国公)、封邑(食邑五千一百户、食实封一千一百户)、功臣号(推诚顺化功臣)六个要素已全部齐备,并且超过了唃厮啰。

三、木征父子:从河州刺史到熙河路官员

瞎毡去世之后,瞎毡长子木征被宋朝政府任命为河州刺史,"以故西蕃奖州团练使瞎毡子瞎欺丁木征为河州刺史"❹。河州刺

---

❶ 徐松辑.宋会要辑稿·蕃夷6之7[M].中华书局影印本.北京:中华书局,1957:7521.
❷ 佚名编.司义祖整理.宋大诏令集·卷239·政事[M].北京:中华书局,1962:937.
❸ 佚名编.司义祖整理.宋大诏令集·卷239·政事[M].北京:中华书局,1962:938.
❹ 李焘.续资治通鉴长编·卷188[M].北京:中华书局,1992:4529.

史是木征兄弟当中最早接受宋朝政府册封的一个官职。

熙宁五年（1072年），王韶发动"熙河之役"，木征兄弟相继兵败投降。"熙河之役"后，宋朝设置熙河路，木征兄弟被任命为熙河路各级官员，"瞎吴叱、巴毡角、董谷俱入朝，引见延和殿，上谓董谷虽非首领，然能于捺罗城先同其母诣景思立前锋请降，乃尽以为崇仪副使，悉充蕃部钤辖，吴叱岷州，巴毡角洮州，董谷河州，厚遣之"❶。木征的另一位兄弟结吴延征被封为礼宾副使，"结吴延征为礼宾副使，充镇洮军洮河西一带蕃部钤辖"❷。

在熙河路任职的木征兄弟，在平定蕃部叛乱、维护地方稳定方面起到了重要作用。居于岷州的瞎吴叱，在宋军向岷南进军的过程中竭尽全力，"内藏库副使赵绍忠，供备库使包诚皆戮力效死，亦望别议赏典"❸。实力最强的木征于熙宁十年（1077年）参与平定熙河蕃部隆吉卜的反叛，"先是，冷鸡朴诱山后生羌扰边，木征请自效，众以为不可。宪曰：'何伤，羌戎畏服贵种，其天性也。'木征盛装以出，诸羌耸视，皆无斗志，我师乘之，获级、生降以万计"❹。

熙宁十年（1077年），木征去世，木征长子邦辟勿丁呱（赵怀义）被宋朝政府册封为内殿承制，次子盖呱被封为内殿崇班，"合州防御使赵思忠卒，赠镇洮军留后，官给葬事，许以牌印从葬。录其子左侍禁怀义为内殿承制，右侍禁秉义为内殿崇班"❺。

赵怀义此后一直在熙河路任职。元丰四年（1081年），赵怀义率部参与兰州之战，因此而获赏加封，"左藏库副使赵怀义、

---

❶ 彭百川.太平治迹统类·卷16[M]//张钧衡.适园丛书.民国五年乌程张氏刻本.

❷ 徐松辑.宋会要辑稿·蕃夷6之8[M].中华书局影印本.北京：中华书局，1957：7822.

❸ 李焘.续资治通鉴长编·卷283[M].北京：中华书局，1992：6924.

❹ 李焘.续资治通鉴长编·卷282[M].北京：中华书局，1992：6904.

❺ 李焘.续资治通鉴长编·卷283[M].北京：中华书局，1992：6924.

西头供奉官刘永渊、西京左藏库高遵治各加恩转两官,赏兰州渡河进讨之功也"❶。绍圣二年(1095年)十一月,赵怀义在河湟之役中再立战功,宋朝对其进行嘉奖,"熙河路蕃官包顺、诚、李忠杰、赵怀义、赵永寿累立战功,可经略司差使臣管押乘驿兼程赴阙,欲略与慰劳遣还,责以后效"❷。此后,赵怀义又担任廓州团练使等官职,随王瞻等人赴青唐城做善后工作,"其赵怀义,除廓州团练使,同知湟州军、州事,监本州管下部族同都巡检使。其逐州城寨,除通接鄯、湟州道路处,令熙河兰会路经略司次第精加修葺,差使臣兵马戍守,其余并令王瞻、隆赞、王厚、赵怀义同相度分布与近上忠白首领管勾"❸。

第三节 从左武大夫到赵土司

北宋灭亡之后,金和西夏的势力进入河湟地区,金占有黄河以南,西夏占有黄河以北。在金人统治的黄河以南地区,唃厮啰家族由于其特殊的身份继续在金人的统治之下任职。元明清时期,唃厮啰家族定居于临洮地区,从临洮府元帅一步步嬗变为世代相袭的临洮卫指挥使,最终成为声名显赫的赵土司。

一、从宋左武大夫到金熙河节度使

北宋后期,作为唃厮啰家族后裔的赵世昌居于洮州,北宋加封他为左武大夫等官职,"永吉子世昌……为左武大夫,遥领莱州防御使,袭把羊族长"❹。金人占领河南地区之后,赵世昌被

---

❶ 李焘.续资治通鉴长编・卷360[M].北京:中华书局,1992:8606.
❷ 徐松辑.宋会要辑稿・蕃夷6之28[M].中华书局影印本.北京:中华书局,1957:7832.
❸ 李焘.续资治通鉴长编・卷519[M].北京:中华书局,1992:12348.
❹ 脱脱.金史.卷91・结什角传[M].北京:中华书局,1975:2016.

加封为忠翊校尉。忠翊校尉之职在金的官制中属于低级别的武散官,按照金制,"正八品上曰忠勇校尉,下曰忠翊校尉"❶。从金对赵世昌的任命可以看出,赵世昌在当地的势力并不强大。

赵世昌后来被鬼芦族长京臧所杀,他的两个儿子赵铁哥和结什角均未得到金朝所加封的官职。特别是赵世昌次子结什角,虽然在今甘肃省陇南市建立起地方政权,金朝仅于金大定五年(1165年)派移剌成进行招抚,称结什角"远人慕义,朕甚嘉之。其遣能吏往抚其众,厚其赏赐"❷。金大定九年(1169年),结什角被西夏人所杀,其侄赵师古被拥立为四族长。金大定十年(1170年),金朝廷正式承认赵师古的身份及地位并对他封授官职,"诏以赵师古为木波乔家、丙离、陇逋、庞拜四族都铃辖,加宣武将军"❸。宣武将军与忠翊校尉一样属于武散官,级别略高于忠翊校尉,属于中等偏下,"从五品上曰信武将军,中曰显武将军,下曰宣武将军"❹。

金统治后期,唃厮啰家族的赵阿哥昌升至熙河节度使,"金贞祐中,以军功至熙河节度使"❺。节度使在金时级别并不高,但却是地方实力派,权力很大,"节度使一员,从三品。掌镇抚诸军防刺,总判本镇兵马之事,兼本州管内观察使事。其观察使所掌,并同府尹兼军州事管内观察使"❻。由此可以看出,唃厮啰家族到金统治后期又具备了一定实力,这为唃厮啰家族在元时的重新崛起奠定了基础。

---

❶ 脱脱.金史·卷55·百官一[M].北京:中华书局,1975:1222.
❷ 脱脱.金史·卷91·结什角传[M].北京:中华书局,1975:2017.
❸ 脱脱.金史·卷91·结什角传[M].北京:中华书局,1975:2018.
❹ 脱脱.金史·卷55·百官一[M].北京:中华书局,1975:1222.
❺ 升允.甘肃全省新通志·卷64·人物志·乡贤上[M].宣统元年刻本,兰州大学图书馆藏.
❻ 脱脱.金史·卷57·百官三[M].北京:中华书局,1975:1311.

二、从叠州安抚使到临洮府达鲁花赤

宋宝庆三年（1227年）五月，蒙古人攻占临洮，赵阿哥昌先是退守莲花山，不久降元。王子阔端加封赵阿哥昌为叠州安抚使，"金亡，保莲花山，以其众来归。皇子阔端承制以为叠州安抚使"❶。

元朝统一整个西北地区之后，对西北地区重新进行划分，唃厮啰家族所占据的临洮成为巩昌便宜都总帅府所辖的五府（巩昌、平凉、临洮、庆阳、隆庆）及后来所辖的四府（巩昌、平凉、临洮、庆阳）之一。"临洮府，唐临洮军。宋为镇洮军，又为熙州。金为临洮府。元至元十三年，复以渭源堡升为县。领县二：狄道，下。渭源，下。"❷ 临洮府❸属于陕西行省之下的第二级行政机构，其机构的具体组织如下："达鲁花赤、州尹秩从四品，同知秩正六品，判官秩正七品。……参佐官：上州，知事、提控案牍各一员……"❹ 唃厮啰家族在临洮府的任职随军功不断提升，逐渐成为元统治之下世代相袭的临洮土官。

赵阿哥昌去世之后，其子赵阿哥潘随蒙古军出征四川，屡立战功。南宋嘉熙元年（1237年），赵阿哥潘被任命为"同知临洮府事"，为正六品官员，"从伐蜀，与宋都统制曹友闻屡战，胜负略相当，以破大安功最，授同知临洮府事"❺。宪宗蒙哥二年（1252年）和七年（1257年），忽必烈远征大理和四川，赵阿哥潘均再次随军出征，被提升为临洮府元帅，"赐金符，授临洮府

---

❶ 升允.甘肃全省新通志·卷64·人物志·乡贤上[M].宣统元年刻本，兰州大学图书馆藏.
❷ 宋濂.元史·卷60·地理三·陕西等处行中书省[M].北京：中华书局，1976：1430.
❸ 元时州分为上州、中州和下州，临洮府属于上州。
❹ 宋濂.元史·卷91·百官七[M].北京：中华书局，1976：2317–2318.
❺ 宋濂.元史·卷123·赵阿哥潘传[M].北京：中华书局，1976：3028.

元帅"❶。按照元制,视统兵多少的数额分为万户、千户和百户,"千户金符,百户银符"❷。能够受赐金符,说明赵阿哥潘为千户,赵阿哥潘地位在逐步提升。

赵阿哥潘去世之后,赵重喜承继。赵重喜早年与皇子阔端关系融洽,"给侍皇子阔端,为亲卫"❸。赵重喜和赵阿哥潘一样随元大军南征北战,屡立战功,中统四年(1263年),元政府加封赵重喜为临洮府达鲁花赤,唃厮啰家族遂由正六品官员晋升为正四品官员,成为临洮府最高行政官员,"入觐,赐金虎符,为临洮府达鲁花赤"❹。按照元制,只有万户才能佩金虎符,"万户佩金虎符,符跌为伏虎形,首为明珠,而有三珠、二珠、一珠之别"❺。更为重要的是,万户是可以世袭的,"万户、千户死阵者,子孙袭爵,死病则降一等"❻。唃厮啰家族从此便开始在临洮府世代相袭直至明初。

赵重喜晚年时升任巩昌二十四处宣慰使,临洮府达鲁花赤之职由官卓斯结(赵伯祥)承袭,"诏其长子官卓斯结袭为达鲁花赤。升重喜巩昌二十四处宣慰使"❼。赵重喜担任的巩昌二十四处宣慰使归吐蕃等处宣慰司都元帅府管辖,从二品,是元代土官的最高职务,权力很大,"掌军民之务,分道以总郡县,行省有政令则布于下,郡县有请则为达于省。有边陲军旅之事,则兼都元帅府,其次则止为元帅府。其在远服,又有招讨、安抚、宣抚等使,品秩员数,各有差等"❽。赵阿哥潘另外两个儿子赵汝翼和赵

---

❶ 升允.甘肃全省新通志·卷66·人物志[M].宣统元年刻本,兰州大学图书馆藏.
❷ 宋濂.元史.卷98·兵一[M].北京:中华书局,1976:2508.
❸ 升允.甘肃全省新通志·卷66·人物志[M].宣统元年刻本,兰州大学图书馆藏.
❹ 宋濂.元史.卷123·赵阿哥潘传[M].北京:中华书局,1976:3029.
❺ 宋濂.元史.卷98·兵一[M].北京:中华书局,1976:2508.
❻ 宋濂.元史.卷98·兵一[M].北京:中华书局,1976:2508.
❼ 宋濂.元史.卷123·赵阿哥潘传[M].北京:中华书局,1976:3030.
❽ 宋濂.元史.卷91·百官七[M].北京:中华书局,1976:2308.

汝砺亦均在元为官，"赵汝翼，阿哥潘次子。官武略将军兼临洮府同知"。赵汝砺则官至开国公，"（汝翼）弟汝砺，授镇国将军，领兵征讨松潘、溪茂、长河、西宁等处有功，历封开国公"❶。武略将军和镇国将军均属于武散官，武略将军为从五品，镇国将军为从二品，开国公则是赵汝砺所受封的爵位，为正二品。❷

官卓斯结之后，其弟赵伯仁承袭为临洮府达鲁花赤，另外一位兄弟赵伯通则任中奉大夫，属文散官序列，从二品，"赵伯仁曾为临洮府达鲁花赤，赵伯通授中奉大夫，陕西行省参知政事，赠临洮郡公"❸。官卓斯结的四个儿子均受元朝廷册封，担任级别很高的官员："赵公臣，元授武节将军，松潘、开、叠、威、茂（茂）军民安抚使司达鲁花赤。赵公用，公臣弟，元资善大夫、陕西诸道行台御史中丞。赵公辅，公用弟，元中奉大夫，河南行省参知政事。赵德寿，公辅弟，元资政大夫、云南行省左丞。赠天水郡公。"❹

元朝的武节将军属武散官，正五品；资善大夫为文散官，正二品；资政大夫亦为正二品。由此可见，从元朝开始，唃厮啰家族担任的官职开始多元化，首先，不再局限于武官，有了文官，并且品级很高。其次，唃厮啰家族开始离开西北去外地任职，如赵公用任职陕西、赵公辅任职河南、赵德寿任职云南。在所有唃厮啰家族担任的官职当中，唯一世代相袭的只有临洮府达鲁花赤，也正是由于有了这一世袭职位，唃厮啰家族从元时开始成为临洮土官。

---

❶ 呼延华国纂修.狄道州志.卷10·人物传下[M].台北：成文出版社有限公司，1970：640.
❷ 宋濂.元史·卷91·百官七[M].北京：中华书局，1976：2322.
❸ 张维鸿汀遗稿，张令瑄辑订.甘肃、青海土司志[J].甘肃民族研究，1983（1）：105–132.
❹ 张维鸿汀遗稿，张令瑄辑订.甘肃、青海土司志[J].甘肃民族研究，1983（1）：105–132.

三、从临洮卫指挥佥事到临洮卫指挥使

明洪武二年（1369年），明军逼近临洮，唃厮啰家族后裔赵琦率部归降，明朝随即任命赵琦为"临洮卫指挥佥事兼同知临洮府事，授宣武将军"❶。明朝在西北地区的建置与元时不同，推行的是卫所制度和府州县的双重机制。赵琦同时在临洮卫和临洮府任职，足以看出明政府对赵琦的重视程度。

洪武二年，明军进军西北，徐达率军攻占临洮，报捷京师，明太祖大喜，"命立临洮卫"❷，这是明政府在西北地区最早设立的卫所之一。按照明制，卫所设指挥使一人、指挥同知二人、指挥佥事四人、镇抚司镇抚二人，属官则有经历、知事、吏目、仓大使、副仓大使各一人。❸赵琦降明之后，明政府任命他为"临洮卫指挥佥事"，在临洮卫的官员中并不是最高级别官员。后来，赵琦"以功升指挥同知"❹，应该算是比较高级别的官员了。

临洮府最初设立于洪武二年九月，属陕西承宣布政使司管辖，辖四县，分别为金县、兰县、狄道县、渭源县，"立临洮府，以金、兰、狄道、渭源等县隶之"❺。临洮府设"知府一人，正四品同知，正五品通判无定员，正六品推官一人。正七品其属，经历司经历一人，正八品知事一人。正九品照磨所，照磨一人，从九品检校一人。司狱司，司狱一人"❻。赵琦最初被任命为同知临洮府知事，同样为低级别官员。

---

❶ 张维.甘肃通志稿[M].甘肃省图书馆藏，1964年油印本.
❷ 明太祖实录·卷41[M].北京大学图书馆藏本.
❸ 张廷玉.明史.卷76·职官五[M].北京：中华书局，1974：1872.
❹ 高锡爵.临洮府志.卷16·列传·人物传中[M]//凤凰出版社编选.中国地方志集成·甘肃府县志辑（康熙巩昌府志.康熙临洮府志）.南京：凤凰出版社，2008：178.
❺ 明太祖实录·卷45[M].北京大学图书馆藏本.
❻ 张廷玉.明史·卷75·职官四[M].北京：中华书局，1974：1849.

明洪武二十六年（1393年），赵琦因牵扯"胡蓝之狱"被满门抄斩之后，其从弟赵安"谪戍甘州"❶，失去了在临洮卫和临洮府任职的机会。明成祖即位之后，赵安因向朝廷进贡马匹受到嘉奖，被允许返回临洮，明政府委任他在临洮卫担任百户。百户是一个很小的官职，"每卫设前、后、中、左、右五千户所，大率以五千六百人为一卫，一千一百二十人为一千户所，一百一十二人为一百户所，每百户所设总旗二人，小旗十人"❷。

宣德二年（1427年），赵安率军平定松潘反叛，因功被加封为都督佥事。正统五年（1440年），赵安以功被明英宗封为会川伯，并赐铁券文书，食禄千石。会川伯和铁券的获得说明唃厮啰家族实力的恢复，"公、侯、伯，凡三等，以封功臣及外戚，皆有流，有世。功臣则给铁券，封号四等：佐太祖定天下者，曰开国辅运推诚；从成祖起兵，曰奉天靖难推诚；余曰奉天翊运推诚，曰奉天翊卫推诚"❸。正统九年（1444年），赵安升迁为"都督同知，充右副总兵官，协任礼镇甘肃"❹。所谓的都督佥事和都督同知均为武官，"正一品都督同知，从一品都督佥事，正二品恩功寄禄，无定员"❺。总兵官为镇守一地的最高军事长官，能够担任总兵官和副总兵官的都是朝廷重臣，"凡总兵、副总兵，率以公、侯、伯、都督充之"❻。

赵安去世之后，赵安之子赵英最初仅承袭指挥佥事一职。景泰初年，明廷委任赵英为临洮卫指挥使，后又升任陕西都司都指挥佥事，"景泰初任临洮卫指挥使，寻以征失剌哈真地，擒伪祁

---

❶ 张廷玉.明史.卷155·赵安传[M].北京：中华书局，1974：4262.
❷ 张廷玉.明史.卷76·职官五[M].北京：中华书局，1974：1874–1875.
❸ 张廷玉.明史.卷76·职官五[M].北京：中华书局，1974：1855.
❹ 张廷玉.明史.卷155·赵安传[M].北京：中华书局，1974：4263.
❺ 张廷玉.明史.卷76·职官五[M].北京：中华书局，1974：1856.
❻ 张廷玉.明史.卷76·职官五[M].北京：中华书局，1974：1866.

王锁南，功升陕西都司都指挥佥事，协守凉州"❶。自赵英开始，临洮卫指挥使这一职位世代相袭，唃厮啰家族遂成为明清时期甘肃、青海赫赫有名的赵土司。

清王朝建立之后，广大西北卫所官吏归附，清朝对他们仍授原官世袭，唃厮啰家族亦不例外。"清顺治二年，底定陇右，师范率子枢勷归附，仍令管理临洮卫指挥使土司事务。"❷清的官制和明并无太大的变化，在清朝兵部的备案当中明确记载有赵土司等甘青土司："清代兵部有案，甘肃、青海土司，凡土指挥使八人，正三品，平番（原庄浪卫）三人，皆鲁氏，连城、大营湾、古城子、西宁三人，南川纳氏、寄彦才沟祁氏、北川陈氏、河州一人，韩家集韩氏，临洮一人，赵氏，指挥同知七人，从三品。"❸清代，作为唃厮啰家族后裔的赵土司所承袭的职位是临洮土指挥使，为清朝兵部备案的正三品官员，这一职位一直承袭至民国初年赵天乙被取消土司职位止。

第四节　部落首领：唃厮啰家族从未改变的政治身份

从北宋到民国时期，唃厮啰家族的政治身份不断发生变化，从河湟吐蕃政权的赞普最终嬗变为明清时期的赵土司。除官方承认的从赞普到土司的职位之外，唃厮啰家族还有另外的一个政治身份：部落首领。唃厮啰家族自进入河湟地区之后就被推举为不同部落的首领，尽管这一职位没有得到官方的认可与承认，但其

---

❶ 高锡爵.临洮府志·卷16·列传·人物传中[M]// 凤凰出版社编选.中国地方志集成·甘肃府县志辑（康熙巩昌府志.康熙临洮府志）.南京：凤凰出版社，2008：179.

❷ 赵尔巽.清史稿·卷517·土司六·狄道州[M].北京：中华书局，1977：14304.

❸ 张维鸿汀遗稿，张令瑄辑订.甘肃、青海土司志[J].甘肃民族研究，1983（1）：105–132.

是唃厮啰家族 900 多年中一直坚守的政治身份。唃厮啰家族在各部落中担任首领的情况大致如下。

唃厮啰和董毡。唃厮啰到达河湟地区之后，最早居住于渭州，史籍称其为"渭州蕃族"，渭州蕃部成为唃厮啰家族最早统属的部落。唃厮啰迁居青唐城（今青海省西宁市）之后，渭州蕃部随唃厮啰迁居青唐，发展成为唃厮啰族，成为唃厮啰在青唐地区站稳脚跟和向外发展的主要依靠力量，是唃厮啰的"嫡系力量"。唃厮啰去世之后，唃厮啰族首领由董毡兼任。董毡去世之后，唃厮啰族首领由阿里骨继任，唃厮啰家族失去在唃厮啰族中的首领地位。

瞎毡和磨毡角。景祐三年（1036 年），宗哥族首领李立遵去世，唃厮啰政权分裂，瞎毡和磨毡角离开青唐城，瞎毡到达河州成为部落首领，磨毡角则前往宗哥城成为部落首领。"唃厮啰有长男瞎毡，第二男磨毡角，皆叛其父。瞎毡在河州，磨毡角与母安康郡李氏在宗哥耶卑城住坐，分据土地、部族，各立文法。"❶

木征弟兄。瞎毡去世之后，六个儿子分别占据一定区域成为新的部族，木征承继瞎毡的职位，继续担任河州蕃部首领。瞎吴叱占据"银川聂家山"❷，后迁至岷州，成为岷州蕃部首领，"瞎吴叱者，木征诸弟也，居岷州，虽有部族，无文法"❸。木征弟结吴延征为武胜城或巩令城蕃部首领，熙宁五年（1072 年），宋军攻破武胜及巩令城时，结吴延征"举其族二千余人并大首领李楞占讷芝等出降"❹。巴毡角为洮州地区蕃部首领，熙宁六年（1073 年），"王韶自以兵穿露骨山南，入洮州界，破木征弟巴毡角，尽

---

❶ 张方平. 乐全集 · 卷 22 [M]. 台湾商务印书馆影印文渊阁四库全书本.
❷ 马端临. 文献通考 · 卷 335 · 四裔考十二 [M]. 北京：中华书局，1986：2630.
❸ 李焘. 续资治通鉴长编 · 卷 247 [M]. 北京：中华书局，1992：6013.
❹ 李焘. 续资治通鉴长编 · 卷 238 [M]. 北京：中华书局，1992：5786.

逐南山诸羌"❶。董谷（即赵继忠）为西蕃三十八族首领，绍兴七年（1137年），川陕宣抚使吴璘招降当地的吐蕃部落，"西蕃三十八族首领赵继忠等来归"❷。

赵怀义。赵怀义为木征长子，后来定居于岷州地区，成为岷州蕃部首领。元符三年（1100年），陇拶辞京提出要去岷州居住，宋哲宗问他是什么原因时，陇拶回答："无他，欲与包顺、赵怀义家部族相依耳。"❸

赵世昌与结什角父子。赵世昌为巴毡角后人，一直居于临洮，为把羊族族长。赵世昌后来被鬼芦族族长京臧暗杀后，赵世昌子赵铁哥袭为把羊族都管，"执京臧，斩之临洮市，以世昌子铁哥为把羊族都管"❹。

赵世昌次子结什角为木波、陇逋、厖拜、丙离四族首领。金统治河南期间，结什角避祸乔家族，"乔家族首领播逋与邻族木波陇逋、厖拜、丙离四族耆老大僧等立结什角为木波四族长，号曰王子"❺。结什角去世之后，木波四族表示"愿以结什角姪赵师古为首领"，于是金大定十年（1170年），"诏以赵师古为木波乔家、丙离、陇逋、厖拜四族都铃辖，加宣武将军"❻。

明清赵土司。明清时期，作为唃厮啰家族后裔的赵土司居住于临洮，仍然有自己所属的部落，到宣统年间，"临洮卫世袭指挥使赵土司统辖番汉土民一十六族，报部士兵一百名，把守黄岘口、铁门关、虎皮沟、九岭山等处，轮流防守，今仍依旧"❼。这

---

❶ 李焘.续资治通鉴长编·卷246 [M].北京：中华书局，1992：5998.
❷ 脱脱.宋史·卷28·高宗五 [M].北京：中华书局，1977：529.
❸ 徐松辑.宋会要辑稿·蕃夷6之38 [M].中华书局影印本.北京：中华书局，1957：7837.
❹ 脱脱.金史·卷91·结什角传 [M].北京：中华书局，1975：2016.
❺ 脱脱.金史·卷91·结什角传 [M].北京：中华书局，1975：2016-2017.
❻ 脱脱.金史·卷91·结什角传 [M].北京：中华书局，1975：2018.
❼ 呼延华国纂修.狄道州志·卷6·隘口 [M].台北：成文出版社有限公司，1970：386.

十六族及其所辖地区分别为：

松柏大庄族：辖松柏山、川地。

纳住醋那族：辖麻家沟、醋那。

豆巴包漆族：辖豆巴里、包家湾、下漆家。

金杨家族：辖金家山、杨家沟。

支巴失巴族：辖支巴里、失达里。

田巴芦族：辖田家河、巴芦里。

元古柏木族：辖元古堆、上下柏木滩、土城门。

拉木石崖族：辖乔马家山、官堡上下店、法轮寺、高石崖。

磨峡大马族：辖磨峡滩、第竺寺、大马沟。

三砸驴房族：辖上中下三砸、香树崖、菜子沟、纳如寺、安藏沟。

南峪望子族：辖饶寿里、蒲家庄三处、王家庄、望子沟。

下街寺沟族：辖下街、寺沟、何阁家山、路西。

崆峒大湾族：辖大湾里、麻家川、阁家湾、叠家坪。

文何家族：辖文家山、北三十里铺、驹儿川、潘家坡。

小南半牛族：辖杨庄、半牛坡。

深沟高山族：辖赵家口、金家大庄、苏家庄、麻刺里。❶

---

❶ 满如天.会川赵土司[Z]//定西文史资料选辑（第1辑），161.赵土司所辖各族在其他的资料中记载并不完全一致，但是根据现在渭源及临洮的地名来看，满如天在《会川赵土司》中所列的这十六族及其所属地区应当是准确的。

唃厮啰家族从赞普到土司政治身份的嬗变具有历史必然性，是国家、民族、家族三方面互动的必然结果。从国家层面来说，自宋朝至清朝，历朝历代对边疆民族一以贯之的"羁縻"政策使唃厮啰家族得以长久保有自己的领地，保有自己的属民，无论是宋朝的熙河路各级官员还是元朝的临洮府达鲁花赤，抑或明清时期的临洮卫指挥使，均是中央政府"羁縻"政策在唃厮啰家族政治身份上的具体体现。从民族层面来说，唃厮啰家族的根基是广大的西北吐蕃部族，吐蕃部族非常看重部族的种姓，"西蕃种类皆尊大族，重故主"❶。因此，唃厮啰家族长期受到吐蕃部族的拥戴，与其家族出身于高贵的赞普后裔的血统密不可分。为广大吐蕃部族长期推举为首领的唃厮啰家族，持续在西北的政治舞台上发挥重大的作用，历代中央政府正是看到唃厮啰家族在西北吐蕃的巨大影响力才给予唃厮啰家族较高的政治地位。从家族层面来说，唃厮啰家族在重大历史转折关头均能审时度势，顺应历史潮流，既没有竭力维护旧政权，亦未拥兵自立，这使唃厮啰家族在关键时刻确保了家族血脉的延续。此外，唃厮啰家族具有的善于学习、爱民如子、武功传家等良好家风也确保其家族政治地位的稳固。

---

❶ 赵汝愚. 宋名臣奏议·卷141·边防门[M]. 台北：台湾商务印书馆影印文渊阁四库全书本.

第三章 秦州尚波于部

尚波于部生活于秦州，是秦州吐蕃部落的典型代表。秦州特殊的人文、政治和经济环境造就了尚波于部，尚波于部艰难地生活在汉族、吐蕃部族夹缝中，维系着自身的生存与发展。

第一节 秦州尚波于部的族属与居地

尚波于部是秦州吐蕃的典型代表。从"不相君长"到被西夏控制成为西夏治下的属部，再到后来献伏羌地归顺北宋，尚波于部的发展过程彰显的是秦州缘边区吐蕃熟户的共性。

一、尚波于部的族属

尚波于部，亦被称作"尚巴约部"，生活在秦州地区，早年居于伏羌县（今甘肃省甘谷县），归西夏管辖。关于尚波于部的族属，由于《西夏书事》明确将其称为"夏州蕃"，"秋九月，夏州蕃尚波于以伏羌县地入献"[1]。一些学者就此认为尚波于部的族属应该为党项族，如《西夏简史》明确认为尚波于部为党项部族："秦州西北文阳镇盛产木材，党项尚波于部经常采伐，独得其利。

---

[1] 吴广成撰，龚世俊等校证.西夏书事校证[M].兰州：甘肃文化出版社，1995：31.

高防知秦州后,建议宋朝在此地设置采造务采伐木材料,并提出渭河以北归党项,渭河以南归宋。党项酋长尚波于对此不满,率所部千余人渡过渭水,抢夺宋朝的木筏和兵卒,被高防击败。"❶

《西夏书事》中的"夏州蕃"是否意味着尚波于部即党项族呢?答案是否定的,尚波于部的族属应该是吐蕃的熟户。

首先,从尚波于部的部族名称来看,"尚"为吐蕃官族之称,"吐蕃国法不呼本性,但王族则曰'论',官族则曰'尚'"❷。吐蕃王朝时期著名宰相尚塔藏、中书令尚绮心儿的名字当中都有"尚",他们都是吐蕃官族。由此可见,按照吐蕃命名习惯,尚波于部应为吐蕃官族的一支。

其次,除《西夏书事》,很多文献记载尚波于部为吐蕃部族,如《宋史》对尚波于部献伏羌地一事明确记载:"吐蕃尚波于等归伏羌县地。"❸《十朝纲要》将其称为"吐蕃尚波于"❹。《太平寰宇记》也明确称其为"吐蕃部族","建隆三年,秦州上言吐蕃尚波于等进纳伏羌县地"❺。大部分的宋代文献均将尚波于部归于吐蕃部族而不是党项部族。

尚波于部之所以被纳入党项部族,主要是因为宋朝初年党项族的势力延伸到凉州和秦州一带,尚波于部为党项族统治,其所居住的秦州地区有大量的党项部族迁入,此地成为杂居之地。再加之吐蕃和党项风俗差别不大,外界很难区分,"大约党项、吐蕃风俗相类"❻。正是由于尚波于部隶属于西夏党项部,再加上吐蕃和党项风俗相近,因此一些文献将尚波于部归入党项族也是可以理解的。

---

❶ 钟侃,吴峰云,李范文.西夏简史[M].银川:宁夏人民出版社,1979:13.
❷ 司马光.资治通鉴·卷246[M].北京:中华书局,1956:7970.
❸ 脱脱.宋史·卷1·太祖一[M].北京:中华书局,1977:12.
❹ 李埴.皇宋十朝纲要校正[M].北京:中华书局,2013:16.
❺ 乐史.太平寰宇记·卷150·陇右道秦州[M].北京:中华书局,2007:2904.
❻ 脱脱.宋史·卷264·宋琪传[M].北京:中华书局,1977:9129.

二、尚波于部的居住地

尚波于部最初居于秦州夕阳镇（今甘肃省天水市新阳镇），居地接近汉族地区，在吐蕃部族当中属于熟户，"其帐族有生户、熟户，接连汉界、入州城者谓之熟户，居深山僻远、横过寇略者谓之生户"❶。夕阳镇属古伏羌县地，隶属于秦州，"伏羌，熙宁三年，废丹山、纳述、乾川三堡，增伏羌砦为城，有得胜、榆林、大像、菜园、探长、新水、柽林、丙龙、石人、馳项、旧水一十一堡"❷。夕阳镇位于渭水北岸，当时的吐蕃部族正是隔河与汉地相望，"自渭而北则属诸戎，自渭而南则为吾有"❸。夕阳镇分上镇和下镇，夕阳下镇东距秦州六十里，夕阳上镇在夕阳下镇西北五里处，"其夕阳下镇，东距州六十里，岁积粮草而无城壁器械之备，贼至徒委以资之。又西北五里，有夕阳上镇，当伏羌、永宁两路之隘，古有城基尚存，若就上镇创一寨，置兵戍守，缓急有警，收旁近蕃汉老幼孳畜而入保之，实为经久之利"❹。从地图上看，夕阳下镇所处之秦州西六十里处应在今甘谷县附近，向西北五里的夕阳上镇的具体位置应在今甘肃省武山县与甘谷县之间。这一区域与西夏相距很近，其间无山川险要之地可以据守，因此，尚波于部时时受到西夏骑兵的威胁，"伏羌寨之北，尽是属户蕃部所居，距西界止百余里，无山川之险，苟贼马忽逾伏羌以南断入州道，则失腹背之援，有不测之虞"❺。由此可以看出，尚波于部所居的夕阳镇实际上处于抵御西夏进攻的前线，地理位

---

❶ 脱脱.宋史·卷264·宋琪传[M].北京：中华书局，1977：9129.
❷ 脱脱.宋史·卷87·地理三·陕西[M].北京：中华书局，1977：2155.
❸ 李焘.续资治通鉴长编·卷3[M].北京：中华书局，1992：68.
❹ 李焘.续资治通鉴长编·卷158[M].北京：中华书局，1992：3828.
❺ 李焘.续资治通鉴长编·卷158[M].北京：中华书局，1992：3827-3828.

置非常重要。

建隆三年（962年），尚波于部降宋后献伏羌地，宋朝将尚波于部安置在伏羌县，尚波于部自此便居于伏羌县。

第二节　汉蕃边缘的尚波于部

尚波于部是生活在秦州这样一处人文、政治、经济方面极具地域特色的诸多吐蕃部落的典型代表，其发展变迁体现了生活在汉蕃夹缝中的秦州吐蕃部落的生存状态。

一、秦州尚波于部与北宋的战争

秦州极其丰富的森林资源为秦州蕃部提供了便利，以尚波于部为代表的秦州蕃部历来以开采秦州地区的木材而获利，"秦州夕阳镇，古伏羌县之地也，西北接大薮，材植所出，戎人久擅其利"❶。北宋立国之后，出于军事上的考虑，于建隆年间禁止私人砍伐，"比朝廷禁近边山林不许斩伐，以杜戎人入寇之路"❷。不仅私人砍伐被禁止，私人贩卖亦被禁止，秦陇两地木材一时成为稀缺资源，甚至丞相赵普为建房不得不犯官禁私购秦、陇两地木材，"时官禁私贩秦、陇大木，普尝遣亲吏诣市屋材"❸。私禁的同时，官营的采造务应运而生，宋朝在秦州多地设立官营采造务，负责采伐木材。建隆三年（962年），高防担任秦州知州之后，首先在夕阳镇设置采造务，开采秦州地区的木材，"岁获大木万本，以给京师"❹。除夕阳镇外，秦州的破他岭也设置有采木务，其于

---

❶ 李焘.续资治通鉴长编·卷3[M].北京：中华书局，1992：68.
❷ 曾枣庄，刘琳.全宋文[M].成都：巴蜀书社，1991：271.
❸ 脱脱.宋史·卷256·赵普传[M].北京：中华书局，1977：8933.
❹ 李焘.续资治通鉴长编·卷3[M].北京：中华书局，1992：68.

大中祥符三年（1010年）被废。❶在大、小洛门地区同样设有官营的采伐业，"遣内供奉官王怀信、侍禁李宴诣秦州小洛门置寨采木，令秦州以骑兵百人、步军五百人防从，无得广兴兵甲，以疑戎人"❷。

私人砍伐被禁和官营采造务的设置带来了一系列矛盾。一方面，以采木和贩木为生的边民大量失业，"当时并以近里浅山耕熟之地既行禁止，致边民遽然失业"❸。另一方面，官营采造务危及以此为生的吐蕃诸部的利益。以此获利的尚波于部率先发难，袭击采造务，高防则采取强硬政策应对，秦州吐蕃部落和北宋王朝之间的关系骤然紧张，"秦州首领尚波于伤杀采造务卒，知州高防捕系其党四十七人，以状闻"❹。自尚波于部始，秦州蕃部不断发生叛乱，建隆三年（962年）至太平兴国三年（978年）发生的叛乱就有十余起，简单列举如下：

> 开宝八年（975年）十二月，
> 秦州戎人大石、小石族寇土门，略居民，知州张柄击走之。❺
> 太平兴国二年（977年）三月，
> 戎人安家族寇长山寨，巡检使韦韬击走之。❻
> 太平兴国三年正月，
> 秦州内属三族戎人等数寇边。❼

---

❶ 李焘.续资治通鉴长编·卷73[M].北京：中华书局，1992：1667.
❷ 李焘.续资治通鉴长编·卷77[M].北京：中华书局，1992：1751.
❸ 曾枣庄，刘琳.全宋文[M].成都：巴蜀书社，1991：271.
❹ 脱脱.宋史·卷492·吐蕃传[M].北京：中华书局，1977：14152.
❺ 李焘.续资治通鉴长编·卷16[M].北京：中华书局，1992：356.
❻ 李焘.续资治通鉴长编·卷18[M].北京：中华书局，1992：402.
❼ 李焘.续资治通鉴长编·卷19[M].北京：中华书局，1992：421.

太平兴国三年二月,

戎人寇边,三阳寨使陈钦寿率戍兵击走之。❶

戎人寇床穰寨,监军任德明率戍兵击走之,枭戎首数十级以徇。❷

太平兴国三年三月,

戎人寇八狼寨,杀掠吏民,巡检使刘崇让率戍兵击走之,擒其帅王宁珠,枭首以徇。❸

太平兴国三年五月,

时秦州内属戎人为寇,都巡检使周承瑨与田仁朗、刘文裕、王侁、梁崇赞、韦韬、马知节等皆受诏,屯兵清水县。❹

二、秦州尚波于部降宋

以尚波于部为代表的秦州蕃部的叛乱让北宋王朝感受到了西北边境的压力,不得不调整在秦州的治边方略。北宋王朝认为高防的做法有失妥当,"上不欲边境生事"❺,遂决定由枢密使吴廷祚任雄武节度使,召高防返回朝廷。北宋派吴廷祚赍诏前往秦州地区,其诏书全文如下:

朝廷置制边防,抚宁部落,务令安集,岂有侵渔?比来秦州元设三寨,又要采斫材植,供亿京师,虽在蕃汉之交,不妨牧放之利,汝等遮拦木筏,伤杀军人,寻

---

❶ 李焘.续资治通鉴长编·卷19[M].北京:中华书局,1992:423.
❷ 李焘.续资治通鉴长编·卷19[M].北京:中华书局,1992:423.
❸ 李焘.续资治通鉴长编·卷19[M].北京:中华书局,1992:424.
❹ 李焘.续资治通鉴长编·卷19[M].北京:中华书局,1992:430.
❺ 李焘.续资治通鉴长编·卷3[M].北京:中华书局,1992:68.

命使臣，往彼各断。近得高防奏，汝等四十七人，见已拘留，听候奏。汝等久怀忠顺，谨守封陲，昨缘事出于一时，致此纷扰。朕料汝等必悔前非，宜示怀柔，各从宽宥，今赐汝等锦袍银带，至可领也，已除节度使吴廷祚往伸安抚，仍令还汝等旧地，各归本族，共体深思。如或更敢犯边，当议尽加诛灭。❶

建隆三年（962年）六月，吴廷祚到达秦州地区，采取了四项措施安抚尚波于部：其一，赦免尚波于之罪；其二，将高防所俘获的蕃部俘虏全部释放；其三，赏赐尚波于锦袍银带；其四，罢采造务。经过这四项措施的安抚，尚波于部与北宋的关系趋于缓和，同年九月，尚波于献伏羌地归降，"是年秋，乃献伏羌地"❷。

秦州尚波于部事件体现出秦州蕃部艰难的生存状态。一方面，随着北宋对秦州控制力的逐渐增强，吐蕃诸部的既有利益受到威胁，采造务的设置直接触及了吐蕃诸部的采伐权，秦州吐蕃诸部不得不采用叛乱的极端方式对抗北宋；另一方面，秦州吐蕃诸部由于没有一个统一的地方政权，各自为政，根本没有力量在与北宋的对抗中取得胜利，秦州吐蕃诸部的反抗大多以失败而告终。对北宋来说，秦州蕃部是北宋治理西北边疆的重要方面，面对秦州蕃部的反抗，北宋王朝并没有一味地用武力解决，致使矛盾激化，而是采取平息和缓和民族矛盾为主、武力解决为辅的方针，力求羁縻笼络以尚波于为代表的秦州吐蕃诸部。除平息尚波于部事件，淳化五年（994年），温仲舒调任秦州知州，因伐木

---

❶ 佚名编，司义祖整理．宋大诏令集·卷240·政事[M]．北京：中华书局，1962：1962.
❷ 脱脱．宋史·卷192·吐蕃传[M]．北京：中华书局，1977：14153.

被蕃部攘夺，温仲舒"悉徙其部落于渭北，立堡寨以限之"❶。此事被北宋朝廷获悉后，宋王朝认为"此羌部内属，素居渭南，土著已久，一旦擅意斥逐，或至骚动"❷，遂将温仲舒与薛惟吉对调，以平息事端。张佶任秦州知州时，"置四门寨，开拓疆场，边部颇怨"❸，又在临渭置采木场，对蕃部不存抚，也不加赐赍，致使蕃部引众劫掠。北宋王朝同样采取将张佶调往他处任职的方式平息事端。后来，北宋王朝为更好地处理采伐秦州林木与安抚秦州蕃部的矛盾，改为赎买的方式，让利于吐蕃诸部，"不若取路采木，所经族帐，赉以缯帛，则何求不得。如止贪木，乃取无用之地，使害及远人，非朕志也"❹。对归顺听命的蕃部首领，北宋王朝封官授爵，以示朝廷恩宠，南市归顺蕃部都首领郭干苏都举家迁居冶坊寨，继续担任这一带蕃部首领，宋廷"命（郭干苏都）为本族巡检，月给钱五千，米面五石"❺。秦州"三阳、定西、伏羌、静戎、冶坊、三门、床穰等七寨熟户蕃部都首领以下，凡一百四十六人有功"，其中"二人授都军主，四十一人授军主，五十七人授指挥使，余悉补蕃官"❻。在武力和怀柔的双重政策之下，以尚波于部为代表的秦州吐蕃诸部对宋朝的向心力逐渐增强，纷纷纳质归降，成为北宋与西夏战争的最重要的一支力量。

---

❶ 脱脱.宋史·卷266·温仲舒传[M].北京：中华书局，1977：9182.
❷ 脱脱.宋史·卷266·温仲舒传[M].北京：中华书局，1977：9182.
❸ 脱脱.宋史·卷308·张佶传[M].北京：中华书局，1977：10151.
❹ 李焘.续资治通鉴长编·卷71[M].北京：中华书局，1992：1603.
❺ 李焘.续资治通鉴长编·卷90[M].北京：中华书局，1992：2068.
❻ 李焘.续资治通鉴长编·卷88[M].北京：中华书局，1992：2026.

第四章 从酋豪到土司的包家族

北宋初期,包家族为唃厮啰政权领导下的"酋豪",居于秦州。"熙河之役"后,包家族首领俞龙珂率部归降,北宋赐之包姓,俞龙珂部及其后人遂以包为姓,到明清时期发展为岷州地区的包土司。900多年来,包家族的政治身份随着朝代的更迭不断嬗变,反映的亦是河湟地区数百年的时代变迁。

第一节 从酋豪到蕃官:北宋时期包家族的政治嬗变

包家族被赐姓之前居于秦州,被称为"秦州上丁族",部族首领为厮铎心、瞎药父子。宋皇祐末年,由于宋朝修筑古渭寨,秦州上丁族厮铎心率部叛宋,北宋王朝将厮铎心作为人质扣于秦州长达十余年,直到熙宁二年(1069年)才将其放回,"(熙宁二年六月)诏谕:已令秦州放瞎厮铎心归本族。先是铎心作过,质于秦州十余年"[1]。厮铎心被质于秦州十余年,其子瞎药大为不满,秦州上丁族与北宋之间的关系日趋紧张。为增强自己与宋对抗的砝码,瞎药与唃厮啰长孙木征联合起来,甚至欲借西夏的力

---

[1] 徐松. 宋会要辑稿·蕃夷6之7[M]. 中华书局影印本. 北京:中华书局,1957:7822.

量抗宋。"秦州上丁族瞎药怒质其父厮铎心,乃逃去,与木征相合……其木征、瞎药更与自来秦州多点集不起、广有力量青唐族相结,谋立文法,去西界所建西市城甚近,阴与夏人通款。"❶为增强自己的号召力,瞎药将唃厮啰长孙木征迎居洮州,重立文法,"(瞎药)迎木征居洮州,欲立文法,秦州逐之,复还河州,地与西使城近。谅诈阴诱之,遂与青唐等族并附"❷。为更好地控制木征,瞎药甚至把自己的妹妹嫁于木征,"瞎毡舅李都克占与瞎药争班,瞎药以妹妻木征,木征右瞎药"❸。

瞎药兄俞龙珂亦为秦州蕃部首领,居于古渭地区(今甘肃省漳县)陇西县之南的盐井地区,势力强大,"蕃部俞龙珂在青唐最大"❹。俞龙珂部控制着古渭地区的盐井,收益巨大,"日获利可市马八百匹"❺。由于盐井能够带来巨大的经济效益,遂成为各方争夺的焦点,西夏、秦州以西的吐蕃诸部及北宋均欲把盐井控制在自己的手中,为此各方展开激烈的争夺战。❻正因如此,俞龙珂部和这几方的关系都比较紧张,与北宋朝廷的关系亦如此,北宋甚至打算以武力解决俞龙珂部,"时青唐俞龙珂大族难制,议请讨且城之"❼。

宋神宗熙宁五年(1072年),王韶在王安石的支持下发动"熙河之役",瞎药和俞龙珂弟兄同北宋之间的关系彻底改变。王韶对熙河地区的经略始于秦州缘边蕃部,俞龙珂部族正是重点经略的对象。在经济方面,王韶看到秦州缘边有很多荒地,遂下令

---

❶ 韩琦.韩魏公集·卷15·家传[M].上海:商务印书馆,1936.
❷ 吴广成撰.龚世俊等校证.西夏书事校证[M].兰州:甘肃文化出版社,1995:245.
❸ 李焘.续资治通鉴长编·卷188[M].北京:中华书局,1992:4530.
❹ 脱脱.宋史·卷328·王韶传[M].北京:中华书局,1977:10579.
❺ 李焘.续资治通鉴长编·卷175[M].北京:中华书局,1992:4226.
❻ 任树民.北宋缘边吐蕃部族保卫盐井及反盐税斗争[J].西藏研究,1995(1).
❼ 彭百川.太平治迹统类·卷16·神宗开熙河[M].扬州:江苏广陵古籍刻印社,1981:77.

在缘边蕃部中招纳弓箭手，大力开垦荒地进行屯田。同时，王韶又在古渭州设立市易司，专门负责与河湟吐蕃诸部的贸易，从经济方面加紧对吐蕃部族的控制。除经济手段，王韶又采取多项举措招降吐蕃部族首领。由于俞龙珂在秦州缘边蕃部的重要性，俞龙珂被王韶列为首先招抚的吐蕃部族首领。王韶抵俞龙珂营帐劝降，俞龙珂最终被王韶说服，率部十二万人投降，"韶因按边，引数骑直抵其帐，谕其成败，遂留宿。明旦，两种皆遣其豪随以东。久之，龙珂率属十二万口内附，所谓包顺者也"❶。率部投降后，宋朝加封俞龙珂为西头供奉官，俞龙珂上表称："平生闻包中丞朝廷忠臣，今既归汉，乞赐姓包。"北宋朝廷答应俞龙珂的请求，"上如其请，遂赐之姓包，赐名顺"❷。俞龙珂部此后便以包为姓，世居岷州。

俞龙珂投降之后，瞎药作为木征手下重要的将领随木征与北宋交战。熙宁五年（1072年）八月，王韶攻破武胜城，负责守城的瞎药乘夜色出逃，"酋领瞎药弃城夜遁，唯曲散四王阿南阿出降，乃城武胜"❸。十一月，大势已去的瞎药降宋，北宋加封他为内殿崇班本州蕃部都监，赐名包约，"河州首领瞎药等来降。诏以为内殿崇班、本州蕃部都监，仍赐姓包名约。约者，顺之兄，木征谋主也。木征既败，约始归熙河听命"❹。

俞龙珂和瞎药降宋之后，由吐蕃部族酋豪转变为北宋熙河路蕃官，俞龙珂和瞎药及其后人在宋朝的历次开边战争中屡立战功。宋哲宗时期的绍圣开边、宋徽宗时期的元符开边，俞龙珂家族均参与其中，整个家族功勋卓著，成为北宋时期熙河地区一支

---

❶ 脱脱.宋史·卷328·王韶传[M].北京：中华书局，1977：10579.

❷ 彭百川.太平治迹统类·卷16·神宗开熙河[M].扬州：江苏广陵古籍刻印社，1981：78.

❸ 彭百川.太平治迹统类·卷16·神宗开熙河[M].扬州：江苏广陵古籍刻印社，1981：78-79.

❹ 李焘.续资治通鉴长编·卷240[M].北京：中华书局，1992：5825.

重要的政治力量。

俞龙珂降宋之初，宋朝最初加封他为西头供奉官，这是一个很小的官职，从八品。此后，俞龙珂与家族另一位重要的人物包诚❶尽心效力，官职步步提升。熙宁六年（1073年）四月，俞龙珂升职为西京左藏库使，包诚为内殿承制。❷熙宁七年（1074年）四月，俞龙珂在岷州之战中立下战功，宋朝加封他为内藏库使，"西京左藏库使包顺为内藏库使，赐金带、上锦袍，绢三百。余迁官赐绢有差，录岷州破贼之功也"。❸至熙宁八年（1075年），俞龙珂已升任皇城使。同年六月，俞龙珂再次升职，"皇城使包顺为青唐一带并岷、洮等州蕃部巡检使"。❹此后，包顺和包诚两人率兵与鬼章在熙河一带激战。熙宁十年（1077年）二月，包顺与包诚二人同时受赏，包顺被封康州刺史，包诚被封为供备库使。降宋之后，包顺与包诚在熙河地区率军尽心效力，"战多之最，锡以官荣，庸劝忠义"。❺包顺与包诚的忠心得到了秦凤、熙河路两地官员的公认，"山西得功蕃官皇城使康州刺史包顺忠白向汉，众所推服。昨日，岷南出兵，兼旬深入，竭数点集差次，功状不在行营将副之下，今所推赏，未厌众论"。❻此次进兵之后，北宋加封包顺为荣州团练使，包诚为文思使。此后，包顺和包诚一直驻守岷州。元丰八年（1085年），包顺被授予阶州防御使，包诚被授予岷州刺史兼领恩州团练使。元祐二年（1087年），北宋五路出兵大战鬼章，其中的一路由种谊和包顺率领，"种谊洮东，

---

❶ 关于包诚，各种文献中并没有明确记载其与俞龙珂的确切关系，也无蕃名。从各种文献对其记载来看，均是以"包顺、包诚"并列出现，很可能包诚为包顺之弟。
❷ 李焘. 续资治通鉴长编·卷244 [M]. 北京：中华书局，1992：5937.
❸ 李焘. 续资治通鉴长编·卷252 [M]. 北京：中华书局，1992：6156.
❹ 李焘. 续资治通鉴长编·卷265 [M]. 北京：中华书局，1992：6484.
❺ 王安礼. 王魏公集·卷2·制敕 [M]. 南昌：豫章书局，1916.
❻ 李焘. 续资治通鉴长编·卷283 [M]. 北京：中华书局，1992：6924.

以岷蕃包顺为前锋,由奇龙谷会通远蕃兵,夜济邦金川,黎明至洮州城,版筑未毕,一鼓破之,获首领九人,俘馘数千,遂生擒鬼章"❶。战争结束之后,包顺和包诚双双受赏,"蕃官西上閤门使阶州防御使包顺为四方馆使,皇城使登州防御使包诚为东上閤门使,人赐银绢各五百"❷。这样,包顺从降宋之初的从八品升职为从五品的四方馆使,这也是包顺生平所取得的最高职位。

俞龙珂家族的另一位重要人物瞎药降宋之后被封为内殿崇班本州蕃部都监,在熙州任职。熙宁七年(1074 年),踏白城之役由于景思立的错误指挥,宋军大败,瞎药战死,北宋追封瞎药为忠州刺史,"赠礼宾副使包约为忠州刺史。约,蕃官也。初从景思立河州战没,或诬为降贼,走马承受张佑等言约实中箭死。诏王韶考实,如佑等言,故有是命"❸。

除包顺和包诚,他们的第二代亦随父在熙河路任职。包顺的几个儿子先后获得北宋的封赏。早在熙宁八年(1075 年)二月,宋朝加封包顺之子嘉卜卓为三班奉职,"蕃官皇城使包顺子嘉卜卓补三班奉职。熙河经略司言其随父战龙公川有功也"❹。熙宁十年(1077 年)九月,包顺另一子结逋脚被封为内殿崇班,"录蕃官皇城使、荣州团练使包顺子东头供奉官结逋脚为内殿崇班"❺。绍圣四年(1097 年),包诚在熙河督军时被蕃部伏兵所杀,为表彰包诚的战功,北宋追赠他为虔州观察使,同时加封他十三个儿子❻官职,"包海特与转一官,除遥郡刺史,差充岷州一带蕃部

---

❶ 彭百川. 太平治迹统类・卷 21・哲宗禽鬼章 [M]. 扬州:江苏广陵古籍刻印社,1981:48.
❷ 李焘. 续资治通鉴长编・卷 406 [M]. 北京:中华书局,1992:9886.
❸ 李焘. 续资治通鉴长编・卷 253 [M]. 北京:中华书局,1992:6194.
❹ 李焘. 续资治通鉴长编・卷 260 [M]. 北京:中华书局,1992:6332.
❺ 李焘. 续资治通鉴长编・卷 284 [M]. 北京:中华书局,1992:6960.
❻ 包诚的十三个儿子分别为:包海、包明、包喜、包猛、包文、包忠(斯结木磋)、包信(结星)、包才(结默)、包良(嘉木错)、包武(莽布)、包勇(济实木)、包强(蒙诺木)、包毅(开佐)。注:括号中为包家族成员原名,未注明的是文献中原记载,原名不详。

同巡检，包明等四人各特转一官，差充本族巡检，内包文泾原路有功，候奏到仍别与推恩；斯结木磋等八人特与三班借职，差充同巡检，先支与请受，仍并赐名：斯结木磋名忠，结星名信，结默名才，嘉木错名良，莽布名武，济实木名勇，索诺木名强，开佐名毅"❶。对包诚及其十三个儿子——加封并赐汉名，这是北宋时期除唃厮啰家族之外唯一的吐蕃部族的受封。自俞龙珂降宋之后，其家族被册封且有名可考者达 38 人❷，足以看出俞龙珂家族在西北吐蕃部落中的重要地位。

第二节　金统治下包家族的政治嬗变

北宋末年，居于岷州的俞龙珂家族开始被外界普遍称为"包家族"。宋高宗绍兴元年（1131 年），原属于宋朝的熙、河、兰、会、巩、洮、湟、鄯、积石等州军之地均被金人攻占，包家族所居住的熙州一部遂为金统治。金改熙州为临洮府，设临洮府总管治之。此时包家族的包长寿袭父包永之职为本族都管，泰和六年（1206 年），金完颜纲发兵攻打宋朝四川宣抚副使吴曦，包长寿率领"绯翻翅军"❸参与战事并立下战功，"泰和伐宋，充绯翻翅军千户，取庆川寨及祐州、宕昌、辛城子，以功进官二阶"❹。自此之后，以包长寿为代表的包家族成为金朝在西部边陲最为倚重的吐蕃部落，包长寿及其家族的政治地位不断升迁。

泰和六年（1206 年），包长寿只是绯翻翅军千户。从贞祐元

---

❶ 李焘.续资治通鉴长编·卷489[M].北京：中华书局，1992：11606.
❷ 见《续资治通鉴长编》《宋史》《宋会要辑稿》及相关宋人文集资料。
❸ 绯翻翅，是军名的一种，《金史·完颜纲传》记载："绯翻翅，军名也。"
❹ 脱脱.金史·卷103·乌古论长寿传[M].北京：中华书局，1975：2271.

年（1213年）至贞祐三年（1215年），包长寿先后参与金与西夏的战争、金与南宋的战争，战功赫赫，一路升迁，"战东关堡，以功署都统，兼充安定、定西、保川、西宁马军都弹压，诏录前后功，遥授同知陇州防御使，世袭本族都巡检"❶。贞祐三年，包家族的政治地位再获提升，因军功而获赐金朝国姓乌古论姓，金宣宗特赐"包世显、包疙瘩为乌古论氏"❷。尽管此处并未提及包长寿赐姓乌古论，但《金史·乌古论长寿传》明确记载包长寿"三年，赐今姓"❸，所以包疙瘩可能即是包长寿之小名。包家族作为一个吐蕃部族先后获得北宋和金朝的赐姓，这在西北诸多吐蕃部落之中绝无仅有。

贞祐三年之后，包长寿在与夏人的战事中屡建奇功，又数度升迁，"以劳迁宣武将军，遥授通远军节度副使。招降诸蕃族及熟羊寨秦州逋亡者。复迁怀远大将军，升提控"❹。兴定元年（1217年），包长寿再次升迁，"兴定元年，夏人大入陇西，长寿拒战，迁平凉府治中，兼节度副使，充宣差巩州规措官。顷之，遥授同知凤翔府事，兼同知通远军节度事，提控如故"❺。兴定二年（1218年），包长寿升为同知临洮府事，与提控洮州刺史纳兰记僧分兵伐宋。战事结束后，包长寿再次升迁，"长寿遥授陇安军节度使，同知通远军、提控如故。顷之，长寿升总领都提控，改通远军节度使"❻。从泰和六年（1206年）至兴定二年（1218年），包长寿从一介小小的千户晋升为节度使，足以反映出包长寿军功之多及金朝对其家族的器重。

---

❶ 脱脱.金史·卷103·乌古论长寿传[M].北京：中华书局，1975：2272.
❷ 脱脱.金史·卷14·宣宗上[M].北京：中华书局，1975：312.
❸ 脱脱.金史·卷103·乌古论长寿传[M].北京：中华书局，1975：2272.
❹ 脱脱.金史·卷103·乌古论长寿传[M].北京：中华书局，1975：2272.
❺ 脱脱.金史·卷103·乌古论长寿传[M].北京：中华书局，1975：2272.
❻ 脱脱.金史·卷103·乌古论长寿传[M].北京：中华书局，1975：2272.

包长寿之弟包世显降金后亦屡建战功，兴定二年（1218年）授五品刺史之衔。兴定四年（1220年），夏人攻陷会州，包世显不得已投降西夏，"八月，夏人陷会州，刺史乌古论世显降，复犯崤谷，夹谷瑞连战败之，夏人乃去"❶。包世显降西夏并没有给其弟包长寿及其家人的政治前途带来灭顶之灾，夏人欲以包世显为人质逼迫包家族投降，包家族却借机显示了自己对金人的忠心，政治地位进一步提升，"夏人执世显至定西城下，谓长寿曰：'若不速降，即杀汝弟。'长寿不顾，奋战，夏兵退，加荣禄大夫，赐金二十五两、重币三端"❷。金朝不仅褒奖包长寿，对已降西夏的包世显的两个儿子包公政和包重寿也予以赦免，"宣宗嘉长寿守定西功，释公政兄弟，有司廪给之"❸。

包家族自泰和六年归顺金朝以后，对金朝始终忠心耿耿，金宣宗也给予包家族最大限度的优厚与恩抚。除了上面提及的包家族所立下的赫赫战功之外，包家族之所以受恩宠的另一个重要原因是包家族在吐蕃部落中的影响力及包长寿在吐蕃部落中深得人心，具有很高的威望，金王朝需要利用他来招降吐蕃部落。"宋境山州宕昌东上捞一带蕃族，昔尝归附，分处德顺、镇戎之间。其后，有司不能存抚，相继亡去。近闻复有归心，然不招之亦无由自至。诚得其众，可以助兵，宁谧一方。臣以同知通远军节度使乌古论长寿及通远军节度副使温敦永昌皆本蕃属，且久镇边鄙，深得彼心，已命遣人招之。"❹

---

❶ 脱脱.金史.卷134·外国上·西夏[M].北京：中华书局，1975：2874.
❷ 脱脱.金史.卷103·乌古论长寿传[M].北京：中华书局，1975：2273.
❸ 脱脱.金史.卷103·乌古论长寿传[M].北京：中华书局，1975：2273.
❹ 脱脱.金史.卷113·白撒传[M].北京：中华书局，1975：2485.

第三节　元明清时期的包土司

俞龙珂兄弟降宋之后，包家族一直定居于岷州地区。陇拶降宋之后，宋哲宗询问他欲往何处居住，他要求去岷州，理由是"无他，欲与包顺、赵怀义家部族相依耳"❶。包家族居于岷州，参与修建了岷州广仁禅院，"郡之酋豪曰赵醇忠、包顺、包诚，皆施财造像"❷。

包长寿之后，包家族中见于史籍记载者并不多见。元朝建立之后，在脱思麻路设置十八族元帅府❸，归巩昌路便宜都总帅府管辖。元朝史籍中所记载的"西番十八族"当与十八族元帅府有直接关系，"曾长期活跃于宋、金、元、明等朝，是甘、青、川地区著名的吐蕃大族，对当地的政治、文化产生过较大的影响"❹。元末明初，包家族以十八族首领的身份再次在史籍中出现。明洪武五年（1372年），包家族曾经向朝廷献马，"十八族千户包完卜厹等来朝贡马"❺。除元末明初包完卜厹担任十八族千户之外，包家族中的包锁南也在十八族担任千户并经常向朝廷进贡马匹，"其十八族地方亦养马多，除端王旧管阙阙当差不科外，其余包锁南等一了不曾当差人民，见一户出马一疋，少有不从"❻。明朝初年，十八族千户所隶属于河州卫，为当时河州卫所辖八个千户所之一。洪武十一年（1378年），岷州卫设置之后，十八族军民千户所改隶岷州卫统辖。十八族的主要首领一直由包家族担任，

---

❶ 徐松辑.宋会要辑稿·蕃夷6之38[M].中华书局影印本.北京：中华书局，1957：7837.
❷ 吴景山.安多藏族地区金石录[M].兰州：甘肃文化出版社，2014：25.
❸ 宋濂.元史·卷91·百官七[M].北京：中华书局，1976：2309.
❹ 关于十八族的考证，参见武沐.明代吐蕃十八族考[J].西藏研究.2010（2）：16–25.
❺ 明太祖实录·卷72[M].北京大学图书馆藏本.
❻ 朱元璋.明太祖集[M].合肥：黄山书社，1991：175.

除前文述及的包完卜乩和包锁南，还有包旺、包木明肖、包阿速等数人。今甘肃省岷县二郎山钟亭的二郎山铜钟，铸于明洪武十六年（1383年），其铭文清楚地记载了包家族在十八族千户所任职的情形：

> 十八族军千户所
> 武略将军副千户：包旺
> 昭信校尉百户：马珍、包木明肖、包辇占肖、包阿速、包答蛮、郎扎即、包扎秀、赏占密
> 忠显校尉所镇抚：陈坚、谈谷智
> 忠翊校尉都管：成那速、包□、包辇占、包速南党、成先宜、□速南党只……
> 吏目：谭□ ❶

从碑文记载来看，包家族在十八族千户所中担任主要官职，碑文中所提及的包阿速在明清时期被称为"包土司"，《岷州乡土志》对包阿速记载如下：

> 包氏，宋神宗时，青唐蕃俞龙珂率其属内附。自言闻包中丞朝廷忠臣，乞赐姓包氏。帝如其请，赐姓名包顺，遂居岷。高遵裕刺岷时，曾遣包顺出西门击吐番；又与包诚出赀修广仁禅院（见宋王钦臣记中）。明有指挥同知包阿速，阿速子鬼儿，鬼儿孙海，海子虎，虎子美，俱袭。名世英者，美子也，隆庆间袭有。国朝失其

---

❶ 此碑现存于岷县博物馆，碑文见《岷县志》编纂委员会.岷县志[M].兰州：甘肃人民出版社，1995：669.

职。今本城及西南路包氏，宜是其后裔。❶

《甘肃、青海土司志》中亦有关于包阿速的记载，与《岷州乡土志》记载略有不同：

岷州卫指挥同知包阿速

波忒国三叠族人。（当为土伯特异译）

包鬼儿　阿速子，□□□时袭指挥同知。

包　曾　鬼儿子，□□□□时袭职。

包　海　曾子，□□□□□时袭职。

包　虎　海子，□□□□□时袭职。

包　贵　虎子，□□□□□时袭职。

包世英　贵子，隆庆时袭职，委管操屯局。

以档卷毁失，世袭年代及事迹及何时停袭，均无考。❷

除包阿速及其后人，明清时期西北地区还有不少包家族的后人在西北地区建功立业，延续着家族的辉煌。明朝时期包家族中著名人物有包思恭、包举、包天福，他们均担任过岷州副千户，包启龙则担任岷州百户。❸明朝时包家族中还有几人考取过功名，考取贡士的有包秀和包兴，其中包秀曾担任明鸿胪寺序班；清康熙四十一年（1702年）包应举考取贡士，后任陕西朝邑县训导。❹

---

❶ 岷州乡土志 [M]// 陇右稀见方志三种 . 上海：上海书店影印，1984.
❷ 张维鸿汀遗稿，张令瑄辑订 . 甘肃、青海土司志 [J]. 甘肃民族研究，1983（1-3）：105-132.
❸ 汪元绚 . 岷州志 · 卷 13 · 职官下 [M]//《岷县志》编纂委员会 . 岷州志校注 . 甘肃省图书馆藏本，1987：220.
❹ 汪元绚 . 岷州志 · 卷 15 · 选举 [M]//《岷县志》编纂委员会 . 岷州志校注 . 甘肃省图书馆藏本，1987：247.

此外，包世禄中光绪丙子科举人、包文炳中光绪辛卯科举人、包玉中光绪丁酉科举人。❶特别是包世禄，以孝义闻名于当时，《岷州续志采访录》对其生平记载如下：

> 包世禄，字子康，本城人。光绪丙子举人。性安雅，幼不好弄。稍长，嗜读书，终日展卷微吟。同学或戏之，不怒亦不语，即有言，呐呐然如不出诸其口。中年，颓然如不胜衣。兄世福，岁贡生，世禄事之甚谨，每事不问不敢专；兄亦友爱笃至，至老无间言。岷人论天伦之乐，以包氏昆仲为最焉。❷

如今，西北地区还有包家族后人居住的村庄。笔者2014年夏在甘肃省陇南市调研时曾经专门去过陇南市西和县石堡乡包集村，这个村庄有4000人，村民中超过一半人口姓包。甘肃礼县亦有一个村庄为包家村，村民也主要以包姓为主。这两处地方距离礼县盐官镇都不远，包家族先人俞龙珂早年控制的盐井就在此处，因此可以断定，包集村和包家村的包姓村民均为包家族后人。遗憾的是，笔者实地采访时，当地的包家族后人对自己家族早年的历史一无所知，历史记忆已经中断。

---

❶ 岷州续志采访录[M]//《岷县志》编纂委员会.岷州志校注.甘肃省图书馆藏本，1987：448–449.

❷ 岷州续志采访录[M]//《岷县志》编纂委员会.岷州志校注.甘肃省图书馆藏本，1987：464.

第五章 部落联姻下的乔家族

乔家族兴起于北宋，是安多地区重要的吐蕃部落。北宋初年，乔家族通过与唃厮啰家族的联姻成为唃厮啰政权最重要的一支力量，不仅协助唃厮啰重建青唐吐蕃政权，而且数次在最关键的时刻稳定了青唐吐蕃政权，在唃厮啰政权的建立与发展过程中起到了至关重要的作用。金占领陇南地区之后，乔家族扶持唃厮啰四世孙结什角在陇南地区建立地方政权，这是唃厮啰政权灭亡之后唃厮啰后裔建立的唯一一个吐蕃地方政权。元明清时期，乔家族散居于安多地区，一部分成为宕昌马土司所属部族，一部分定居青海，成为塔尔寺六族之一。迄今为止，学术界对乔家族的研究主要集中在两个方面，一方面是探讨乔家族与唃厮啰家族的关系及乔家族在青唐吐蕃政权建立过程中发挥的重要作用；❶另一方面是对乔家族的居地进行简单考证。❷ 与乔家族数百年的发展历程相比，学术界对乔家族的研究相对薄弱和不足。本章将依据

---

❶ 乔家族与青唐吐蕃政权的关系最具代表性的当属日本学者铃木隆一的《青唐吐蕃王朝与青海藏族部落：以乔家族为研究重点》(《安田学院研究纪要》1986年第26期）和祝启源先生的《唃厮啰——宋代藏族政权》(青海人民出版社，1988年）。汤开建先生的《宋金时期安多吐蕃的婚姻及女性地位》(《西北师范大学学报》2005年第5期）则涉及了乔家族与唃厮啰家族的联姻问题。

❷ 汤开建先生在《五代宋金时期甘青藏族部落的分布》(《中国藏学》1989年第4期）一文中对219个吐蕃部落的居地进行考证，其中就有乔家族。

各种文献中乔家族的零星记载对乔家族族源及居地、后裔等内容进行一次较全面的考述。

第一节 乔家族族源及早期居地考述

乔家族为东纳吐蕃部落的一支，东纳吐蕃部落为吐蕃王朝时期派往河西地区的"噶玛洛"❶部落，"主要是公元8世纪赤松德赞时期，随居于大概在今西藏那曲、昌都地区及青海玉树及周边地区的通颊部落征战至此的吐蕃军士"❷。历史上东纳吐蕃部落由三个部落组成：甘巴隆松（居地为今甘肃省张掖市裕固族自治县祁丰藏族乡祁林村）、措智（居地为今甘肃省武威市天祝藏族自治县祁连镇祁连村）、依尔（居地为今甘肃省张掖市裕固族自治县祁丰藏族乡祁文村、祁青村）。据东纳藏族口传史诗《旦木尔》记载，乔家族是依尔部的头人并掌管东纳三大部落的大印，曾经受到过藏王的敕封：

> 奥德萨！早先乔家头人的历史，详细地再说一遍。乔家部落的地域范围：这里有八个垭豁的鄂博，有直属家族五十户，黑帐户一千顶，两个崖湾中的土地五十二石，一千户的头人即为千户长。乔家头目掌握着东纳三个部落的大印，为东纳右支六个部落的头人。摆设着羊血一样紫红的大桌子，屋檐下都是在飘动着的帷幔。曾经去卫藏无影朝觐过藏王受到藏王的敕封，为了压住阵脚，藏王赋予他军权（职）。头戴白缨帽顶的高级军官，

---

❶ 汉语意为"没有命令不能返回"。
❷ 洲塔，尕藏尼玛.东纳藏族部落族源考略[J].西南民族大学学报（人文社会科学版），2012（12）：60-65.

进行祭祀的各种佛事活动。为提高在百姓中的权威，喇嘛赐给了"夏卡"的念珠，曾接受西夏王的管辖。对狡猾的敌人，用锋利的长矛来刺，使其脚跟站不稳。加强藏人内部的团结，用此手段来安慰周边的安宁。对进入山口子里的其他人，一个一个朝口子外赶去！如果不是这样子，却是这样子在叙说。❶

吐蕃王朝崩溃之后，驻守于河西地区的乔家族一支向南迁居历精城，到宋朝时实力强劲，成为当地吐蕃大族，"乔氏有色，居历精城"❷。关于历精城，在不同的史籍中又被称为"哩沁城""林金城""林擒城"等，其具体地望学术界有不同的说法，概括如下。

甘肃省夏河县西南。汤开建先生在《宋金时期安多吐蕃部落及其地域分布》一文中认为，历精城位于甘肃省夏河县西南，"历精城的方位大约即在甘肃夏河县西南之地。为河南吐蕃大族之一"❸。

甘肃省临夏县西南。《中国历史地名辞典》和《中外地名大辞典》等均认为历精城位于临夏县西南，"历精城，北宋属河州，在今甘肃临夏县西南"❹。马效融编著的《河州史话专辑》甚至将历精城更准确地定位于和政县新营乡上寺湾南约3千米处的乔家岔关处，"乔家岔关位于和政县新营乡上寺湾村南约六华里处。据清《循化志》载：乔家岔关外为'历精城'，唃厮啰三妻乔氏

---

❶ 王岩松，罗万明．马蹄文殊古刹轶事[M]．兰州：甘肃文化出版社，2014：254.
❷ 脱脱．宋史·卷492·吐蕃传附董毡传[M]．北京：中华书局，1977：14163.
❸ 汤开建．宋金时期安多吐蕃部落及其地域分布[M]//汤开建．宋金时期安多吐蕃部落史研究．上海：上海古籍出版社，2007：78.
❹ 复旦大学历史地理研究所《中国历史地名辞典》编委会．中国历史地名辞典[M]．南昌：江西教育出版社，1986：112.

居于此城"❶。

青海湟中多巴。靳育德在《老西宁·贰·西宁周边村堡探究》中考证历精城后来更名为多巴，"多巴曾经有过的名字如临羌新县、林金城等早已淹没在历史的风尘之中，如今人们只把它叫做'多巴'"❷。李文实先生也认为历精城故址应在青海湟中多巴一带，"林金城即汉代临羌城、唐代临蕃城。宋代有林金城、林擒城或历精城等称呼，故址当在青海湟中多巴一带"❸。

青海循化南。汤开建先生在《关于唃厮啰统治时期青唐吐蕃政权的历史考察》一文中认为，历精城位于青海循化南，"乔氏当为乔家族人，为吐蕃大族，所部有六七万人，居历精城，在河州循化南"❹。

青海湟中县通海镇。芈一之主编的《西宁历史与文化》指出，历精城位于青海湟中县通海镇，"（历精城）又称林擒城、林金城、哩沁城、临谷城，宋朝改为宁西城，即今湟中县通海镇"❺。

同一地名出现如此众多且方位不同的解读，与各种史籍对历精城方位记载的前后矛盾有着直接的关系。《宋史·地理志》对历精城方位有一个非常清楚的记载："宁西城，旧名林金城，改今名。东至汤厮甘二十里，西至厮哥罗川一百里，南至京鹏岭二十里，北至金谷岘四十里。"❻由于译音问题，《宋史》中所提及的这四处地名均无法确定其具体方位，从而直接造成历精城定位

---

❶ 马效融.河州史话专辑[Z]//中国人民政治协商会议甘肃省临夏回族自治州委员会文史资料委员会.临夏文史资料选辑（第8辑），1994.
❷ 靳育德.老西宁·贰·西宁周边村堡探究[M].西宁：青海人民出版社，2014：65.
❸ 李文实.青海地方史札记[J].青海地方志研究，1984（1）.
❹ 汤开建.关于唃厮啰统治时期青唐吐蕃政权的历史考察[J].中国藏学，1992（3）：97-109.
❺ 芈一之.西宁历史与文化[M].沈阳：辽宁民族出版社，2005：182.
❻ 脱脱.宋史·卷87·地理三[M].北京：中华书局，1977：2168.

的模糊与不确定。

历精城位于青唐城以西,《宋史·地理志》对此记载非常明确:"西宁州。旧青唐城。元符二年,陇拶降,建为鄯州,仍为陇右节度……东至保塞砦五十七里,西至宁西城四十里。"❶由前文可知,宁西城即历精城,位于青唐城西四十里。在《宋会要辑稿》中亦有历精城位于青唐以西之记载:"拂菻,神宗元丰四年十月六日,拂菻国贡方物。大首领你厮都令厮孟判言,其国东南至灭力沙,北至大海,皆四十程。又东至西大石及于阗王所居新福州。次至旧于阗,次至约昌城,乃于阗界。次至黄头回纥,又东至达靼,次至种榲,又至董毡所居,次至林擒城。又东至青唐乃至中国界"❷。唃厮啰在遭到西夏的军事威胁之时曾与乔氏迁居历精城躲避,"厮啰势蹙,更与乔氏自宗哥西徙历精城"❸。此处明确记载唃厮啰向西迁徙至历精城,证明历精城位于青唐城以西,"自州之西,直抵林金"❹。另外,从宋朝后来收复历精城的进军路线来看,宋军是先收复青唐城又向西进军收复历精城并改名宁西城,"贯始悔之,遗留冯瓘统轻锐万骑,由州之南青唐谷入溪兰宗山。贼复觉之,进于青海之上,追捕不获,因讨其余党,抚定吹厮波部族。丙辰,由种山谷狗地趋林金城,降其首领河奘等,林金城平(赐名宁西城),西去青海、青盐地各约二百里,置兵将守之"❺。

宋代的历精城其实即是唐代的临蕃城,"鄯州西平郡,下都督府。……县三。……龙支,中。肃宗上元二年,州没吐蕃,以龙支、鄯城隶河州。鄯城。中。仪凤三年置。有土楼山。有河源

---

❶ 脱脱.宋史·卷87·地理三[M].北京:中华书局,1977:2168.
❷ 徐松辑.宋会要辑稿·蕃夷4之19[M].中华书局影印本.北京:中华书局,1957:7723.
❸ 李焘.续资治通鉴长编·卷119[M].北京:中华书局,1992:2814.
❹ 杨仲良.皇宋通鉴长编纪事本末·卷140[M].哈尔滨:黑龙江人民出版社,2006:2355.
❺ 杨仲良.皇宋通鉴长编纪事本末·卷140[M].哈尔滨:黑龙江人民出版社,2006:2352.

军，西六十里有临蕃城……"❶ 唐代的临蕃城位于河源军（鄯城）西六十里，河源军（鄯城）即宋代的青唐城，历精城位于青唐城西四十里，因此可以断定，宋代历精城即唐代的临蕃城，宋初一度被称为"临谷城"，"唃厮啰居鄯州，西有临谷城通青海，高昌诸国商人皆趋鄯州贸卖，以故富强"❷。元明时期，多巴部落迁居此地，后来西纳族的多巴禅师居于此地，遂以"多巴"命名，"多巴，今之夷厂也。在湟河之西，其地名不著于昔，盖新创也"❸。因此，靳育德在《老西宁·贰·西宁周边村堡探究》中的说法是正确的，乔家族最初居地历精城具体位置即今湟中县所属多巴镇，距西宁城西 25 千米。

第二节　乔家族与唃厮啰家族的关系考述

大中祥符元年（1008 年），唃厮啰被带到河湟地区之后，被李立遵和温逋奇拥立为赞普，建立河湟吐蕃政权，成为傀儡。大中祥符九年（1016 年），李立遵所部与曹玮率领的宋军在三都谷展开激战，李立遵大败而归，实力受挫，从此一蹶不振。三都谷战役之后，受李立遵控制的唃厮啰趁机摆脱李立遵，前往邈川投奔温逋奇。到达邈川城后，温逋奇欲继续控制唃厮啰，希望唃厮啰继续担任傀儡赞普。在这种情况下，唃厮啰要发展自己的力量，夺回赞普应有的权力与地位，就必须得到当地吐蕃大族的支持与帮助。世居于历精城的乔家族就是当地实力强大的蕃部之一，"乔氏有色，居历精城，所部可六七万人，号令明肃，人惮

---

❶ 欧阳修，宋祁. 新唐书·卷40·地理四 [M]. 北京：中华书局，1975：1041.
❷ 脱脱. 宋史·卷492·吐蕃传 [M]. 北京：中华书局，1977：14161.
❸ 梁份. 秦边纪略 [M]. 西宁：青海人民出版社，1987：68.

服之"❶。尽管有部族六七万人，在当时的河湟吐蕃政治体系中，乔家族却无任何政治地位可言，与其实力极不相称。在这种情况下，唃厮啰娶第三位妻乔氏，希望通过政治联姻，借助乔家族的军事力量摆脱温逋奇的控制，为建立真正属于自己的河湟吐蕃政权奠定基础。

乔家族与唃厮啰家族联姻后，在政治上给予了唃厮啰最大的支持，几次帮唃厮啰化险为夷，渡过难关。唃厮啰娶第三位妻子乔氏的时间大致在天圣八年（1030年）以前，此时的唃厮啰正处于邈川城主温逋奇的控制之下，温逋奇和李立遵一样都想取唃厮啰的赞普之位而代之。明道元年（1032年），温逋奇发动政变，将唃厮啰囚禁于阱中，"幽唃厮啰，置阱中防守，而身领兵他出"❷。负责看守唃厮啰的士兵将唃厮啰放出，后唃厮啰在乔家族的帮助下迅速集中兵力控制了邈川城，失去邈川城的温逋奇被唃厮啰所杀，叛乱得以平息。

温逋奇叛乱平息之后，唃厮啰与乔氏迁居青唐城，建立起真正属于自己的青唐吐蕃政权，自立为赞普。景祐二年（1035年），青唐保卫战胜利后，唃厮啰一战成名，声名远扬。这一战，既击溃了西夏军队，保卫了重建的唃厮啰政权，同时也得到北宋王朝的认可与承认，"以西蕃邈川首领宁远大将军爱州团练使唃厮啰为保顺军留后，岁给俸钱，令秦州就赐之"❸。得到宋朝承认的唃厮啰本可以大有作为，但是景祐三年（1036年）唃厮啰家庭却出现分裂，唃厮啰政权一分为三，唃厮啰留守青唐城，瞎毡去往河州，磨毡角则去了宗哥城。与此同时，失败的元昊趁唃厮啰家庭

---

❶ 李焘.续资治通鉴长编·卷127[M].北京：中华书局，1992：3008.

❷ 张方平.乐全集·卷22·秦州奏唃厮啰事[M].台北：台湾商务印书馆影印文渊阁四库全书本.

❸ 李焘.续资治通鉴长编·卷117[M].北京：中华书局，1992：2765.

内讧之际卷土重来,"元昊既还,欲南侵,恐唃厮啰制其后,复举兵攻兰州诸羌,侵至马衔山,筑城凡会"❶。政权分裂直接影响了唃厮啰政权的实力,使其面对西夏的进攻节节败退,西夏军队甚至切断了唃厮啰政权与北宋之间的联系通道,"南侵至马衔山,筑路瓦躐凡川会,留兵镇守,绝吐蕃与中国相通路"❷。元昊切断唃厮啰与宋朝联络通道的同时,与唃厮啰有杀父之仇的一声金龙在邈川城拥兵数万,对唃厮啰政权虎视眈眈。从当时的局势来看,在唃厮啰政权的东面,西夏元昊扼守兰州,一声金龙控制邈川重镇,唃厮啰次子磨毡角掌握宗哥城,唃厮啰长子瞎毡把持河州;北面,西夏军队占据凉州。唃厮啰所在的青唐城岌岌可危。在这一严峻形势下,景祐三年(1036年)年底,唃厮啰放弃青唐城西迁至乔家族的大本营历精城以自保,"自昊贼破氂牛城,筑瓦川会,而唃厮啰远窜历精城偷安苟息"❸。唃厮啰与乔氏在历精城居住期间,唃厮啰的使者只能绕道渭州前往北宋联络,"唃厮啰西徙,中阻瓦川城,不复通中国。仁宗遣左侍禁鲁经,自古渭州抵历精城,加厮啰保顺节度、邈川大首领,使背击元昊"❹。一直到康定元年(1040年),唃厮啰才返回青唐城,乔氏与唃厮啰三子董毡则继续生活在历精城,与唃厮啰形成犄角之势。在唃厮啰两次危急关头,乔家族均发挥了至关重要的作用,挽救了唃厮啰及其所建立的河湟吐蕃政权。

宋仁宗明道元年(1032年),乔氏为唃厮啰生下第三子董毡。董毡出生后,唃厮啰和乔氏均将董毡视为青唐吐蕃政权的继承人并进行培养。"方董毡少时,择酋长子年与董毡相若者与之

---

❶ 脱脱.宋史·卷485·夏国上[M].北京:中华书局,1977:13994.
❷ 李焘.续资治通鉴长编·卷119[M].北京:中华书局,1992:2813.
❸ 赵汝愚.宋名臣奏议·卷132·边防门[M].台北:台湾商务印书馆影印文渊阁四库全书本.
❹ 吴广成撰.龚世俊等校证.西夏书事校证·卷13[M].兰州:甘肃文化出版社,1995:153.

游，衣服饮食如一，以此能附其众。"❶董毡长大成人后，乔氏又主导了董毡的婚姻，一是让董毡娶契丹公主，完成了与契丹的联姻。后来董毡与契丹公主不睦，乔氏又劝说董毡顾全大局，亲近契丹公主，"母乔氏喻董毡宜以契丹故，亲其妻，董毡不从"❷。二是让董毡从乔家族中再娶一妻，唃厮啰家族与乔家族完成了两代联姻，关系更加紧密。乔家族由此在唃厮啰政权中获得了极高的地位，甚至直接主宰了唃厮啰政权的赞普更迭。董毡晚年时，其义子阿里骨就是因为得到了乔家族的支持才得以大权独揽，"阿里骨又得幸于董毡妻乔氏，内外咸服，遂谋篡夺"❸。董毡去世之后，乔氏联合阿里骨匿丧不发，让阿里骨得以顺利继承赞普之位，"及董毡死，阿里骨与乔氏匿丧，出令如它日，悉召诸族首领至青唐城，矫董毡之命曰：'吾一子已死，惟阿里骨母尝事我，今当以种落付阿里骨。'仍厚赂大酋鬼章、温溪心等，于是诸族首领共立阿里骨为董毡嗣，阿里骨并娶欺丁二妻为己妻，以母事董毡妻契丹公主，其朝廷犹如董毡在日，未遽以丧告"❹。

  乔家族与唃厮啰家族的两代联姻不仅提高了自己在青唐吐蕃政权中的政治地位，也得到了北宋王朝的数次册封，唃厮啰妻乔氏曾先后被宋朝册封为永嘉郡夫人和安定郡夫人。除乔氏之外，乔家族还有几人在河湟吐蕃政权中崭露头角。熙宁十年（1077年），乔家族首领乔巴裕担任右军蕃官，立下战功，"右军蕃官军主乔巴裕等四十四人各斩获下溪首级，赐银有差"❺。元丰四年（1081年），乔家族首领乔阿公曾率三万余人进攻西夏，"董毡首领李叱纳钦等入贡，称董毡遣首领洛施军笃乔阿公及亲兵首领抹

---

❶ 脱脱.宋史.卷492·吐蕃传[M].北京：中华书局，1977：14163.
❷ 李焘.续资治通鉴长编.卷188[M].北京：中华书局，1992：4527.
❸ 李焘.续资治通鉴长编.卷340[M].北京：中华书局，1992：8192.
❹ 李焘.续资治通鉴长编.卷340[M].北京：中华书局，1992：8192.
❺ 李焘.续资治通鉴长编.卷282[M].北京：中华书局，1992：6907.

征尊等,以七月十六日率部三万余人赴党龙耳江、篯南及陇朱、珂诺等处击夏国"❶。

乔家族与唃厮啰家族的联姻是北宋时期西北吐蕃部族之间最重要的联姻,也是最为成功的联姻。除唃厮啰家族和乔家族的联姻,西北吐蕃部族之间还有许多联姻,如唃厮啰家族和包家族也数度联姻,唃厮啰长孙木征就娶瞎药之妹包氏为妻,还有赵怀恩妻包氏❷、赵阿令结之妻包氏❸,等等。事实上,由于宋金时期吐蕃部族长期处于分散割据的状态,大大小小的部族之间存在着比较复杂的政治、经济等各种利益关系,各部族为了自身的生存和发展就需要与其他部族结成联盟,大酋之间的联姻就是结盟最好的方式。

第三节 乔家族后裔史籍及居地考述

有宋一代,乔家族除居于历精城,还有两处居地,一是在河州循化城南一百里,"循化城,旧一公城,崇宁二年收复,改今名。别见'乐州'。东至怀羌城四十五里,西至积石军界一百余里,南至下桥(乔)家族地分一百余里,北至来同堡六十五里"❹。由于乔家族最有名的居地为历精城,因此明清史籍中便将河州西南错误地认定为历精城,"历精城在州(河州)西,近西宁城"❺。《循化志》也称"历精城在厅治东南乔家岔关外,唃厮啰三妻乔氏居历精城,历精城在河州西南"❻。

---

❶ 徐松辑.宋会要辑稿·蕃夷6之16[M].中华书局影印本.北京:中华书局,1957:7826.
❷ 李石.方舟集·卷16·赵怀恩墓志铭[M].台北:台湾商务印书馆影印文渊阁四库全书本.
❸ 徐松辑.宋会要辑稿·仪制10之40[M].中华书局影印本.北京:中华书局,1957:2024.
❹ 脱脱.宋史·卷87·地理三[M].北京:中华书局,1977:2163.
❺ 顾祖禹.读史方舆纪要·卷60·河州·平彝城[M].上海:商务印书馆,1937:2635.
❻ 龚景瀚.循化志·卷2[M].西宁:青海人民出版社,1981:73.

二是在洮州以西二百里,"(洮州)东至岷州界一百一十三里,西至乔家族生界二百里,南至鲁黎族生界一百五里,北至河州界一百二十里"❶。

居于洮州的乔家族于金统治河南地区时曾扶持唃厮啰四世孙结什角建立政权,为唃厮啰家族重新崛起奠定了重要基础。宋绍兴三十一年(1161年),完颜亮发动大规模侵宋战争,宋将刘琦、吴璘传"檄西夏,俾合兵讨之"❷。在宋和西夏的双重打击之下,金军大败,完颜亮被杀。宋隆兴二年(1164年),宋军攻破洮州(今甘肃省临潭县),依附于金的唃厮啰四世孙结什角不得不向洮州的乔家族寻求保护。由于结什角拥有唃厮啰后裔的高贵身份,乔家族与木波等四族共同拥立结什角建立地方政权,"乔家族首领播逋与邻族木波、陇逋、厐拜、丙离四族耆老大僧等立结什角为木波四族长,号曰'王子'"❸。结什角遂成为乔家族首领。金大定九年(1169年),结什角为西夏所杀,乔家族向金人提出希望拥立结什角之侄、赵铁哥之子赵师古为部族首领,金人同意了乔家族的提议并加封赵师古为宣武将军,"及问乔家等族民户,愿以结什角侄赵师古为首领,于是诏以赵师古为木波乔家、丙离、陇逋、厐拜四族都钤辖,加宣武将军"❹。宣武将军与忠翊校尉一样属于武散官,级别略高于忠翊校尉,属于中等偏下,"从五品上曰信武将军,中曰显武将军,下曰宣武将军"❺。金统治后期,结什角之孙赵阿哥昌升至熙河节度使,"金贞祐中,以军功至熙河节度使"❻。节度使在金时级别并不高,从三品,但却是地方实

---

❶ 脱脱.宋史·卷87·地理三[M].北京:中华书局,1977:2166.
❷ 脱脱.宋史·卷486·夏国传下[M].北京:中华书局,1977:14025.
❸ 脱脱.金史·卷91·结什角传[M].北京:中华书局,1975:2017.
❹ 脱脱.金史·卷91·结什角传[M].北京:中华书局,1975:2018.
❺ 脱脱.金史·卷55·百官一[M].北京:中华书局,1975:1222.
❻ 升允.甘肃全省新通志·卷64·人物志·乡贤上[M].宣统元年刻本,兰州大学图书馆藏.

力派，权力很大，"节度使一员，从三品。掌镇抚诸军防刺，总判本镇兵马之事，兼本州管内观察使事。其观察使所掌，并同府尹兼军州事管内观察使"❶。唃厮啰家族到金统治后期又具备了一定实力，从而为唃厮啰家族在元时的重新崛起奠定了基础，唃厮啰家族能够东山再起与乔家族的扶持有着密不可分的关系。

明清时期，乔家族居地比较分散，根据文献记载和实地调查，乔家族主要有以下居地。

宕昌官鹅镇。乔家族一支后来被称为"关恶族"（官鹅族），居于宕昌官鹅沟，为宕昌马土司所属之重要部落，"乔家族，即关恶族"❷。现在居住于宕昌县车拉乡扎玉河村的藏族称自己是乔家族后裔。2005 年，宕昌县志办曾对车拉乡扎玉河村进行了实地访谈，当地村民讲："我们先人来自西番沟❸的乔家族，当时先人打猎到了这个地方，看到这个地方好，就在土中插了一个火头（烧火剩的木柴），如果火头活了，就过来住。第二年，过来一看，火头长成了树，就搬过来住了。"❹

河州乔家关。从北宋到明清，乔家族一支一直居住于河州西南，明清时期乔家族居地因乔家族而命名为乔家关，"州西南有乔家关，当以乔氏得名"❺。

康乐县乔家寺。康乐县乔家寺就是因乔家族所建寺院而命名，"那时在康乐地界修建了不少寺院，如景古城'崇兴寺'、秦家河'乔家寺'（此寺为吐蕃族大族乔家族所建）、五永滩'嘛呢

---

❶ 脱脱. 金史·卷 57·百官三 [M]. 北京：中华书局，1975：1311.
❷ 《岷县志》编纂委员会. 岷州志校注 [M]. 甘肃省图书馆藏本，1987：85.
❸ 宕昌县有好几条大沟，直到当代，一些老年人一直称"西番沟"，如任藏沟、官鹅沟、大河坝沟、川坪沟等，皆统称为"西番沟"。
❹ 艾菊红，廖旸. 羌笛藏歌——陇南宕昌藏族的族群认同与构建 [M]. 北京：社会科学文献出版社，2015：244.
❺ 陈士桢修. 兰州府志·卷 2·地理志 [M]. 台北：成文出版社有限公司，1976：174.

寺'、常家沟'萨巴寺'、临洮三甲乡'曲子寺'等等"❶。可见，康乐县乔家寺为乔家族居地之一。

居于湟州的乔家族明清时期改称"祁家族"，主要居于今青海省海东市平安区，"祁家是从乔家中转译而来，是唃厮啰岳丈李立遵所统辖的部落"❷。其居地范围按现在的行政区域主要包括今平安区的石灰窑、三合、寺台、古城、沙沟等乡镇。祁家族后来成为塔尔寺六族之一，为祁土司所属部落，其大致情况在《中国藏族部落》（中国藏学出版社，2004年）中有比较详细记载。

祁家族，即西祁土司所辖诸族。祁土司，先祖贡哥星吉，元裔，封金紫万户侯。明洪武元年归队，授世袭副千户，俗称西祁土司。所辖土民在明时分四族，清初分为南七族、北一族。南七族为东沟大族、西沟大族、角加大族、卜端小族、沙卡小族、高羌小族、下庄小族。北族只有朵思代一族，散处在朵思代庄、吉家庄、写儿定、张家湾、喇哇庄、喷仓庄、宗盛庄。800户，6865人。男4139人，女2726人。头人为昂索。按现在行政区划其属地主要分布于平安县（1979年从湟中县拆置）的祁家川，即三合乡和石灰窑乡一带。包括以下各村落：三合乡的冰岭山、三合；寺台乡的寺台、仲家；石灰窑乡的红崖（系十四世达赖喇嘛的出生地）、石灰窑、宜麻；古城乡的角加、且尔铺；沙沟乡的沙沟、牙扎。❸

---

❶ 汪鸿明，丁作枢.莲花山与莲花山"花儿"[M].兰州：甘肃人民出版社，2002：237.
❷ 巴明旺.宗喀十三族考[J].青海藏族，2005（1）.
❸ 陈庆英.中国藏族部落[M].北京：中国藏学出版社，1991：330.

乔家族作为宋朝时期河湟地区实力并不十分强大、出身亦不高贵的吐蕃部族,能够从宋朝一直发展至明清乃至民国而未被其他部族兼并,是非常不容易的。纵观乔家族的发展历程,其能够成功绵延数百年,最重要的原因就是与吐蕃世家大族保持良好的关系。宋朝时期乔家族依靠与唃厮啰家族的两代联姻在河湟吐蕃政权中占据重要地位,金统治河湟时期乔家族又扶持唃厮啰四世孙结什角建立地方政权,正是凭借与唃厮啰家族的特殊关系,乔家族成为宋金时期河湟地区最具影响力的吐蕃部落之一。明清时期,今甘肃省陇南市的乔家族依附于马土司,青海的乔家族则成为塔尔寺六族之一。正是在马土司和塔尔寺的庇护之下,乔家族才得以维系自身的生存与发展。

第六章 迁徙不定的陇逋族

陇逋族是安多地区重要的藏族部族，塔尔寺六族❶之一，藏传佛教格鲁派创始人宗喀巴大师即出生于陇逋族。从北宋迄民国，陇逋族不断迁徙，活动区域几乎遍布整个安多地区。汤开建先生在《宋金时期安多吐蕃部落及其地域分布》一文中对陇逋族活动地域进行过简单考证。❷陇逋族的历史称得上是一部迁徙的历史。北宋初年，陇逋族居于秦州（今甘肃省天水市），保持着相对独立的政治地位；北宋中后期，陇逋族不断西迁和南迁，阶州、迭州、岷州、青唐城、青海湖周边都曾是陇逋族的游牧地；金统治时期，陇逋族一部迁居陇南，与木波族、厖拜族、乔家族等拥立唃厮啰四世孙结什角建立政权；元明时期，陇逋族一部留居于湟水流域，成为宗喀十三族❸之一，另一部则游牧至青海玉树、治多县一带，明朝政府专门在陇逋族居地设置陇卜卫管辖，以陇逋族首领锁南斡些儿为指挥使。不间断的迁徙成为陇逋族最鲜明的特色，是陇逋族历经数百年未被分化和瓦解的最主要原

---

❶ 塔尔寺六族即西纳族、陇逋族、申中族、米纳族、祁家族、雪巴族。
❷ 汤开建.宋金时期安多吐蕃部落及其地域分布[M]//汤开建.宋金时期安多吐蕃部落史研究.上海：上海古籍出版社，2007：78.
❸ 宗喀十三族分别是果米、都罗、陇逋、西纳、米娘、香将、切家、占砸、革砸、雅仁结、哇角、灵藏、弘化十三族。

因，是解读陇逋族历史的金钥匙。

第一节　陇逋族族源及族名考

关于陇逋族的族源，据陆离先生考证，陇逋族当为唐五代时期活跃于西域、河西地区的龙家部族的后裔，原居西域焉耆，后迁入河西走廊。西夏占领河西地区之后，龙家部族中的一部分继续留居河西，另一部分则迁往别处，最终融入河陇等地的吐蕃、回鹘、汉等民族中。宋代文献中陇右地区出现的陇波、陇逋、龙族等吐蕃部族均是龙家部族的后裔，"龙家、龙家族无疑就是龙家部族，陇波、陇逋系音译，笔者以为它们有可能是吐蕃语 lung po 或 lung bo 的音译，po 和 bo 的含义都是男性，lung po 或 lung bo 系'龙族男子'之意。这些宋代陇右、河湟地区吐蕃中的龙、陇波、陇逋等部族当系原居焉耆，辗转迁移最后融入活动在该地区的吐蕃民族中的龙家后裔"❶。

陇逋族自宋朝绵延发展至民国时期，辗转数地，形成很多支系，不同时期不同的支系在不同的文献中有不同的称谓。除宋代文献中比较常见的陇逋族外，陇逋族还有其他几种称谓。

①陇波族。陇波族称谓见于《宋史·吐蕃传》："玮又言永宁砦陇波、他厮麻二族召纳质不从命，率兵击之，斩首二百级。"❷从陆离先生的考证和《宋史·吐蕃传》所记之事来看，陇波族无疑就是陇逋族。

②隆博族。在清人所修的《四库全书》中，包含宋代吐蕃较多文献的《续资治通鉴长编》将涉及辽、金、西夏的少数民族人名、地名、官职名全部重新改译，其中陇逋族被改译为隆博族，

---

❶ 陆离. 关于唐宋时期龙家部族的几个问题 [J]. 西域研究，2012（2）：23–29.
❷ 脱脱. 宋史·卷 492·吐蕃传 [M]. 北京：中华书局，1977：14159.

"近阿里骨再召温锡沁，愈怀疑惧，邈川人情亦不安，又杀珪罗族四人，锢其酋首，及勾隆博（即陇逋）、乔家族首领，徙杓鲁新族，其人户不从，遂拘执首领，致有五百余户走入河州界，约栏未去"❶。

③隆奔族。隆奔族族名最早见于明代的一些文献中：

> 隆奔族：洪武十三年招抚，居牧塞内外，周西纳南、西、北三隅。有城郭庐室。塞外者列帐，有夷警，徙塞内。俗同申中、西纳也。有国师、指挥。岁输马一百三十有奇。其支属有奔巴尔族，居西石峡。户一百有奇，口二百五十。岁输马一百五十。❷

隆奔族居地在湟中县，游牧于湟水中游地区。《中国藏族部落》一书认为，隆奔之名为十万龙泉水之意，"部落名字是根据隆奔泉（十万龙泉水）而得名"❸。据巴明旺考证，"汉籍中曾出现的隆卜、陇逋等译名，其实是藏文隆奔的音译，西宁范围内再无隆卜、陇逋二族，原分布在化隆县的西部地区、贵德县的河东五庄地区、湟中县的西北和湟源县东南部地区，就只隆奔一族"❹。从活动区域来看，陇逋族一支于北宋后期迁居青唐城，游牧于湟水中游地区，隆奔族应该属于陇逋族一支。

④隆卜族。隆卜族亦见于明清时期的文献中，为陇逋族在明清时期的不同译法。

---

❶ 李焘.续资治通鉴长编·卷444 [M].北京：中华书局，1992：10685.
❷ 杨应琚.西宁府新志·卷19 [M].西宁：青海人民出版社，1988：475.
❸ 陈庆英.中国藏族部落[M].北京：中国藏学出版社，1991：330.
❹ 巴明旺.宗喀十三族考[J].青海藏族，2005（1）.

> 隆卜族：居牧塞外，去申中南百余里。有上、下二族，西邻思果迷，东接占咂，南至黄河。东西二百里。无城郭，多毳帐，间有庐室。户二千，口四千有奇。国师二。风俗略与申中同。❶

隆卜族游牧地在今化隆县境内，乾隆九年（1744年）被划归巴燕戎格抚番厅管辖。也有一种说法认为"隆卜"为农民或农业区之意，隆卜族为从事农业的吐蕃部族，"'隆卜'系藏语，意为农民或农业区。以畜牧业为主，兼营农业"❷。明清时的隆卜族实力很大，人口四千多人，辖诸多小族。

> 有格路族、岳哈族、多巴族、沙尔瓦族、阿班族、速古族、亦思教族、思朵族、哈革失加意族、且尔卜族、角家族、朵尔只受族、擦卜族、隆藏族、出加族、托擦族、亦即隆族、哈日卜尔巨族、沙剌卜尔巨族、东尔业族、拨绰卜咂族、尔家加族、甘多唐族、擦尔郎族、结咂族、篾其族、阿卜苔尔加族、卜尔巨族、星尔结族、哈巴族、赏巴族、毡加族、阿宗卜尔巨族、且苔卜尔巨族、哈尔官族、思计加族、哈尔加族、阿受卜咂族、哈墩族、擦尔加族、着咂卜尔巨族、剌加卜尔巨族、苔尔郎族、穷卜族、多擦族、思加巴族、东尔结族、官撒尔族、押尔结族、麻尔结族、毡巴族、丁刚族、仓思巴族、薄卜不尔巨族、加洛卜尔巨族、杓尔莫卜巨族、恰尔结族、仓帖尔卜巨族、哈尔囊苔族、杓尔藏族、阿尔族、别尔结族、苔尔加族、康卜利族、色结

---

❶ 杨应琚.西宁府新志·卷19[M].西宁：青海人民出版社，1988：472.
❷ 化隆回族自治县地方志编纂委员会.化隆县志[M].西安：陕西人民出版社，1994：116.

族、班家族、赏加卜尔巨族、星革族、青右尔族、尔加刺族、班麻族、总思加族、沙藏族、尔加星革族、沙卜刺族、托失卜尔巨族、尔莫族、尔迭咱族、尔角你族、阿洛受族、坎奔族、赏尔革族、亦尔哑族、锁卜族、东奔族、板羊结实族,合输马五百五十有奇。❶

⑤陇卜族。陇卜族名称出现于《明实录》中,属叠州蕃部。宋时陇逋族曾迁居叠州,陇卜族正是留居于叠州的陇逋族后裔。正统二年(公元1437年),宋英宗"赐叠州陇卜、革耶等族土官副千户南葛坚藏、引领吹麻头目陆牙等四十人及来降人罗卜般藏、巴沙二族头目安班等十四人钞,纻丝袭衣、靴袜各有差"❷。

⑥鲁本族。《安多政教史》的汉译本将陇逋族翻译为"鲁本族","寺院所属的豁卜有切嘉、肖巴、斯纳、鲁本、木雅、申中等六个部落,属民众多,地域广阔"❸。

⑦支扎族、的扎族、迭柞族。明清时期,分布在离化隆县治巴燕镇70千米的支扎藏族乡的藏族部落被称为"支扎族",又称"的扎族"或"迭柞族"等,也是陇逋族一支。"明朝时期,支扎一带的藏族称'隆卜族',分布在今化隆昂思多以西,湟中县群加乡以东的地区。"❹支扎族同样归巴燕戎格抚番厅管辖,是抚番厅下属十六个部落之一:"迭柞族,在厅东南一百九十里,相连囊思多族,共五百六十六户,百户存住,设有乡约。"❺

⑧隆布族、隆保族、隆坝族。陇逋族还有一支一路西迁至玉

---

❶ 顾炎武.天下郡国利病书(四)[M].上海:上海古籍出版社,2012:2172.
❷ 明英宗实录·卷37[M]."中研院"史语所影印本.台北:"中研院"史语所,1962:1438.
❸ 智观巴·贡却乎丹巴绕吉.安多政教史[M].吴均,毛继祖,马世林,译.兰州:甘肃民族出版社,1989:159.
❹ 陈庆英.中国藏族部落[M].北京:中国藏学出版社,1991:359.
❺ 杨应琚.西宁府新志[M].西宁:青海人民出版社,1988:482.

树地区的通天河流域,《玉树调查记》称之为"隆布族",《中国藏族部落》称之为"隆保族",《卫藏通志》称之为"隆坝族",三百多户,驻牧地方横跨通天河,大部在河西,河东有迭达等八庄:

> 隆坝族、上隆坝族,二族属下番人三百零一户。东至受地方,蒙古尔津;南至波罗克,阿尔克硕(拉秀);西至库尔拉地方,白利;北至北古甫地方,称多。❶

汤开建先生认为"隆布"即陇逋,是明清时期西迁的陇逋族一支,是玉树族的前身,"到明清时,陇逋族居地又向西迁徙,到了今玉树地区。陇逋族亦为今玉树藏族的先源之一"❷。

⑨迭达族。清朝末年,隆布族所属迭达百长谋杀隆布百户而夺其职位,隆布族遂被称为"迭达族","隆布二族,今合为迭达一族。迭达本隆布所属百长,后杀隆布百户而夺其职,遂以迭达名其族"❸。合并之后的迭达族有三名百长,番民六百多户:"迭达驻牧地跨通天河,其大部在河西,东与称多、扎武属地及拉布寺竹节族为界,南与扎武、拉休为界,西北与扎武属地及玉树连界,所属百长三名,曰拉达,曰龙媒,曰狱德,番民六百余户,庐居耕田,与帐居畜牧者相半。百户驻通天河东北岸,亦名迭达庄。"❹

第二节 从秦州大、小洛门到阶州峰帖硖

宋朝初年,陇逋族居于秦州大、小洛门地区。关于大、小洛

---

❶ 《西藏研究》编辑部. 卫藏通志[M]. 拉萨:西藏人民出版社,1982:507.
❷ 汤开建. 五代宋金时期甘青藏族部落的分布[J]. 中国藏学,1989(4):50-68.
❸ 周希武. 玉树调查记·卷下[M]. 西宁:青海人民出版社,1986:103.
❹ 李文海. 民国时期社会调查丛编·二编·少数民族·卷上[M]. 福州:福建教育出版社,2014:278.

门的大致位置,日本学者前田正名先生曾经进行过考证,"由于在现今之武山县偏西有一个称作小洛门的寨子和伐木场,在此处安置有一些寨户,守卫着东方以防羌戎,因此渭河南岸地区即从这里到今日的天水县一带地方、秦岭西端北麓的河岸农耕地及可耕地便形成了为宋朝之一州的秦州的西部,而其西方的边界就是大、小洛门了。大洛门则位于秦州的最西端"❶。前田正名认为大、小洛门位于秦州最西端仅是大致的方位,至于大、小洛门的具体位置,陈守忠先生进行过更为具体的考证,认为大、小洛门均在武山县境,"大洛门即今武山县的鸳鸯镇,小洛门即今武山洛门镇"❷。也有的学者认为:"大洛门即今武山县四门、郭槐、洛门镇地域;小洛门即今甘谷磐安镇地域。"❸

大、小洛门地区居住的主要为吐蕃部族,由于邻近内地,大部分为熟户,与其他地区一样,族种分散,没有一个统一且强有力的政权统领,"然而其国亦自衰弱,族种分散,大者数千家,小者百十家,无复统一矣。自仪、渭、泾、原、环、庆及诸戎、秦州暨于灵、夏皆有之,各有首领,内属者谓之熟户,余谓之生户"❹。除陇逋族之外,大、小洛门地区还有大小马家、朵藏、枭波等吐蕃部族。"先是,俗杂羌、戎,有两马家、朵藏、枭波等部,唐末以来,居于渭水之南,大洛、小洛门寨,多产良木,为其所居。"❺这一地区势力最大的部族当属䁉星族,宋朝正是从䁉星族手中获得了大、小洛门一带的土地从而修筑了大、小洛门两

---

❶ 前田正名.河西历史地理学研究[M].陈俊谋,译.北京:中国藏学出版社,1993:372.
❷ 陈守忠.北宋时期分布于秦陇地区的吐蕃各部族及其居地考[M]//陈守忠.宋史论稿.兰州:甘肃文化出版社,2001:135.
❸ 萧作荣.武山县履属及县治沿革[M]//萧作荣.五味史·回望篇(第2集).北京:中国文史出版社,2009:4.
❹ 脱脱.宋史·卷492·吐蕃传[M].北京:中华书局,1977:14151.
❺ 脱脱.宋史·卷266·温仲舒传[M].北京:中华书局,1977:9182.

寨，"本州（秦州）所修大、小洛门两寨元献地蕃官军主末星族郢成斯纳等望补本族都军主"❶。

大、小洛门位于秦州渭水之南，是唐宋时期西部地区主要的木材产地。宋朝自雍熙年间开始在秦州大、小洛门地区伐木，"秦州并边有大、小洛门砦，自唐末陷西羌，雍熙中，温仲舒谕酋豪使献其地，徙众渭北。言者以为生事，请罢仲舒。太宗遣继宗往按视，还奏二砦据要害，产良木，不可弃"❷。大中祥符年间，宋朝考虑到大、小洛门地区濒临渭水，可以将巨木编成木筏顺流而下，遂于大中祥符三年（1010年）将先前设置在秦州破他岭的采木务废弃，专门在通往大、小洛门的要道所在建设营房供军士居住，以方便搬运巨木，并晓谕吐蕃部族帮助宋军搬运。"废秦州破他岭采木务。务本杨怀忠所置，以车乘往来艰苦，故废之。签署枢密院事马知节言：'前知秦州，按视得蕃界大、小落门皆巨材所产，已于逐处及缘路置军士憩泊营宇。令蕃部感朝廷绥抚，各思保塞，望遣使谕诸族，令防援军士同力采取，况俯临渭河，可免牵輓之役。'"❸

为加强对大、小洛门地区的控制，大中祥符五年（1012年），宋朝在小洛门地区设置了采造务，"赐秦州小洛门采造务兵匠缗钱，仍委中使王怀信具勤瘁者名闻，咸与迁补"❹。大中祥符六年六月，宋真宗任命张佶为知秦州。张佶到达秦州之后，在大、小洛门地区及周边连续修筑堡寨，先后修筑了宁远寨（今甘肃省武山县旧县城）、四门寨（今甘肃省武山县西南），又在山丹寨（今甘肃省武山县山丹镇）的渭河峡口旁的广吴岭（今名"广武坡"）

---

❶ 李焘.续资治通鉴长编·卷90[M].北京：中华书局，1992：1084.

❷ 脱脱.宋史·卷467·蓝继宗传[M].北京：中华书局，1977：13633.

❸ 李焘.续资治通鉴长编·卷73[M].北京：中华书局，1992：1667.

❹ 李焘.续资治通鉴长编·卷78[M].北京：中华书局，1992：1779.

筑广吴岭寨，大洛门地区修筑大洛门寨，后又未经朝廷允许在大洛门地区修筑两座水寨，"知秦州张佶言：'新置水寨二于大洛门，以不俟朝旨待罪。'诏释之，令佶绘图来上"❶。

张佶在秦州大、小洛门地区的治理方式遭到吐蕃部族的强烈反对，秦州蕃部不断侵扰宋朝驻军和边民。"初，张佶至秦州拓地，立四门寨，据大洛门，而不以恩信待蕃部，由是戎人蓄忿，屡来侵夺。"❷为安抚蕃部，宋朝将张佶调离秦州，将曹玮调往秦州任职，"改引进使、英州团练使，复知秦州，兼泾、原、仪、渭、镇戎缘边安抚使"❸。与此同时，宗哥族李立遵和亚然家的温逋奇拥立唃厮啰为赞普，以唃厮啰为旗帜统一整个河湟地区。河湟吐蕃政权建立后，大中祥符九年（1016年），李立遵所率领的河湟吐蕃政权与宋朝在三都谷展开激战。为寻求秦州蕃部的支持，增加自己与宋军抗衡的力量与砝码，李立遵派人到大、小洛门地区招降蕃部，强令他们纳质归顺。迫于李立遵的军事压力，大、小洛门地区的大多数吐蕃部族纳质归降，唯独陇逋族和图沙玛族拒绝投降，并且在北宋王朝的支援下大败李立遵大将马巴咱尔。"宗哥昨遣马波叱腊率兵到大、小洛门胁诱熟户，寻呼集令纳质于永宁寨，有陇波、他厮麻二族不至。……二族合众拒战，破马波叱腊，斩首二百余级。晚度渭河水涨失道，为蕃众所袭，溺死者二十五人，伤死者百人。"❹

三都谷战役最终以李立遵的惨败而宣告结束，宋军"逐北二十余里，斩首千余级，生擒七人，获牛、马、杂畜、器仗、衣服三万三千计"❺。遭到重创的李立遵此后虽然继续在秦渭地区与

---

❶ 李焘. 续资治通鉴长编·卷82 [M]. 北京：中华书局，1992：1879.
❷ 李焘. 续资治通鉴长编·卷85 [M]. 北京：中华书局，1992：1946.
❸ 脱脱. 宋史·卷258·曹玮传 [M]. 北京：中华书局，1977：8985.
❹ 李焘. 续资治通鉴长编·卷88 [M]. 北京：中华书局，1992：2016.
❺ 李焘. 续资治通鉴长编·卷88 [M]. 北京：中华书局，1992：2012.

宋朝争斗，但是多以失败而告终。陇逋族此后一直居住于秦州大、小洛门地区，保持着相对独立的政治地位。庆历元年（1041年），北宋欲征服陇逋族，派秦凤署司攻打陇逋族，宋军最终未能征服陇逋族，双方各有伤亡，"秦凤署司打陇波族，亡九十六人，各获首一级"❶。

嘉祐三年（1058年），唃厮啰领导的青唐吐蕃政权日渐强大，"向时唃厮啰、瞎毡、磨毡角分据地界，各统部族，今既并合为一，力量足见强盛"❷。强大的唃厮啰政权已经不容许其统治区有任何反叛的势力存在，恰在此时，唃厮啰境内发生擦罗族叛逃西夏之事，西夏主谅祚趁机率军犯边，唃厮啰率军追击叛逃的擦罗族并与西夏军大战，最终唃厮啰取得胜利❸。这次战役之后，唃厮啰顺势招降陇逋等三族，"因降陇逋、公立、马颇三大族"❹，陇逋族自此真正地归于唃厮啰政权的统治之下。

陇逋族归降唃厮啰政权之后，从大、小洛门地区迁居于阶州峰帖硖地区（今甘肃省陇南市武都区西），峰帖硖为阶州古寨之一，"阶州中下，武都郡，军事。本唐武州。陷西戎，后复其地改置焉。……县二：福津，中下。领峰贴硖、武平、沙滩三砦"❺。峰帖硖位于阶州古城西一百二十里处，是宋朝良马的重要产地之一，"峰贴硖寨，在州西一百二十里。与番戎相接，宋置寨于此，为戍守要地，产良马。即今西固峰贴城，在州西

---

❶ 李焘．续资治通鉴长编·卷132 [M]．北京：中华书局，1992：3130．
❷ 张方平．乐全集·卷22·秦州奏唃厮啰事 [M]．台北：台湾商务印书馆影印文渊阁四库全书本．
❸ 脱脱．宋史．卷492·吐蕃传附唃厮啰传 [M]．北京：中华书局，1977：14162．
❹ 脱脱．宋史．卷492·吐蕃传附唃厮啰传 [M]．北京：中华书局，1977：14162．
❺ 脱脱．宋史．卷87·地理三·陕西 [M]．北京：中华书局，1977：2157．关于阶州峰帖硖的具体位置，还有一种说法认为是今甘肃舟曲峰迭乡，"即今舟曲县峰迭乡，位于白龙江的冲积扇上，古城寨遗址尚存，宋熙宁八年（1075年）于此置茶马互市"。蔡副全．石门沟古栈道遗址与宋代茶马贸易 [J]．农业考古，2014（2）．

二百三十里"❶。熙宁年间，王韶对西北吐蕃诸部发动熙河之役，居于阶州的陇逋族成为被重点进攻的部族之一。熙宁七年（1074年），刘昌祚和徐禹臣因讨伐陇逋族而受赏，"皇城副使兼阁门通事舍人知阶州刘昌祚为西京作坊使，走马承受供奉官徐禹臣为供备库副使寄资，赏讨阶州峰贴硖陇逋族蕃部之劳也"❷。

第三节 从叠州、岷州到积石山以北、青唐城

熙河之役后，陇逋族受战争所迫继续西迁，途经叠州（甘肃省迭部县）和岷州（甘肃省岷县）时陇逋族发生分化，陇逋族大部分继续西迁，少部分则选择留居于叠州和岷州。淳熙十六年（1189年），留居于叠州的陇逋族和另外三个吐蕃部族曾袭杀过宋官，"叠州陇逋、青厮逋、心拶等三族蕃部，累次出没过掩杀五功官兵乞行推赏"❸。到明朝时期叠州还有陇逋族居住，《明实录》中就多次出现"叠州陇卜族"的记载，如正统四年（1439年）五月，"赐叠州陇卜族千户喃葛监藏冠带"❹。留居于岷州的陇逋族一直延续至明清时期，明时在岷州亦有陇逋族居住。❺

西迁的陇逋族到达积石山以北地区后再次发生分化，一部分定居，另一部分则继续西迁。定居的陇逋族后来接纳唃厮啰之兄扎实庸咙的重孙溪巴温，参与了唃厮啰家族复国的行动。积石山以北属黄河以南地区，是宋金时期吐蕃部族非常重要的聚居地，核心部族为唃厮啰之兄扎实庸咙部，"初，唃厮啰兄扎实庸咙为

---

❶ 叶恩沛修，吕震南纂.阶州直隶州续志[M].兰州，兰州大学出版社，1987：94.
❷ 李焘.续资治通鉴长编·卷255[M].北京：中华书局，1992：6231.
❸ 徐松辑.宋会要辑稿·兵19之39[M].中华书局影印本.北京：中华书局，1957：7100.
❹ 明英宗实录[M]."中研院"史语所影印本.台北："中研院"史语所，1962：1061.
❺ 陈庆英.中国藏族部落[M].北京：中国藏学出版社，1991：625.

河南诸部所立，与唃厮啰分地而治，不相能也"❶。扎实庸咙部控制着以积石军（溪哥城）为中心的黄河以南地区，与唃厮啰建立的青唐吐蕃政权分庭抗礼，从唃厮啰到董毡均没有对黄河以南地区进行过有效控制。到溪巴温统治时期，河南蕃部发生内讧，部族首领鬼章因与溪巴温之舅郎结毡不睦而将溪巴温驱逐出河南地区，"扎实庸咙死，子必鲁匝纳立，必鲁匝纳死，子溪巴温立，其舅郎结毡辅之，已而部酋鬼章渐盛，与郎结毡有隙，遂逐溪巴温"❷。被驱逐的溪巴温先是投奔木波族，被木波族拥立为首领。恰在此时，青唐吐蕃政权亦发生政权更迭，元丰六年（1083年）冬十月，董毡去世，阿里骨承继为青唐吐蕃政权的第三任赞普。阿里骨并非唃厮啰家族之人，"青唐人须是贵种为王子，方肯信服"❸。为巩固自己的统治，阿里骨将唃厮啰家族列入重点打击的对象，居于洮州的唃厮啰之孙巴毡角被阿里骨生擒，"掳赵醇忠（巴毡角）及杀属户大首领经斡穆等数千人，驻兵常家山，分筑洮州为两城以居"❹。感受到阿里骨威胁的溪巴温又转投陇逋族，陇逋族不仅接纳了前来避祸的溪巴温，而且协助溪巴温招募河南蕃部，"自阿里骨之立，去依陇逋部，河南诸羌多归之"❺。

后来，溪巴温又获得更多吐蕃部族和回纥部的支持，实力大增。元祐七年（1092年），在陇逋族、洗纳族、心牟族的支持下，溪巴温大败阿里骨，"吐蕃、回纥人马去青唐城一二百里驻兵，有洗纳、心牟、陇逋三族归之，阿里骨遣弟扶麻、侄结叱兀等率兵追捕，为瞎养兀儿所败。又闻瞎养兀儿及洗纳、心牟、陇逋族

---

❶ 李焘.续资治通鉴长编·卷507[M].北京：中华书局，1992：12091.
❷ 李焘.续资治通鉴长编·卷507[M].北京：中华书局，1992：12091.
❸ 李复.潏水集·卷3·上章丞相书[M].台北：台湾商务印书馆，1986.
❹ 李焘.续资治通鉴长编·卷400[M].北京：中华书局，1992：9743.
❺ 脱脱.宋史·卷492·吐蕃传[M].北京：中华书局，1977：14166.

召之，欲以继董毡"❶。此后，在陇逋族等部族的支持下，溪巴温势力越加强大，成为青唐吐蕃政权的心腹大患。宋哲宗也意识到可以利用溪巴温来离间青唐吐蕃政权，"不乘时抚而有之，将失机会，乃诏孙路依详近降朝旨，精加措置施行，无令迁延有失机会"❷。元符二年（1099年）八月，青唐城主瞎征在宋军的打击下投降，八月二十七日，大首领篯罗结与心牟钦毡等人决定拥立溪巴温之子陇拶为青唐吐蕃政权的赞普，"心牟钦毡等以三百骑迎溪巴温父子入青唐城"❸。陇拶由此入主青唐成为青唐吐蕃政权的第五任赞普，陇逋族一部亦随溪巴温父子迁居青唐城。

　　元符二年（1099年），北宋占领青唐城，由于缺乏有效的统治基础，再加上宋朝统治者推行民族压迫和民族歧视政策，遭到了陇逋族等河湟吐蕃部族的反抗。元符二年（1099年）闰九月底，大酋心牟钦毡召集百余人在青唐城宫门前密谋造反，几天之后，宋军抓获心牟钦毡派往西夏搬兵的四人，从这四人的口中得知："心牟钦毡等与洗纳阿结家谋，欲使逐渐各遣质人城，于闰月九日内外相应，复夺青唐。"❹参与谋反的大首领共有九人，其中就有陇逋族的首领陇逋驴，"有大首领结兀龊、心牟钦毡、蔺逋叱、巴金符、心牟冷麻、钦捉剥兵龙毡、陇逋驴、厮铎、搭捉马洛等九人于洗纳阿结家，谋遣逐族质户人城，欲于闰九月九日夜内外相应，复夺青唐城"❺。由于北宋王朝发现及时并采取果断措施，陇逋驴等人的计划并没有实施。随溪巴温迁居青唐城的这

---

❶ 徐松辑.宋会要辑稿·蕃夷6之25 [M].中华书局影印本.北京：中华书局，1957：7831. 对瞎养兀儿，《续资治通鉴长编》卷四七四，"元祐七年六月甲戌"中小注记载"溪巴温即辖养兀儿也"。

❷ 李焘.续资治通鉴长编·卷511 [M].北京：中华书局，1992：12172.

❸ 曾布.曾公遗录·卷8 [M].北京：中华书局，1992：102.

❹ 李焘.续资治通鉴长编·卷516 [M].北京：中华书局，1992：12286.

❺ 徐松辑.宋会要辑稿·蕃夷6之34 [M].中华书局影印本.北京：中华书局，1957：7835.

支陇逋族,此后一直居于青唐城及附近地区。

留居在河南地区的陇逋族分成两部,一部继续游牧于积石山以北地区。宋隆兴二年(1164年),陇逋族与乔家、木波、厖拜、丙离四族共同拥立唃厮啰四世孙结什角为王子,建立政权,这是唃厮啰政权崩溃之后,唃厮啰家族后裔建立的唯一一个地方政权,由金人管辖。结什角政权的统治范围为:"北接洮州、积石军。其南陇逋族,南限大山,八百余里不通人行。东南与叠州羌接。其西丙离族,西与卢甘羌接。其北厖拜族,与西夏容鲁族接。"❶ 陇逋族游牧地区位于结什角政权的最南方,紧靠"大山",即积石山(阿尼玛卿山)。

陇逋族的另一部则向北游牧于黄河以北的积石州地区,这一地区实力最强的部族是庄浪族,游牧至此的陇逋族属庄浪族管辖。"有庄浪四族,一曰吹折门,二曰密臧门,三曰陇逋门,四曰厖拜门,虽属夏国,叛服不常。"❷ 南宋绍兴六年(1136年)七月,西夏乘金不备,突然出兵湟水中下游,攻克乐州,继而攻占西宁州,逼近金积石州,"乾顺既得西宁,与金积石等州邻逼"❸。次年九月,西夏从金手中得到积石州,"遣使以厚币如金,表乞河外诸州。金主以积石、乐、廓三州与之"❹。西夏在得到积石州的第二年(1138年),将积石州更名为"祈安城",取"祈求安定"之意。

西夏占领积石州之后,陇逋等四族最初并没有接受西夏的统治,后来在张中彦的劝降之下归附,"西羌吹折、密臧、陇逋、厖拜四族恃险不服,使侍御史沙醇之就中彦论方略,中彦曰:'此羌叛服不常,若非中彦自行,势必不可。'即至积石达南

---

❶ 脱脱.金史·卷91·结什角传[M].北京:中华书局,1975:2017.
❷ 脱脱.金史·卷91·结什角传[M].北京:中华书局,1975:2017.
❸ 吴广成撰.龚世俊等校证.西夏书事校证[M].兰州:甘肃文化出版社,1995:402.
❹ 吴广成撰.龚世俊等校证.西夏书事校证[M].兰州:甘肃文化出版社,1995:402.

寺,酋长四人来,与之约降,事遂定,赏而遣之"❶。南宋乾道二年(1166年),陇逋等四族再次反叛,西夏任得敬派遣殿前太尉任得聪率兵对四族突然发动攻击,吹折和密臧二族被剿灭,陇逋和庞拜二族由于是跨界部族且与乔家族关系亲密,向南投奔结什角,"庄浪族陇逋、庞拜二门,从西蕃首领结什角叛降于金"❷。陇逋族两部自此又合二为一。

结什角接纳陇逋和庞拜二族让西夏人非常不满,结什角此前降金和唃厮啰家族反抗西夏的行为亦令西夏人怨恨。金大定九年(1169年)四月,结什角赴庄浪族探望母亲,任得敬得知这一消息后,迅速调集军队包围结什角,在劝降不成的情况下双方展开混战,结什角尽管突围逃走,但是被西夏军斩断臂膀,身负重伤,最终不治身亡。任得敬遂将结什角之母掳走,"结什角母向居庄浪族,得敬伺其省母至,发兵围之。招降不从,率所部力战,溃围走,夏兵断其臂。遂掳其母,结什角以创死"❸。

结什角被害后,金朝委任结什角侄赵师古为陇逋等四族首领,"及问乔家等族民户,愿以结什角侄赵师古为首领,于是诏以赵师古为木波乔家、丙离、陇逋、庞拜四族都铃辖,加宣武将军"❹。此后,这支陇逋族一直游牧于河南地区。

第四节 从湟水中游到玉树地区

宋金之后,陇逋族自湟水中游地区继续迁徙,居地进一步分散,几乎遍布青海各地。留居在湟水中游原居地的陇逋族在明

---

❶ 脱脱.金史·卷79·张中彦传[M].北京:中华书局,1975:1790.
❷ 吴广成撰,龚世俊等校证.西夏书事校证[M].兰州:甘肃文化出版社,1995:431.
❸ 吴广成撰,龚世俊等校证.西夏书事校证[M].兰州:甘肃文化出版社,1995:436.
❹ 脱脱.金史·卷91·结什角传[M].北京:中华书局,1975:2018.

朝分化为两支,一支是隆奔族,另一支是隆卜族,均属明西宁卫管辖,与西纳、申藏等族并称为"熟番十三族",与明朝关系比较紧密,经常与其进行茶马贸易,"附近番子,有明,岁时纳茶马者,谓之熟番。其散出山外,易有无于熟番者,谓之生番。有十三族,皆熟番也:曰申藏、曰章哑、曰隆奔、曰巴沙、曰革哑、曰申中、曰隆卜、曰西纳、曰果迷卜哑、曰阿齐、曰嘉尔即、曰巴哇、曰即尔嘉,皆羌也"❶。

隆奔族于洪武十三年(1380年)归附。永乐年间,明朝逐步加强其在青海地区的统治,隆奔族首领札省吉省、吉尔迦为了部落和自身的安全于永乐十六年(1418年)向明朝统治者纳马贡献,明朝任命札省吉省、吉尔迦为西宁卫指挥佥事,规定隆奔族以后每年贡马100余匹,"西宁卫隆奔等族札省吉省吉儿迦等及洮州卫着藏族头目失加谛等来朝贡马,命札省吉省吉尔迦二人为指挥佥事"❷。永乐二十二年(1424年),隆奔族国师贾失儿监藏随李英远征塞外,"西宁塞外安定、曲先、阿端卫指挥于中途中杀死明朝派往西藏的使臣,夺去财物。明朝即派土官李英等率领西宁诸卫军及隆奔国师贾失儿监藏等十二番族之众,前往征伐"❸。明英宗正统十三年(1448年)十二月,明朝廷又"赐西宁卫隆奔等族广惠应国师舍剌札思诰命"❹。

明朝中后期,隆奔族等十三族不断反叛,明王朝甚至将青海番族列为陕西三大患之一,"明为陕西患者,有三大寇:一河套,一松山,一青海"❺。明神宗时期曾专门派人对其进行弹压,"西宁边外多系熟番,西纳、陇卜等大者一十三族附庸不可胜计。二百

---

❶ 梁份.秦边纪略[M].西宁:青海人民出版社,1987:51.
❷ 明太宗实录·卷196[M]."中研院"史语所影印本.台北:"中研院"史语所,1962:2055.
❸ 青海省编纂委员会.青海历史纪要[M].西宁:青海人民出版社,1980:46.
❹ 明英宗实录·卷173[M]."中研院"史语所影印本.台北:"中研院"史语所,1962:3321.
❺ 张廷玉.明史·卷330·西域二·西番诸卫[M].北京:中华书局,1974:8549.

年来，房不能越天山而窥五郡者以番众为之屏蔽也。自和款以来，猾房专为谲谋，肆行抢掠，中国复即以偷马遗患为名，不行保护，遂使支党离心，门庭生寇，土民陇而内扰。宜择宿将假以抚夷职衔，令抚安番族，绝其交通，仍约以有事互相应援，如御房有功一体升赏"❶。在明军的打击之下，隆奔族首领贾尔什德率部再次归顺明朝，明朝赐予贾尔什德"国师"封号。贾尔什德于是在今西宁西川西端的湟水南岸大兴土木，修建豪华的国师府邸，这一地方此后便被称为"国师营"，一直沿用至今。隆奔族此后一直在国师营附近居住，雍正元年（1723年）清军平定青海之后，清廷对各部落居地进行详细划分，隆奔族当时的情况为"隆奔族：郡城西六十里，相连西纳族，住居国师营。共八百七十二户"❷。在此之后一直到中华人民共和国成立前，隆奔族居地大致未变，主要分布于湟中县西部的四营、上五庄、共和、盘道、多巴各乡。

陇逋族另一支居地在今化隆县境内，被称为"隆卜族"，分上、下两族，在今湟中县申中族南百余里，西邻思郭密（今青海省贵德县境内），东邻占哑族，南至黄河，东西有200里。明洪武十三年（1380年），隆卜族在西宁卫指挥佥事朵尔只失结招抚下投降明朝。正德十四年（1519年），隆卜族头人乌思巴尔率部反叛，明千户李淳战败被杀，隆卜族自此不受明朝管辖，"先是乌思巴尔诸酋叛掠，千户李淳捣其庐帐，诸部恚憾。正德十四年冬十月，复入大掠，淳追击出塞，中伏被执，寸䃅其尸。自是叛乱靡定，不内属也"❸。隆卜族再次归附是在万历十九年（1591年），兵部尚书郑洛经略青海，派锁南坚错重新招抚隆卜、占哑

---

❶ 明神宗实录·卷228[M]．"中研院"史语所影印本．台北："中研院"史语所，1962：4224．
❷ 杨应琚．西宁府新志·卷19[M]．西宁：青海人民出版社，1988：487．
❸ 杨应琚．西宁府新志·卷19[M]．西宁：青海人民出版社，1988：472．

二族,"十九年经略尚书郑洛因其地挫衄,遣使致锁南坚错收抚之。开族八十有奇,各立族名。合输马五百五十有奇"❶。

重新归附后的隆卜族主要居于今化隆县境西部、贵德县黄河北岸部分地区、湟中县东南部部分地区、碾伯县静宁寺等地,共分81族,部分居地如下。

碾伯县静宁寺地方,有两千多人,"隆卜族,人马二千有余,住牧碾伯静宁寺地方,纳马"❷。

化隆县扎巴乡。"扎巴原为藏族放牧地,明时为西宁府中马番族二十五族之一的隆卜族居牧,兼营少量农耕。清初仍属隆卜族。"❸

化隆县昂思多乡。"昂思多原为藏族放牧地。明时为西宁府中马番族二十五族之一的隆卜族部落居牧,兼有少量农耕。"❹乾隆四年(1739年)后,回族和汉族陆续迁入,隆卜族等部落迁往青海省海南等牧区。

化隆县支扎藏族乡。"本地原为藏族放牧地,明为西宁府中马番族二十五族之一的隆卜族部落居牧。"❺到清朝时期,隆卜族仍聚居于此。

化隆县雄先藏族乡。隆卜族所属部落顺善族在此居牧,"雄先地区原为藏族游牧地,明时属西宁府中马番族二十五族之一的隆卜族聚居游牧,兼营农耕。清初,仍属隆卜族聚居"❻。

化隆县查甫藏族乡。"查甫地区原为藏族放牧地。明时为西宁府中马番族二十五族之一的隆卜族聚居游牧,兼营农耕。清

---

❶ 顾炎武.天下郡国利病书(四)[M].上海:上海古籍出版社,2012:2172.
❷ 张雨编.边政考[M].台北:台湾华文书局,1968:637.
❸ 化隆回族自治县地方志编纂委员会.化隆县志[M].西安:陕西人民出版社,1994:113.
❹ 化隆回族自治县地方志编纂委员会.化隆县志[M].西安:陕西人民出版社,1994:114.
❺ 化隆回族自治县地方志编纂委员会.化隆县志[M].西安:陕西人民出版社,1994:116.
❻ 化隆回族自治县地方志编纂委员会.化隆县志[M].西安:陕西人民出版社,1994:117.

初，仍为隆卜族聚居。"❶

化隆县牙什尕乡。隆卜族所属多巴族居牧地，"本地原是藏族聚居地。明时属隆卜族居住，清时属隆卜族中的多巴族居住"❷。

化隆县黑城乡。"本地原为藏族聚居地。明时为隆卜族部落居住地。"❸

同仁县隆务镇。"隆务"即"隆卜"之不同译法，"隆务在汉文史料中称龙卜族、隆务族等，仅是翻译中用字的差异，实际是同一音。隆务族在今同仁县隆务镇境内。东邻加吾部落，北部是曲玛部落和土族居地之年都乎村，南界赛隆哇部落，西接多宁牙浪部落"❹。

贵德县境。在贵德县境亦有少量隆卜族，"在贵德县境内的各族：东车族、他受族、瑞咱族、渊住族、堪卜拉族、尔刚瓦族、揽角族、思郎拉族、上公巴族、隆卜族、鲁仓族、章国族、主录古族、加札族、尔加族、的札族，共计约二万人"❺。

庄浪地区。根据《庄浪汇记》记载，明万历年间，部分隆卜族游牧到庄浪地区，成为庄浪五十二个藏族部落之一。隆卜族在庄浪地区没有固定的驻牧地。

陇逋族还有一支一路西迁至青海省玉树地区的通天河流域，被称为"隆布族"或"上隆布族"，三百多户，驻牧地方横跨通天河，大部分在河西，河东有迭达等八庄。永乐十一年（1413年），明朝专门设陇卜卫进行管理，"陇卜卫指挥使司，永乐十一年（1413）设，以锁南斡些儿为指挥使。陇卜，分为上、下陇

---

❶ 化隆回族自治县地方志编纂委员会.化隆县志[M].西安：陕西人民出版社，1994：119.
❷ 化隆回族自治县地方志编纂委员会.化隆县志[M].西安：陕西人民出版社，1994：120.
❸ 化隆回族自治县地方志编纂委员会.化隆县志[M].西安：陕西人民出版社，1994：121.
❹ 同仁县志编纂委员会.同仁县志下[M].西安：三秦出版社，2001：921.
❺ 青海省编纂委员会.青海历史纪要[M].西宁：青海人民出版社，1980：277.

卜，位于玉树地区以东，濒通天河下游西岸，扼入乌思藏大道的要冲。陇卜卫的设置，与明廷加强对朵甘、乌思藏的管理有关系"❶。隆布族和上隆布族均于雍正十年（1732年）划归西宁办事大臣统辖，隆布族在青海省玉树县仲达乡让宁贡巴，上隆布族在青海省玉树县。❷清朝末年，隆布族所属迭达百长谋杀隆布百户而夺其职位，隆布族遂被称为"迭达族"，迭达族在清时成为玉树二十五族之一，因此，陇逋族亦为今玉树藏族的先源之一。

北宋时期河湟地区曾出现大大小小近千个吐蕃部族，但能够绵延发展到明清时期的仅有二十多个，陇逋族是其中比较典型的一个。陇逋族从宋朝一直绵延发展至清朝乃至民国，从秦州一路西迁至青海玉树地区，足迹几乎遍布整个安多地区，时空上的巨大变化体现的是陇逋族顽强不屈的生命力和坚韧不拔的民族个性。促成陇逋族不断迁徙的原因既有自然环境因素，亦有人文环境因素。自然环境方面，河湟地区地处青藏高原的东北边缘，属高寒牧区，自然条件恶劣，风雪等灾害常常威胁着人畜的生存，畜群的丧失必然造成部族的离散消亡，因此不断寻找更好的生存环境成为陇逋族不断迁徙的重要原因。此外，恶劣的自然环境容易诱发各部族对草场的争夺，从而导致部族之间的冲突，实力弱小的部族在实力强大的部族的打击下不得不寻找新的草场维系自身的生存。例如，陇逋族迁居阶州之后，与托硕族因草场资源发生争执，最终托硕族被赶走。

人文环境方面，对人文环境的主动适应和被动应对成为陇逋族迁徙的重要原因。陇逋族最初居于秦州地区，这一地区的吐蕃部族生存在北宋与河湟吐蕃政权的夹缝之中，再加上实力更加强

---

❶ 尹伟先. 明代藏族史研究 [M]. 北京：民族出版社，2000：200.
❷ 傅林祥，林涓，任玉雪. 中国行政区划通史·清代卷 [M]. 上海：复旦大学出版社，2013：674.

大的默星族等，处境非常艰难。北宋和河湟吐蕃政权均试图征服陇逋族，最终陇逋族归降唃厮啰，当地实力强大的默星族则归顺北宋，将陇逋族居住的大、小洛门地区献给北宋。在这种情况之下，陇逋族不得不西迁至阶州和叠州地区。熙宁年间，王韶发动熙河之役，陇右吐蕃部族成为进攻的主要对象，陇逋族在北宋的军事压力之下不得不继续西迁。这两次迁徙均是陇逋族被动应对以图生存的结果。后来，陇逋族卷入了青唐吐蕃政权赞普的权位之争，因支持唃厮啰家族的溪巴温反对阿里骨，遂又随溪巴温迁居青海湖附近居住，这次迁徙是陇逋族作为胜利者的主观行为。唃厮啰家族复国之后陇逋族迁入青唐城，由于参与密谋反叛北宋的行动失败，陇逋族不得不再次西迁和南迁。正是在主动适应和被动应对之下，陇逋族完成了一次又一次的迁徙，在迁徙中保全了自己并顽强地生存下来。不断的迁徙成为陇逋族最鲜明的特色，也成为解读陇逋族数百年历史的一把金钥匙。

第七章　占据邈川的亚然族

亚然家族，又称"雅仁结"家族，兴起于五代，强盛于北宋，是宋代除河西六谷蕃部、宗哥李立遵部、青唐唃厮啰部之外最具影响力的吐蕃部族之一。亚然家族尽管从未建立过真正属于自己的吐蕃政权，但是其一直牢牢占据着青唐吐蕃政权的东部门户邈川（今青海省民和县），势力强大，其"住河州之北，所管二十八部族，有兵约六万四千人。西接董毡，南距黄河勺家族，东界捞家族，北邻夏国，所居至河州四驿"❶。邈川特殊的地理位置和亚然家族作为吐蕃上层部族的特殊政治身份导致亚然家族数度卷入青唐吐蕃政权的内部斗争，青唐吐蕃政权的数度分合均与亚然家族有着直接或间接的关系。北宋大中祥符年间，亚然家族首领温逋奇联合宗哥李立遵部拥立唃厮啰为赞普，统一河湟地区。明道年间，温逋奇发动政变，囚禁唃厮啰。政变失败之后，温逋奇之子温郢成俞龙继立，亚然家族自此与唃厮啰家族结为世仇，联合西夏与青唐吐蕃政权分庭抗礼，迫使唃厮啰离开首府青唐城迁居历精城长达十余年之久。亚然家族成为宋朝、西夏、青唐吐蕃政权三方争夺的重要政治力量，对宋朝治理西北的政策和

---

❶　徐松辑．宋会要辑稿·蕃夷 6 之 9 [M]．中华书局影印本．北京：中华书局，1957：7823．

整个西北政局的发展产生了至关重要的影响。汤开建先生和祝启源先生等几位学者曾经针对亚然家族的居地、人物等几个问题进行过简单论证❶，但与亚然家族北宋时期在西北地区的巨大影响力相比，学术界对亚然家族的研究总体相对薄弱。本章以零散的史料为基础，对亚然家族的事迹作较为全面的考察，力争重构亚然家族的历史。

第一节　亚然家族的世系传承

北宋时期，从大中祥符年间温逋奇占据邈川到元符年间河湟之役后亚然家族失掉对邈川城的控制，一百多年间亚然家族共传承四代。

一、亚然家族的第一代

亚然家族的第一代首领为温逋奇，有些文献译作"温布且"。刘建丽认为温逋奇名字中的"温逋"即"温布"（本布）之对音，"清光绪七年浙江书局刻本《续资治通鉴长编》中，清人也将'温逋'译为'温布'，'温布且'即'温逋奇'，'温布奇''温布且'之'温布'就如李立遵之'遵'一样，都是在他们的名字中表明了自己的宗教信仰"❷。刘建丽的分析有一定的道理，但是笔

---

❶　汤开建在《五代宋金时期甘青藏族部落的分布》(《中国藏学》, 1989年第4期) 一文中对亚然家族的居住区域进行过简单考证；祝启源在《唃厮啰——宋代藏族政权》(青海人民出版社, 1988年) 一书中对亚然家族的温逋奇、温讷支郢成、温溪心、结药密等人的生平事迹进行了初步研究；吴均在《论邈川、宗哥、安儿三城及省章、安儿、青唐三峡的位置》(《中国历史地理论丛》, 1994年第1期) 一文中认为亚然家族所居住的邈川城即青海省民和县县治川口镇；刘建丽的《宋代西北吐蕃研究》(甘肃文化出版社, 1998) 等对以温逋奇为代表的亚然家族有所涉及。

❷　刘建丽. 宋代西北吐蕃研究[M]. 兰州：甘肃文化出版社, 1998：173.

者认为要真正理解"温逋"的含义还是要回归藏文原文,其意应为"大喇嘛的管家",这一身份也符合他在青唐吐蕃政权中的地位。

大中祥符元年(1008年),温逋奇第一次出现于史籍,实力并不强大,为宗哥族所辖部落首领之一,"宗哥族大首领温逋等遣使入贡"❶。此后的几年,温逋奇定居邈川,实力迅速发展。邈川地区为古湟中地,位于河湟谷地东端,背依湟峡,扼河湟之咽喉,左接河西,右临黄河、洮河,前据湟水、大通河、黄河三水会合处,正处交通要冲,是青海通往兰州、河州的门户,自古以来就是兵家必争之地。"东北控夏国,西接宗哥、青唐巢穴,南距河州一百九十里,东至兰州二百余里。"❷此外,邈川的气候比西宁温暖,湟水横流其中,颇宜发展农牧业,是繁衍部族、积蓄力量的好地方。正是得益于邈川这一得天独厚的地理位置,以温逋奇为首的亚然家族最终能够从数百家吐蕃部族中脱颖而出,河湟吐蕃逐渐形成宗哥李立遵部和邈川温逋奇部两强并存的局面,并最终由两人联手拥立唃厮啰建立河湟吐蕃政权,"于是宗哥僧李立遵、邈川大酋温逋奇略取厮啰如廓州,尊立之"❸。

二、亚然家族的第二代

温逋奇生有四子,分别是温郢成俞龙、温溪心、温阿格旺、阿令京。

温郢成俞龙,温逋奇长子,有些文献译作"一声金龙""伊实济鲁"。宋明道年间,温逋奇政变失败后为唃厮啰所杀,温郢

---

❶ 李焘. 续资治通鉴长编·卷70 [M]. 北京:中华书局,1992:1577.
❷ 徐松辑. 宋会要辑稿·兵9之2 [M]. 中华书局影印本. 北京:中华书局,1957:6906.
❸ 脱脱. 宋史·卷492·吐蕃传附唃厮啰传 [M]. 北京:中华书局,1977:14160.

成俞龙承袭为亚然家族首领,依旧占据邈川城,"磨毡角与夏国及邈川首领温郢成俞龙通和。温郢成俞龙父温逋奇早年为唃厮啰所杀,结为世仇"❶。嘉祐四年(1059年)四月,邈川城主温郢成俞龙去世,"温郢成俞龙亦已于嘉祐四年四月因患亡殁"❷。

温溪心,温逋奇次子。温郢成俞龙去世之后,温溪心协助温郢成俞龙之子温讷支郢成管理亚然家族及邈川城事务,"温溪心,仁温布之后,世有邈川地"❸。元丰三年(1080年),北宋任命温溪心为内殿崇班,"(元丰)三年,邈川城主温讷支郢成及叔溪心、弟阿令京等款塞,以郢成为会州团练使、溪心内殿崇班、令京西头供奉官,余族人皆殿直奉职"❹。

温阿旺格,温逋奇三子。温阿旺格生平史籍不详,史籍明确记载他为温溪心之弟,所以应为温逋奇三子,"鄂特丹卓麻元系邈川大首领温溪沁(心)弟温阿旺格男,元名阿敏"❺。

阿令京,温逋奇四子,元丰三年被宋朝委任为西头供奉官。

三、亚然家族的第三代

温讷支郢成,又译为"温纳木扎尔颖沁萨勒""温塌波讷令支""温讷支郢成四"等,温逋奇长子温郢成俞龙之子。温郢成俞龙去世后,温讷支郢成继任为邈川城主,任职期间,董毡数度派兵征讨邈川。

厮波温、阿罗,温溪心的两个儿子,"溪心男厮波温弟阿罗

---

❶ 张方平.乐全集·卷22·秦州奏唃厮啰事第二状[M].台北:台湾商务印书馆影印文渊阁四库全书本.

❷ 张方平.乐全集·卷22·秦州奏唃厮啰事第二状[M].台北:台湾商务印书馆影印文渊阁四库全书本.

❸ 李焘.续资治通鉴长编·卷455[M].北京:中华书局,1992:10912.

❹ 脱脱.宋史·卷492·吐蕃传附董毡传[M].北京:中华书局,1977:14164.

❺ 李焘.续资治通鉴长编·卷506[M].北京:中华书局,1992:12058.

为右班殿直"❶。

觉勒玛斯多卜，温溪心之子，元祐四年（1089年）被委任为本族都军主，"邈川温溪心男觉勒玛斯多卜为本族都军主"❷。

巴温，温溪心之子，元祐六年（1091年）被委任为化外胜州刺史与父温溪心共管邈川，"邈川首领瓜州团练使温溪心男巴温为化外胜州刺史，同管当邈川部族，月等第支茶绦有差"❸。

鄂特丹卓麻，又名"阿敏"，温阿旺格之子。

温阿明，温溪心之侄，从名字上看可能为温阿旺格之子，阿里骨执政时期温阿明逃亡西夏，"溪心侄温阿明亡西夏，欲借兵复仇。"❹

四、亚然家族的第四代

结施温，《续资治通鉴长编》译为"集星衮""温溪心孙"，疑为觉勒玛斯多卜之子。绍圣四年（1097年）被宋朝廷封为内殿崇班，"又言：'蕃官包顺状，先寻访到邈川大首领温溪心孙结施温，今年三十二，未有官职'。诏：结施温为内殿崇班"❺。

巴讷支，温溪心孙，巴温之子。元符元年为内殿崇班，"熙河兰会路经略司言：'蕃官包顺引邈川大首领温溪心男巴温子巴讷支来归。'诏：巴讷支为内殿崇班。"❻

---

❶ 徐松辑.宋会要辑稿·蕃夷6之15[M].中华书局影印本.北京：中华书局，1957：7826.

❷ 李焘.续资治通鉴长编.卷421[M].北京：中华书局，1992：10183.

❸ 李焘.续资治通鉴长编.卷455[M].北京：中华书局，1992：10912.

❹ 徐松辑.宋会要辑稿·蕃夷6之28[M].中华书局影印本.北京：中华书局，1957：7832.

❺ 徐松辑.宋会要辑稿·蕃夷6之31[M].中华书局影印本.北京：中华书局，1957：7834.

❻ 徐松辑.宋会要辑稿·蕃夷6之32[M].中华书局影印本.北京：中华书局，1957：7834.

亚然家族传承世系如图 7-1 所示。

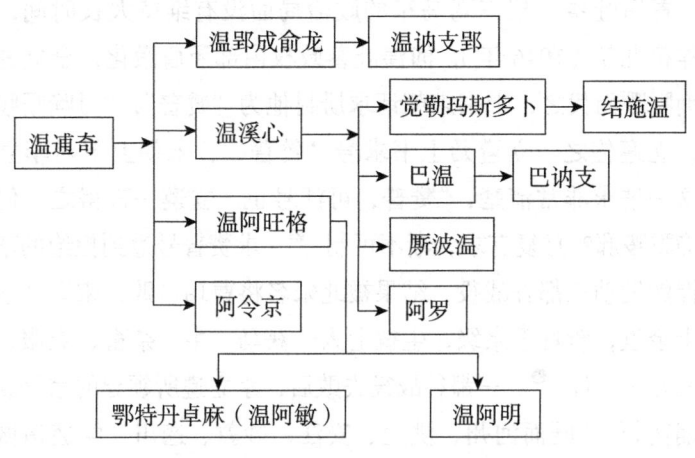

图 7-1 亚然家族传承世系

第二节 亚然家族与青唐吐蕃政权的建立与分裂

亚然家族对青唐吐蕃政权的建立发挥了至关重要的作用，但由于利益冲突等原因，其在青唐吐蕃政权发展过程中又扮演着分裂的角色。

宗哥李立遵和邈川亚然家族首领温逋奇拥立唃厮啰建立吐蕃政权之后，唃厮啰成为名义的赞普，宗哥李立遵自立为论逋（大相），亚然家族的温逋奇则成为除李立遵之外最具实力的地方实力派，继续控制邈川城，对宗哥李立遵形成一定的制衡。河湟吐蕃政权表面上维持着唃厮啰、李立遵、温逋奇三足鼎立的政治局面。大中祥符八年（1015 年），唃厮啰、李立遵、温逋奇等人联合向北宋进贡，"西蕃首领唃厮啰、立遵、温逋奇、木罗丹并遣牙吏贡名马，估其直约钱七百六十万"❶。

　　青唐吐蕃政权三驾马车的政治局面没有维持太长时间，大中祥符九年（1016年），河湟吐蕃政权内部矛盾激化，李立遵欲取唃厮啰而代之，上书宋朝请求册封他为"赞普"，"时唃厮啰强盛，立遵佐之。立遵乃上书求号'赞普'"，宋朝上下对李立遵的这一请求非常清楚，"赞普，可汗号也。立遵一言得之，何以处唃厮啰邪？且复有求，渐不可制"❷。求赞普号遭到拒绝的李立遵悍然发动三都谷战役，结果被北宋名将曹玮击败，宋军"逐北二十余里，斩首千余级，生擒七人，获马、牛、杂畜、衣服、器仗三万三千计"❸。三都谷战役失败后，李立遵所领导的宗哥联盟分崩离析，"既而河州、洮兰、安江、妙敦、邈川、党逋诸城皆纳质为熟户"❹。宗哥联盟破散之后，作为赞普的唃厮啰率领属下秘密投奔邈川亚然家族的大首领温逋奇，"为其妻族纳斯结等窃诱往邈川城温逋奇所住坐，又十余年因入贡"❺。

　　唃厮啰到达邈川后，对占据邈川城的亚然家族来说是千载难逢的发展良机。一方面，亚然家族继续拥立唃厮啰为赞普，重建吐蕃政权，温逋奇自任"论逋"，亚然家族以唃厮啰的名义重新统一河湟吐蕃，亚然家族成为继宗哥族之后最具实力的吐蕃部族。另一方面，亚然家族吸取宗哥族的教训，不再与宋朝中央王朝为敌，而是主动通好，请求封赐。亚然家族制定"联宋抗夏"的基本战略，稳定住了内外的政治局势。天圣九年（1031年），温逋奇派外甥携带以唃厮啰名义写给宋朝的书信和鞍马、

---

❶ 李焘.续资治通鉴长编·卷84 [M].北京：中华书局，1992：1917.
❷ 脱脱.宋史.卷258·曹玮传 [M].北京：中华书局，1977：8986.
❸ 李焘.续资治通鉴长编·卷88 [M].北京：中华书局，1992：2012.
❹ 脱脱.宋史.卷258·曹玮传 [M].北京：中华书局，1977：8987.
❺ 徐松辑.宋会要辑稿·蕃夷6之1 [M].中华书局影印本.北京：中华书局，1957：7819.

乳香等礼物,到秦州官邸"告称唃厮啰乞通和"❶。宋朝廷以礼相待,并赐唃厮啰与温逋奇对衣、金事束带、银器、衣着。明道元年(1032年),温逋奇和唃厮啰正式以亚然家族首领的名义向宋朝单独朝贡,"授唃厮啰、温逋奇官,邈川亚然家二部首领也"❷。宋朝分别授予唃厮啰和温逋奇官职,"授厮啰宁远大将军、爱州团练使,授逋奇归化将军"❸。每月给唃厮啰支大彩15匹,角茶15斤,散茶50斤;给温逋奇支大彩10匹,角茶5斤,散茶50斤作为俸禄。自此之后,唃厮啰及其继嗣者受宋朝册封虽官衔职名常变,但是"邈川大首领"却成为一直使用的头衔,这也足以证明亚然家族在青唐吐蕃政权建立过程中发挥的巨大作用。

唃厮啰自投奔邈川亚然家族后,与温逋奇在一起共事十几年的时间,直到明道元年两人的关系依然基本融洽。迁居邈川之后,为发展自己的势力,唃厮啰与乔氏家族完成了联姻,唃厮啰娶第三位妻乔氏,乔氏家族在当地很有实力,"所部可六七万人,号令明肃,人惮服之"❹。《宋史·吐蕃传》也有"乔氏有色,居历精城❺,所部可六七万人,号令明,人惮服之"❻。唃厮啰与乔氏家族的联姻无疑增加了自己的实力,却使他与亚然家族不可避免地

---

❶ 张方平.乐全集.卷22·秦州奏唃厮啰事[M].台北:商务印书馆影印文渊阁四库全书本.

❷ 陈均.皇朝编年纲目备要·卷9[M].北京:中华书局,2006:199.

❸ 脱脱.宋史.卷492·吐蕃传[M].北京:中华书局,1977:14161.对宋朝授予唃厮啰官职的时间,《续资治通鉴长编》明确记载为明道元年八月。张方平《乐全集》记载为天圣十年九月六日。宋仁宗于天圣十年十一月甲戌改元明道。因此两者为一年,只是一为九月、一为八月,待考。

❹ 李焘.续资治通鉴长编·卷127[M].北京:中华书局,1992:3008.

❺ 即林擒城、林金城、哩沁城、临谷城,宋人改称为"宁西城"。据李文实先生考证,林金城即汉代临羌城、唐代临蕃城。宋代有"林金城""林擒城"或"历精城"等称呼,故址当在今青海湟中多巴一带。参见李文实.青海地方史札记[J].青海地方史志研究,1984(1).但是顾祖禹《读史方舆纪要》卷六十《河州·平彝城》记载:历精城在州西,近西宁城。《大清一统志》记载:历精城在河州西南……按照这几种文献记载,林金城似乎在青海循化以南地区。

❻ 脱脱.宋史.卷492·吐蕃传[M].北京:中华书局,1977:14163.

发生了矛盾。

唃厮啰势力的逐渐强大让温逋奇感受到了威胁。温逋奇与李立遵一样，有着极强的个人野心，并不甘心仅仅当一名"论逋"。明道元年，温逋奇铤而走险，发动政变。他利用手中的权力囚禁唃厮啰，"囚厮啰阱中，出收不附己者"❶。随后，温逋奇率部离开邈川城，"幽唃厮啰，置阱中防守，而身领兵他出"❷。然而，负责看守唃厮啰的士兵不是真正忠于温逋奇的，他大概是出于对唃厮啰这位赞普的敬意，偷偷把唃厮啰从阱中放出。唃厮啰从阱中出来后，利用赞普的身份控制了邈川城，失去大本营的温逋奇最终为唃厮啰所杀。

温逋奇被杀后，亚然家族实力犹存，温逋奇之子温郢成俞龙（一声金龙）承袭为亚然家族的首领，他通过与西夏联姻的方式联合西夏与唃厮啰分庭抗礼，"温博奇（温逋奇）乃嘉勒斯赉亲信首领之豪，其子一声金龙，有众万余，最为强盛，乃与昊贼结姻，嘉勒斯赉日益危弱"❸。唃厮啰不得不离开邈川城迁居青唐城，亚然家族帮助唃厮啰重建了河湟吐蕃政权，却因内讧而导致河湟吐蕃政权再次分裂。

第三节　北宋、西夏、青唐吐蕃政权夹缝中的亚然家族

唃厮啰迁居青唐之后，亚然家族重新占领邈川，一直保持

---

❶ 脱脱.宋史·卷492·吐蕃传[M].北京：中华书局，1977：14161.对于温逋奇发动的这次政变，各种史籍记载大致相同，但是具体时间则比较模糊，具体分析，明道元年即1032年似乎比较可信。

❷ 张方平.乐全集·卷22·秦州奏唃厮啰事[M].台北：台湾商务印书馆影印文渊阁四库全书本.

❸ 赵汝愚.宋名臣奏议·卷132·边防门[M].台北：台湾商务印书馆影印文渊阁四库全书本.

着相对独立的政治地位。温逋奇之孙温纳支郢成在任期间，亚然家族实力大增，牢牢地控制着以邈川为中心、河州以北的广大地区，兵力从1万人增加到6万人，管辖部族共计28个，成为左右西北政局的一支重要的政治力量。由于与青唐吐蕃政权存在着世仇，西夏、北宋均十分重视与亚然家族的关系，亚然家族也在青唐吐蕃政权、西夏党项政权、北宋王朝的夹缝中艰难维系着自身的生存与发展。

熙宁五年（1072年），西夏国相梁乙埋向董毡提出改善关系的建议，并请以西夏国公主秉常妹下嫁董毡子蔺逋叱为妻，结为婚姻，共同对抗宋朝。"（熙宁五年正月）西蕃大首领董毡，有子蔺逋比（叱），初娶于甘州回鹘。环庆之役，董毡使率兵侵夏有功，授锦州刺史。梁氏久畏其强，欲与之和。及闻王韶降青唐，将复河湟，吐蕃诸部势蹙，遣人请以爱女为蔺逋比（叱）妻，董毡许之。"❶董毡与西夏的联姻让北宋朝廷深为忧虑，王安石根据随王韶入熙河的王中正的报告建议宋神宗采取拉拢邈川城主温讷支郢成打破西夏与青唐联盟的策略。"王中正言：'郢成嘉卜力足敌董毡，董毡与夏人结婚，欲以兵援送，借道于嘉卜境内。嘉卜以为，夏、董交婚，即我孤立于两间，素与董毡为仇，必被攻袭。明告夏人，如此我必归汉，亦遣人至王韶处，王韶未敢许纳。'臣以为宜令韶相度事机，以利害谕董毡令绝婚，宜听，因可以施德于嘉卜，收异时之用。"❷从后来的事态发展来看，王安石拉拢温讷支郢成阻止西夏与青唐吐蕃政权的策略并未奏效，温纳支郢成并没有拦截西夏送亲的队伍，董毡与西夏的联姻得以顺利进行。

熙宁六年（1073年）春天，景思立率军由香子城进攻河州，本来与夏国通好的温讷支郢成担心宋军继续向湟水流域挺进，邈

---

❶ 吴广成撰，龚世俊等校证．西夏书事校证·卷23[M]．兰州：甘肃文化出版社，1995：267.
❷ 李焘．续资治通鉴长编·卷241[M]．北京：中华书局，1992：5879.

川可能不保，遂主动向宋朝靠拢，派首领华儿河笃等四十三人向宋请命并"乞授官爵"❶。宋朝为安抚温讷支郢成及所有邈川部族首领，授温讷支郢成为庄宅副使，并依汉官例给俸。对亚然家族另一首领温纳支郢成叔父温溪心，宋朝则非常谨慎。熙宁九年（1076年），温溪心欲率部归降宋朝，宋神宗以温溪心为受夏国俸禄之人，不予接纳，"温溪心及受夏国俸给之人，可无招纳"❷。宋神宗之所以未接纳温溪心，最大的因素还是考虑到西夏和青唐吐蕃政权，宋朝明确的态度即希望温溪心在西夏与青唐之间能够保持中立，占据邈川，既不投夏，亦与青唐政权保持一定距离。如果邈川为西夏占有，青唐吐蕃政权必难生存，对宋不利；如邈川为青唐吞并，青唐吐蕃政权的实力亦会大增，同样会增加宋军进军湟水流域的难度。"如欲并部族投归，未可轻许。虑变诈未定，止当谕近边无地可居，毋去邈川，恐为夏人所据。若阿里骨等非理相侵，即汉家自当与汝为主之意，所奏缓急应副一节。若阿里骨并鬼章日近，却有款服依旧通和，止是本蕃与温溪心整会交争，即当与不当应副，更须审度事机措置，无失中国大信，自贻边患。"❸

此后，温溪心和温讷支郢成叔侄以及整个亚然家族与宋朝频繁接触，双方关系越加亲密。元丰三年（1080年），宋朝对亚然家族所有成员集体封授，这是除唃厮啰家族之外又一获此殊荣的吐蕃部族。"诏：补邈（川）城主会州团练使温讷支郢成收（叔）溪心、弟阿令京为西头供奉官，溪心男厮波温、弟阿罗为右班殿直，族弟溪巴温为三班奉职，妹婿搭令波为借职，月给茶彩有差。熙河路言：讷支郢成款塞内附，请录其族人及酋首也。"❹

---

❶ 李焘.续资治通鉴长编·卷247[M].北京：中华书局，1992：6026.
❷ 李焘.续资治通鉴长编·卷272[M].北京：中华书局，1992：6663.
❸ 徐松辑.宋会要辑稿·兵28之32[M].中华书局影印本.北京：中华书局，1957：7285.
❹ 徐松辑.宋会要辑稿·蕃夷6之15[M].中华书局影印本.北京：中华书局，1957：7826.

第七章 占据邈川的亚然族

元丰六年（1083年），青唐吐蕃政权的第三任赞普阿里骨继位。阿里骨即位之后，首先把进攻的矛头指向了邈川的亚然家族。元丰七年（1084年）六月，阿里骨命温溪心西望烧香，温溪心违命不从。同年十月，温溪心派禄遵到兰州李宪处请求内附，"又得译录到温溪心等蕃字，及遣来蕃僧禄尊口陈边谋，甚悉。苟真如来约，实大利也"❶。元祐二年（1087年），阿里骨和鬼章派兵攻打洮、河二州，温溪心拒不从命，宋朝专门为心牟钦毡和温溪心颁发诏书嘉奖并册封两人为团练使，"敕：具官某等。天之于人，善恶必报。朕上法天道，以爵命四方。有能忠勤，必保富贵。尔等才雄诸部，心奉本朝。审于祸福之原，明于逆顺之理。团兵宠秩，盖旌守节之坚；绝等异恩，当竢成功之报。可"❷。

面对阿里骨的威胁，温溪心频频向宋朝示好，希望借助宋朝的力量保全邈川及亚然家族。元祐六年（1091年），温溪心向文彦博献名马，"既归洛，西羌首领温溪心有名马，请于名吏，愿以馈彦博，诏许之"❸。同年，温溪心又为宋朝劝降西夏部族首领人多保忠，"夏国首领人多保忠，乃昔日凌丁之子，久据西南部落，素为桀黠，与邈川首领温溪心邻境相善。已令温溪心委曲开谕招致，许除节度使，令保守旧土，自为一蕃"❹。

阿里骨对温溪心与宋朝频繁往来颇为警惕和不满。元祐七年（1092年）八月，阿里骨暗中许诺将邈川城献给西夏并逼温溪心父子前往青唐城，"阿里骨恶温溪心向汉，以邈川献与夏国，方使人召溪心，令赴青唐"❺。宋朝得知此消息后立即命边臣范育前往邈川劝阻温溪心不要赴青唐城，然而为时已晚，温溪心父子在

---

❶ 李焘.续资治通鉴长编·卷349 [M].北京：中华书局，1992：8376.
❷ 苏辙.栾城集·卷30 [M].上海：上海古籍出版社，2009：636.
❸ 脱脱.宋史·卷313·文彦博传 [M].北京：中华书局，1977：10263.
❹ 李焘.续资治通鉴长编·卷467 [M].北京：中华书局，1992：11153.
❺ 李焘.续资治通鉴长编·卷476 [M].北京：中华书局，1992：11350.

宋朝使臣未到之时已动身前往青唐城，随即被阿里骨囚禁，"育寻遣使谕邈川，未至，而温溪心、溪巴温遂往青唐，果为阿里骨拘留"❶。为解救温溪心父子，宋朝多次派人与阿里骨交涉。绍圣元年（1094年），宋朝专门派人到青唐城诏谕阿里骨释放温溪心父子，阿里骨置之不理，"蒋之奇奏，昨遣人至青唐谕阿里骨释温溪心，仍旧统溪巴温邈川，不听"❷。

温溪心父子被囚禁后，亚然家族群龙无首，势力大减，邈川不久之后亦被阿里骨吞并，亚然家族后裔纷纷离开邈川。温溪心之孙结施温前往岷州投奔俞龙珂后人包顺，"蕃官包顺状，先寻访到邈川大首领温溪心孙结施温，今年三十二，未有官职"❸。温溪心另一孙巴讷支亦由包顺引领归附宋朝，"蕃官包顺引邈川大首领温溪心男巴温子巴讷支来归"❹。结施温和巴讷支均被宋朝加封为内殿崇班之职。温溪心之弟温阿旺格之子阿敏则先投奔西夏，西夏将其改名为"丹卓勒玛"，并委任他镇守喀罗城（卓罗城，又名"盖珠城"）。阿敏于元符二年（1099年）归附北宋，"鄂特丹卓麻元系邈川大首领温溪心弟温阿旺格男，元名阿敏，走投夏国，有王子改名作丹卓麻，密令遣人赍送蕃字，欲归汉"❺。接到阿敏的密报后，宋朝遂派熙河兰会路经略使孙路带领兵马至喀罗城迎接阿敏。

元祐二年（1087年）七月，宋军王赡收复邈川，"洮西沿边安抚王赡举兵出寨得邈川城"❻。宋朝随即将邈川改称"湟州"，

---

❶ 李焘.续资治通鉴长编·卷476 [M].北京：中华书局，1992：11351.
❷ 徐松辑.宋会要辑稿·蕃夷6六27 [M].中华书局影印本.北京：中华书局，1957：7832.
❸ 徐松辑.宋会要辑稿·蕃夷6之31 [M].中华书局影印本.北京：中华书局，1957：7834.
❹ 徐松辑.宋会要辑稿·蕃夷6之32 [M].中华书局影印本.北京：中华书局，1957：7834.
❺ 李焘.续资治通鉴长编·卷506 [M].北京：中华书局，1992：12058.
❻ 李埴.皇宋十朝纲要·卷14 [M]// 赵铁寒.宋史资料萃编（第1辑）.台北：文海出版社，1980：310.

隶属熙河兰会路管辖，亚然家族自此完全处于宋朝的管辖之下，"以青唐为鄯州，仍为陇右节度。邈川为湟州，宗哥城为龙支城，廓州为宁塞城，其鄯州、湟州并河南北新收复城寨并隶陇右，仍属熙河兰会路"❶。

第四节　亚然家族主要部族首领

宋代西北吐蕃政权的基本细胞是大大小小的吐蕃部族，部族联盟是政权的统治基础。亚然家族能够长期占据邈川最重要的执政根基是28个部族所结成的部族联盟，人口为十余万人，"招纳到湟州境内漆令等族大首领潘罗溪兼馋七百五十人，管户十万"❷。亚然家族所属的28个部族均拥有自己的部族首领，既归亚然家族统一指挥节制，如奉调对外战争、处理部族之间的纠纷、对外贸易等，又在各自的部族中保持着相对独立性，处理烦琐的民事和组织农牧业生产等。亚然家族所属的部族首领中比较有影响力的主要有以下几位。

阿笃、温声腊抹、禄遵。三人均为邈川亚然家族所属部族首领，其中禄遵为僧官。元丰三年（1080年）正月，邈川城主温讷支郢成遣部族首领阿笃向北宋进贡并请求为所属部族首领加封官职，宋朝答应了温讷支郢成的请求，并对亚然家族的部分部族首领进行相应加封，"熙河路经略司言：'邈川城主温讷支郢成遣首领阿笃等款塞，乞补官职。'诏补温纳支郢成为会州团练使、邈川蕃部都巡检使，温溪心为内殿崇班，温声腊抹为右班殿直，并邈川蕃部同巡检，阿笃为本族副军主，僧禄遵为禄厮结族都虞

---

❶ 李焘.续资治通鉴长编·卷516[M].北京：中华书局，1992：12267.
❷ 杨仲良.皇宋通鉴长编纪事本末·卷139·收复湟州[M].哈尔滨：黑龙江人民出版社，2006：2336.

侯，月给茶帛有差"❶。

溪巴温、搭令波。溪巴温为温溪心族弟，搭令波为温溪心妹婿，两人同于元丰三年（1080年）被宋朝授予官职，"族弟溪巴温为三班奉职，妹婿搭令波为借职，月给茶彩有差"❷。

溪毡、遵博斯吉。溪毡为副军主，遵博斯吉为军主，两人于元祐四年（1089年）正月分别被加封为副都指挥使和本族副军都主。"副军主溪毡为本族副都指挥使，军主遵博斯吉为本族副军都主，并授银青光禄大夫、检校国子祭酒兼监察御史、武骑尉。"❸

软驴脚四。温溪心属下首领，元祐四年（1089年）补职名，"西蕃阿里骨并温溪心下大小首领软驴脚四等补职名，支请各有差，以进奉到阙推恩也"❹。

结药密。结药密又译为"结药"，在亚然家族的地位仅次于温溪心，所属部族计五千余人。元符二年（1099年），阿里骨派鬼章进攻洮州，结药密遣使者怯陵向宋朝密报。事情败露之后，结药密携妻儿南逃归顺宋朝，宋朝加封结药密为三班奉职，"诏以邈川首领结药为三班奉职。结药位次温溪心，统众五千，尝遣蕃部怯陵出汉报鬼章筑洮州城事，为阿里骨所得，虑谋泄，领妻、子归顺，故有是命"❺。

华儿河马、杨征溪心。二人于熙宁六年（1073年）被宋朝廷加封为供奉官等，"其（温讷支郢成）先尝授中朝归德将军，闻河州既下，遣次首领华儿河马等四十三人请命，及以同勾当本族杨征溪心为供奉官、侍禁、蕃部同巡检，加赐阶勋"❻。

❶ 李焘.续资治通鉴长编·卷302 [M].北京：中华书局，1992：7351.
❷ 李焘.续资治通鉴长编·卷305 [M].北京：中华书局，1992：7417.
❸ 李焘.续资治通鉴长编·卷421 [M].北京：中华书局，1992：10183.
❹ 李焘.续资治通鉴长编·卷436 [M].北京：中华书局，1992：10499.
❺ 徐松辑.宋会要辑稿·蕃夷6之21 [M].中华书局影印本.北京：中华书局，1957：7829.
❻ 徐松辑.宋会要辑稿·蕃夷6之9 [M].中华书局影印本.北京：中华书局，1957：7823.

巴把呕、青宜赊罗、邦毡。巴把呕和青宜赊罗为亚然家族所属朴心族首领，邦毡为添令下族首领，三人同于元符二年（1099年）归顺并被北宋朝廷授予左侍禁和左、右班殿直之职。"熙河兰会路经略司言：'邈川管下新归顺朴心族首领巴把呕、青宜赊罗，添令下族蕃部邦毡与蕃贼斗敌，射死甚多。'诏巴把呕与左侍禁，青宜赊罗与左班殿直，邦毡与右班殿直并差充本族巡检。"❶

多罗巴父子。崇宁二年（1103年）六月，王厚兵分两路向邈川进发：一路由岷州主将高永年为统制官，权知兰州姚师闵佐之，管勾招纳王端（王厚弟）等率兰、岷州及通远军汉蕃兵马两万出京玉关；另一路由王厚与童贯率主力出安乡关渡黄河趋巴金岭。巴金岭为邈川东部门户，旧名安川堡，"安川堡，故臈哥城，在巴金岭上，元符二年收复，三年赐名。东至湟州界七十里，西至来宾界四十里，南至安乡关三十里，北至宁川堡四十里"❷。巴金岭地势险要，易守难攻，负责镇守巴金岭的为邈川蕃部多罗巴父子三人，"多罗巴使其三子，长曰阿令结、次曰厮铎麻令、次曰阿蒙率众拒守，城据冈阜，四面皆天堑，深不可测，道路险狭"❸。先期而至的宋军损失惨重，偏将安永国堕天堑而死，辛叔詹大败而归。第二日，王厚率大军增援，双方再次展开激战，宋军大获全胜，顺利占领巴金岭，多罗巴两子惨死军中，三子被流矢所中，多罗巴逃走。"诸军四面奋击，杀阿令结、厮铎麻令于阵，其幼弟阿蒙流矢中目贯脑，遁去，多罗巴率众来援，闻败亦遁去。"❹失守巴金岭之后的多罗巴投奔西夏，崇宁四年（1105年），西夏国主崇宗（乾顺）接纳多罗巴和青唐城主小陇拶（溪

---

❶ 徐松辑．宋会要辑稿·蕃夷6之35[M]．中华书局影印本．北京：中华书局，1957：7836．
❷ 脱脱．宋史·卷87·地理志三[M]．北京：中华书局，1977：2167．
❸ 黄以周等辑注．顾吉辰点校．续资治通鉴长编拾补·卷21[M]．北京：中华书局，2004：748．
❹ 黄以周等辑注．顾吉辰点校．续资治通鉴长编拾补·卷21[M]．北京：中华书局，2004：749．

赊罗撒），派两人率军数万围困宣威城。宋军高永年率军解围，途中为吐蕃部族所执并送与多罗巴，多罗巴将高永年斩首以报巴金岭失守及二子被杀之仇。"溪赊罗撒合夏国四监军之众，逼宣威城，永年出御之。行三十里，逢羌帐下亲兵，皆永年昔所推纳熟户也。永年不之备，羌遽执永年以叛，遂为多罗巴所杀，探其心肝食之，谓其下曰：'此人夺我国，使吾宗族漂落无处所，不可不杀也。'" ❶

丹波秃令结。崇宁二年（1103年）六月，宋军两路大军会师邈川城下，负责防守邈川的是蕃部首领丹波秃令结。在蕃将包厚和苏南抹令呱的协助之下，高永年和王厚两路大军攻破邈川城，丹波秃令结率数十骑逃出西门，"丹波秃令结以数十骑由西门遁去。辛未黎明，大军入湟州" ❷。

邈川失守之后，亚然家族及所属吐蕃诸部继续定居湟水流域，逐渐失去在河湟地区的影响力。元明时期，亚然家族发展为宗喀十三族之一。明朝时期，亚然家族先是被称为"瞿昙寺族"，后来又改称"卓仓藏族"。"雅仁结族，唃厮啰治理河湟时亦称'邈川族'，在明代时称为'瞿昙寺族'，后来演变为卓仓族。卓仓族的称谓始于海喇嘛桑杰扎西之后。'卓仓'这一名称是由海喇嘛桑杰扎西的原籍旧称而来。" ❸ 由此可见，亚然家族、瞿昙寺族、卓仓藏族一脉相承，亚然家族为青海卓仓藏族的先民之一。

---

❶ 脱脱.宋史·卷453·高永年传[M].北京：中华书局，1977：13316.
❷ 杨仲良.皇宋通鉴长编纪事本末·卷139·收复湟州[M].哈尔滨：黑龙江人民出版社，2006：2336.
❸ 金萍.瞿昙寺壁画艺术研究[M].北京：中国藏学出版社，2014：31.

第八章 宋代吐蕃部族的酋豪群体与世系传承

宋金时期,西北吐蕃地区除唃厮啰家族、俞龙珂家族、温逋奇家族这些世家大族之外,还有一些比较有影响力的吐蕃大族,他们占据一方,对宋金时期西北政局的发展同样起到了至关重要的作用。

第一节 河南扎实庸咙家族

扎实庸咙家族为河南吐蕃部族的核心上层,宋金时期牢牢控制着以积石军(溪哥城)为中心的黄河以南广大地区,与唃厮啰政权分庭抗礼。阿里骨篡夺青唐吐蕃政权赞普之位后,发起"复国"行动的就是扎实庸咙家族。北宋后期,扎实庸咙家族"复国"成功,扎实庸咙之孙陇拶和小陇拶分别成为青唐吐蕃政权的第五代和第六代赞普。

扎实庸咙,宋代青唐吐蕃政权第一任赞普唃厮啰之兄。扎实庸咙到达河湟地区之后,同样因为赞普后裔尊贵的身份,被河南蕃部拥立为部族首领,"初,唃厮啰之兄扎实庸咙为河南诸部所立,与唃厮啰分地而治,不相能也"❶。

---

❶ 李焘. 续资治通鉴长编·卷507 [M]. 北京:中华书局,1992:12091.

扎实庸咙之子必鲁匦纳是扎实庸咙家族的第二代，政绩平平，史籍记载很少，"扎实庸咙死，子必鲁匦纳立……"❶

溪巴温，扎实庸咙家族的第三代，"溪巴温者，唃厮啰兄扎实庸咙之孙，扎实庸咙子必噜匦纳之子也"❷。溪巴温又名瞎养兀儿，"溪巴温即辖扬乌尔也"❸。溪巴温执政时期，唃厮啰家族政权的赞普之位被阿里骨篡夺，溪巴温率部族展开了复国行动。

溪巴温六子为扎实庸咙家族的第四代，"溪巴温凡六子，曰陇拶，曰朴拶，曰锡罗萨勒，曰昌三，曰顺律坚戳，曰尼玛丹津"❹。

陇拶为唃厮啰家族政权的第五任赞普。元符三年（1100年）三月，陇拶投降后宋朝对陇拶进行加封，"西蕃伪王陇拶可特授持节凉州诸军事凉州刺史、充河西节度、凉州管内观察处置等使、知鄯州军州事兼管内劝农事上柱国，特封武威郡开国公，食邑二千户，食实封五百户"❺。宋徽宗还赐陇拶姓名为赵怀德，"依府州折氏世世承袭。寻赐姓名曰赵怀德"❻。

溪赊罗撒为唃厮啰家族政权的第六任也是最后一任赞普，建中靖国元年（1101年）十一月，宋朝正式承认溪赊罗撒为青唐吐

---

❶ 李焘.续资治通鉴长编·卷507 [M].北京：中华书局，1992：12091.
❷ 李焘.续资治通鉴长编·卷455 [M].北京：中华书局，1992：10912.
❸ 李焘.续资治通鉴长编·卷474 [M].北京：中华书局，1992：11313.
❹ 李焘.续资治通鉴长编·卷507 [M].北京：中华书局，1992：12091.
❺ 徐松辑.宋会要辑稿·蕃夷6之38 [M].中华书局影印本.北京：中华书局，1957：7837. 此次对陇拶的册封之诏书收录于《宋大诏令集》中。门下：朕嗣国大统，绍休前人，表正万邦，内有不率，外薄四海，咸与惟新，眷兹内附之藩，厥有来降之长，示之大信，申以茂恩，服千治甸，诞扬休命。西蕃伪王陇拶，袭承世裔，擅有方隅，偏师出疆，举国请命，尽献其地，咸来于廷。朕嘉其国人，投戈内属，眷用先世，述职靡愆，敦柔远能迩之仁，念推亡固存之义，俾绍厥绪，往即乃封，彻陇右之土疆，付河东之旄节，锡田敦赋，开国启封，以示大公，以安遐徼。于戏，缵用旧服，尚克绍于前修，作我新民，其无蹈于后害，钦予时命，惟尔之休，可特授河西节度使知鄯州军州事。[佚名编，司义祖整理.宋大诏令集·卷240·政事 [M].北京：中华书局，1962：941.]
❻ 脱脱.宋史·卷492·吐蕃传 [M].北京：中华书局，1977：14167.

蕃政权的赞普并加封溪赊罗撒为"西平军节度使、邈川首领"❶。崇宁元年（1102 年）十一月，宋朝册封溪赊罗撒为"金紫光禄大夫、检校司空、充西平军节度使、西蕃邈川首领、上柱国，特封敦煌郡开国公、食邑五千户、食实封五百户"❷。

溪巴温六子益麻党征早年归降西夏后转投宋朝，建炎元年（1127 年）六月，南宋派钱盖为陕西经制使前往寻找唃厮啰家族后人，安抚河湟吐蕃诸部。多方寻找之后，钱盖找寻到益麻党征，"有益麻党征者，故王之子，素为国人信服，傥封立之，必得其力"❸。宋朝赐益麻党征措置湟郡事，"复立青唐之后益麻党征为其国主，赐姓名曰赵怀恩"❹。益麻党征后亡于成都。

溪巴温六子后裔可考者只有六子益麻党征（降宋后赐姓名赵怀恩）。益麻党征共有三子，"长曰某，秉义郎，叙州兵马监押；次安国，成忠郎，皆先卒；次宁国，敦武郎，威州兵马都监"❺。益麻党征的三个儿子是扎实庸咙家族的第五代。益麻党征的三个儿子中长子和次子均早早去世，只有赵宁国生有九子，"孙九人：康朝，忠翊郎；庆朝、昌朝、显朝，皆成忠郎；拱朝、光朝、翊朝皆该奏未出官；世朝、熙朝，早卒。"❻赵宁国的九个儿子即扎实庸咙家族的第六代。

扎实庸咙家族世系传承如图 8-1 所示。

---

❶ 李植. 皇宋十朝纲要校正·卷 16 [M]. 北京：中华书局，2013：432.

❷ 佚名编，司义祖整理. 宋大诏令集·卷 240·政事 [M]. 北京：中华书局，1962：942.

❸ 徐松. 宋会要辑稿·蕃夷 6 之 41 [M]. 中华书局影印本. 北京：中华书局，1957：7839. 对益麻党征早年的活动，史籍记载比较简略，在《西夏书事》卷二十六中有简单记载，现迻录如下："益麻党征，董毡弟。初，梁氏以官爵啖董毡父子，拒不受，党征心慕之，乘间走投夏国，梁氏使居于怀德军。"

❹ 李植. 皇宋十朝纲要校正·卷 21 [M]. 北京：中华书局，2013：609.

❺ 李石. 方舟集·卷 16·赵郡王墓志铭 [M]. 台北：台湾商务印书馆影印文渊阁四库全书本. 对赵怀恩长子之名，在墓志铭中明确记载为赵某，在文中屡次出现都是赵某，不知其长子之名则为赵某还是另有他名，待考。

❻ 李石. 方舟集·卷 16·赵郡王墓志铭 [M]. 台北：台湾商务印书馆影印文渊阁四库全书本.

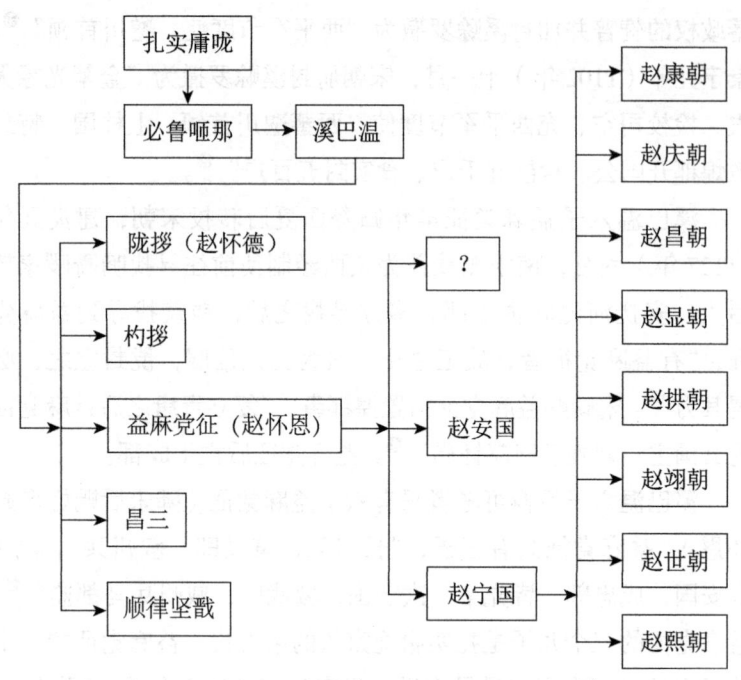

图 8-1　扎实庸咙家族世系传承

第二节　宗哥李立遵家族

宗哥族以居住于宗哥河（湟水）一线而得名，最早是六谷蕃部统辖之下的一个势力集团。"宗哥族"一名在文献中最早出现是在景德元年（1004年），"西凉府既闻罗支遇害，乃率龛谷、兰州、宗哥、觅诺诸族攻者龙六族，六族悉窜山谷中，诏使者安集之"❶。此后几年，凉州六谷蕃部由于受到西夏的打击实力日渐衰落，与此相反，宗哥族则愈挫愈强。景德三年（1006年），宗哥族已经成为凉州蕃部属下一个非常有实力的部族，开始联名上

---

❶　脱脱．宋史·卷492·吐蕃传[M]．北京：中华书局，1977：14157.

贡,"西凉府龛谷懒家、宗家(当为宗哥家)、者龙、当宗、章迷等十族朝见进马,犒以酒食,赐与有差"❶。大中祥符元年(1008年),宗哥族势力进一步强大,开始单独向北宋朝廷进贡,"宗哥族大首领温逋等遣使入贡"❷。能够单独朝贡,并公开昭示出其首领之名"温布",宗哥族势力已不容小觑。

一、第一代:李立遵

李立遵,又名"李遵""立遵",又被称为"郢成蔺逋叱"。❸早年的李立遵是一名僧人,"初为僧,后自还俗"❹。李立遵担任宗哥族首领之后,占据宗哥城,宗哥城往西过今日月山便是青海大草原;往北有祁连山峻岭阻隔,道路崎岖;往东南,顺湟水、黄河而下,地势越趋平缓,可达陇右、秦渭间。正是凭借有利的地理位置,李立遵为首的宗哥族发展迅速,"族帐甚盛,胜兵六七万",甚至可以"聚众数十万"❺。到大中祥符八年(1015年),曾经势力强大的西凉六谷蕃部已经成为宗哥族所属部族,"西凉府(宗)哥蕃部厮铎督来,贡马十二匹,其侄又献马三匹"❻。

大中祥符元年(1008年),年仅十二岁的吐蕃赞普后裔唃厮啰被河州商人何郎业贤带到河湟。唃厮啰被带到河湟之后,大姓耸昌厮均从何郎业贤手中夺走了唃厮啰,"以厮啰居移公城(今临夏境),欲于河州立文法"❼。李立遵听说吐蕃赞普的后人来到河

---

❶ 徐松辑.宋会要辑稿·方域21之21[M].中华书局影印本.北京:中华书局,1957:7671.
❷ 李焘.续资治通鉴长编·卷70[M].北京:中华书局,1992:1577.
❸ 对郢成蔺逋叱这一名号,据岩崎力的《北宋时期河西的藏族部落与佛教》(李德龙译)一文可知,"郢成"可能是藏文"弟悉"的音译,意为"摄政王"。对蔺逋叱,现在通行的译法一般为仁波切,是对大喇嘛的尊称。
❹ 李焘.续资治通鉴长编·卷86[M].北京:中华书局,1992:1979.
❺ 马端临.文献通考·卷335·四裔考十二·吐蕃[M].北京:中华书局,1986:2630.
❻ 徐松.宋会要辑稿·方域21之23[M].中华书局影印本.北京:中华书局,1957:7672.
❼ 脱脱.宋史·卷492·吐蕃传[M].北京:中华书局,1977:14160.

湟，便联合邈川温逋奇从耸昌厮均手中劫持了唃厮啰，"既而宗哥僧李立遵、邈川大酋温逋奇略取厮啰如廓州❶，尊立之，部族寖强"❷。不久，李立遵又独自把唃厮啰劫持至宗哥城，继续尊唃厮啰为赞普，自立为论逋（大相），李立遵利用河湟吐蕃诸部人心思安的心理，以唃厮啰为旗帜迅速统一了以宗哥城为中心的整个河湟地区。

然而，李立遵并不满足于"论逋"这一职位，大中祥符九年（1016年），李立遵欲取唃厮啰而代之，"时唃厮啰强盛，立遵佐之。立遵乃上书求号'赞普'"，但是宋朝对李立遵的这一请求非常清楚，"赞普，可汗号也。立遵一言得之，何以处唃厮啰邪？且复有求，渐不可制"❸。遭到拒绝的李立遵于大中祥符九年（1016年）九月悍然发动三都谷战役。由于李立遵骄恣极甚，指挥失误，宋军指挥官曹玮深谋远虑，以逸待劳，最终宋军取得了三都谷战役的胜利。

三都谷战役极大地削弱了李立遵的实力，再加上李立遵生性骄横，在族人面前作威作福，致使部众离心，怨声载道。一些常年与李立遵打交道的宋军将领早就意识到李立遵的失败不可避免，"李立遵峻酷专恣，已失部族心，恐必不久。唃厮啰，嘉木布之后，众渐归之，咸以立遵恃权自任，不平其事"❹。李立遵统

---

❶ 廓州，《宋史·地理志》云："元符二年，以廓州为宁塞城。崇宁三年弃之，是年收复，仍为廓州。城下置一县，五年罢。大观三年，为防御。东至宁塞砦一十七里，西至同波北堡不及里，南至黄河不及里，北至肤公城界十五里。由此可见，廓州城就在黄河边上。"《化隆回族自治县概况》一书认为，廓州城址在今该县之群科古城，"群科镇位于县城西南九十里，黄河北岸，是群科公社机关所在地。隔黄河与尖扎县相望，西与牙什尕尔公社毗连。它是黄南藏族自治州同仁县、泽库县、河南蒙古族自治县、尖扎县等去西宁必经的交通要道"。

❷ 李焘.续资治通鉴长编·卷82[M].北京：中华书局，1992：1877.
❸ 脱脱.宋史·卷258·曹玮传[M].北京：中华书局，1977：8986.
❹ 李焘.续资治通鉴长编·卷85[M].北京：中华书局，1992：1949.

治之下的吐蕃百姓怨声载道,"蕃部言立遵御下严暴,蕃家不乐,即日天旱,族人多饥死,尚有质帐三二千"❶。三都谷战役之后,李立遵所领导的宗哥联盟彻底解体,"既而河州、洮兰、安江、妙敦、邈川、党逋诸城皆纳质为熟户"❷。

二、第二代:李都克占

李立遵生有一子,名李都克占,"都克占,即李遵子,熙州蕃官李蔺毡纳支叔"❸。李立遵去世之后,李都克占率领一部分部族到河州投奔李立遵外甥瞎毡,成为瞎毡属下重要首领。瞎毡去世之后,瞎毡之子木征承袭为河州蕃部首领,在李都克占与瞎药的权斗中,因木征支持瞎药引发李都克占不满,遂举兵讨伐木征,最终于安乡城为木征所杀。"瞎毡舅李都克占与瞎药争班,瞎药以妹妻木征,木征右瞎药,都克占怒曰:'尔以妻为亲,以父为疏耶?'遂举兵攻木征,木征徙居安乡城,伪与都克占和,遂杀都克占。"❹

三、第三代:李临占纳芝

李临占纳芝,又译为"李楞占纳芝""楞占纳支""李蔺毡纳芝""蔺毡纳芝""李蔺毡"等,李立遵之孙,李都克占之侄。❺李都克占被杀后,李临占纳芝曾寻求借助宋朝的力量报仇,"上批付王韶:'闻木征杀李都克占父子,都克占侄乞汉兵借助复仇,

---

❶ 徐松.宋会要辑稿·蕃夷46之7[M].中华书局影印本.北京:中华书局,1957:7822.
❷ 脱脱.宋史·卷258·曹玮传[M].北京:中华书局,1977:8987.
❸ 高永年.陇右日录[M]//顾宏义,李文整理标校.宋代日记丛编(二).上海:上海书店出版社,2013:629.
❹ 高永年.陇右日录[M]//顾宏义,李文整理标校.宋代日记丛编(二).上海:上海书店出版社,2013:629.
❺ 高永年的《陇右日录》称"李临占纳芝"为"李都克占之侄",但是也有文献认为李临占纳芝乃李都克占之子。

可详定。如当乘此机会，当以时经制"❶。李临占纳芝并没有等到王韶出兵相助，报仇无望后李临占纳芝转投居于武胜城的木征弟结吴延征。熙宁五年（1072年），其同结吴延征一起降宋，"延征者，木征诸弟也，王师讨木征于巩令城，木征败走，延征举其族并大首领李蔺毡等出降"❷。投降后，宋神宗加封李临占纳芝为右侍禁，"已而，瞎药归熙州听命，以蔺毡为右侍禁，充结河一带蕃部巡检。蔺毡者，木征母党也"❸。

元符二年（1099年），宋军出兵宗哥城，王赡以宗哥城为李临占纳芝祖居之地，宗哥族为其家族所属部族，遂派高永年与李临占纳芝一同前往宗哥城。"永年请以千骑往，厚许之，永年遂同蕃官李临占讷支等如宗哥。李临占讷支者，李遵之孙，宗哥乃其部族人也。"❹李临占纳芝到达宗哥城后，宗哥部族纷纷投降，并为宋军收得四万多斛粮食，解决了宋军的粮食供应问题。收复宗哥城之后，李临占纳芝又说服青唐部族心牟钦毡、青归论征结等归降，"又据蕃官李临占讷支称，青唐心牟钦毡、青归论征结等，将文字来请心白旂头巾归汉。今来青唐部族离乱，人心不定。若差人马来青唐，酋首即便出汉"❺。降宋之后，李临占纳芝被宋朝加封为皇城使、果州防御使。元符二年（1099年），李临占纳芝在收复青唐的战役中身亡。元符三年（1100年）正月，宋朝追赠李临占纳芝为"客省使"，"故蕃官皇城使果州防御使李临占纳支赠客省使……并以青唐死事故也"❻。

❶ 李焘.续资治通鉴长编·卷139[M].北京：中华书局，1992：5810.
❷ 彭百川.太平治迹统类·第14册[M].扬州：江苏广陵古籍刻社，1981：79.
❸ 彭百川.太平治迹统类·第14册[M].扬州：江苏广陵古籍刻社，1981：80.
❹ 李焘.续资治通鉴长编·卷514[M].北京：中华书局，1992：12218.
❺ 李焘.续资治通鉴长编·卷514[M].北京：中华书局，1992：12223.
❻ 李焘.续资治通鉴长编·卷520[M].北京：中华书局，1992：12354.

第三节　青唐阿里骨家族

阿里骨家族并非土生土长的吐蕃家族，其来自于阗。阿里骨篡夺青唐吐蕃政权的赞普之位后成为最有影响力的吐蕃部族之一。由于"阿里骨元非种姓，部族颇怀不服"❶的原因，青唐吐蕃政权在阿里骨家族执政时期陷入危机，最终走向覆没。

一、阿里骨家族的第一代

阿里骨家族的第一代为阿里骨、扶麻、苏南党征、南纳支。

阿里骨（1040—1096），出生于于阗（今新疆和田），小时随母亲掌牟瞎逋来到青唐城，被青唐吐蕃政权的第二任赞普董毡收为义子，"给事董毡，故养为子"❷。长大成人之后，阿里骨南征北战，屡立战功，成为董毡部下的一名得力战将。

元丰六年（1083年）冬十月，董毡去世。阿里骨设计篡夺了青唐吐蕃政权的赞普之位，成为青唐吐蕃政权的第三任赞普。❸篡位之后，阿里骨"匿丧不发"，假借董毡的名义发号施令。对于挑战他权威的吐蕃部族，阿里骨实行血腥镇压，"颇峻刑杀，其下不遑宁"❹。此外，阿里骨重点打击唃厮啰家族后裔，董毡之子蔺逋叱早已被其所杀，扎实庸咙孙溪巴温被迫远走他乡，"自阿里骨之立，去依陇逋部，河南诸羌多归之"❺。

元祐元年（1086年）二月，阿里骨全面控制了青唐吐蕃政

---

❶ 徐松辑.宋会要辑稿·蕃夷6之25[M].中华书局影印本.北京：中华书局，1957：7831.
❷ 脱脱.宋史·卷492·吐蕃传[M].北京：中华书局，1977：14165.
❸ 关于阿里骨篡夺青唐吐蕃政权赞普之位的论述，参见齐德舜.唃厮啰家族世系史[M].北京：民族出版社，2011：135-137.
❹ 脱脱.宋史·卷492·吐蕃传[M].北京：中华书局，1977：14165.
❺ 脱脱.宋史·卷492·吐蕃传[M].北京：中华书局，1977：14166.

权,正式向宋朝禀报董毡去世的消息。北宋正式承认阿里骨为青唐吐蕃政权的赞普,封阿里骨为"冠军大将军、右金吾卫大将军、员外置同正员、检校司空、使持节凉州诸军事、凉州刺史、充河西军、凉州管内观察处置押蕃落等使、西蕃邈川首领,封宁塞郡开国公,食邑二千户、食实封一百户"❶。

取得合法地位后,阿里骨于元祐二年(1087年)以献三城为代价换取西夏的默认与支持,约定"以熙、河、岷三州还西蕃,兰州、定西城还夏国"❷。四月,阿里骨以洮州境内的属户为内应,率兵大举进攻唃厮啰之孙巴毡角。巴毡角兵败后为阿里骨俘虏,"掳赵醇忠及杀属户大首领经斡穆等数千人,驻兵常家山,分筑洮州为两城以居"❸。

阿里骨执政后期,广大吐蕃部族不断反抗,阿里骨一方面继续推行残酷的镇压政策,另一方面寄望于佛教这一精神武器,"修寺造塔,科配国中出金,国人大怨"❹。然而,阿里骨的诸多举措均收效甚微,青唐吐蕃政权人心惶惶,"部族之众,谅不遑宁"❺。绍圣三年(1096年)九月十三日,阿里骨去世,终年五十七岁,子瞎征继立。宋朝得知阿里骨去世的消息之后,诏赐"吊赠绢五百匹,羊百口,酒五十瓶,其羊、酒并以绢充,仍修写蕃字,差贯熟使臣一名管押入蕃"❻。

阿里骨共有三个弟弟,一个是扶麻,扶麻之子为结叱兀。元祐七年(1092年),西纳等族叛变,阿里骨曾经派遣扶麻与结叱兀父子率兵追捕。"西蕃洗纳等族背阿里骨奔夏国、回纥两界,往来谋取董毡侄溪巴温儿董菊为主。又兰州沿边安抚司探到董毡

---

❶ 佚名编.司义祖整理.宋大诏令集·卷239·政事[M].北京:中华书局,1962:939.
❷ 李焘.续资治通鉴长编·卷400[M].北京:中华书局,1992:9743.
❸ 李焘.续资治通鉴长编·卷400[M].北京:中华书局,1992:9743.
❹ 李复.潏水集·卷3·上章丞相书[M].上海:上海古籍出版社,1986:525.
❺ 佚名编.司义祖整理.宋大诏令集·卷239·政事[M].北京:中华书局,1962:939.
❻ 徐松辑.宋会要辑稿·蕃夷6之30[M].中华书局影印本.北京:中华书局,1957:7833.

侄瞎养兀儿自西海率吐蕃、回纥人马去青唐一二百里驻兵，有洗纳、心牟、陇逋三族归之，阿里骨遣弟扶麻、侄结吒兀等率兵追捕，为瞎养兀儿所败。又闻瞎养兀儿及洗纳、心牟、陇逋族召之，欲以继董毡。"❶

阿里骨另一位弟弟为苏南党征，其为人雄勇多智，在青唐吐蕃政权中有相当大的实力，由此遭到以心牟钦毡为首的一些大酋的忌妒。阿里骨之子继位之后，心牟钦毡等人在瞎征面前诬称苏南党征蓄意谋反，瞎征将苏南党征杀害，"瞎征不能察而杀之，尽诛其党，独篯罗结逃奔溪巴温"❷。

阿里骨还有一位弟弟为南纳支，元祐四年（1089年）被宋朝册封为"银青光禄大夫、检校国子祭酒兼监察御史、武骑尉，充本族都军主"❸。

二、阿里骨家族的第二代

阿里骨家族的第二代中最有影响力的人物为瞎征，又名"邦彪篯"，阿里骨之子。绍圣三年（1096年）瞎征继立之前，宋朝已经封瞎征为银青光禄大夫、检校工部尚书、使持节庭州团练使、鄯州防御使。❹

绍圣四年（1097年），宋朝正式承认瞎征的地位，"以阿里骨子瞎征袭河西节度使、邈川首领"❺。瞎征生性残暴，"性嗜杀，部曲睽贰"❻，继任之后，青唐吐蕃部族反抗瞎征的声浪愈演愈烈，"青唐人半有叛害瞎征之意，及邈川、南山下首领皆言欲附汉而

---

❶ 徐松辑.宋会辑稿·蕃夷6之25[M].中华书局影印本.北京：中华书局，1957：7831.
❷ 脱脱.宋史·卷492·吐蕃传[M].北京：中华书局，1977：14166.
❸ 李焘.续资治通鉴长编·卷430[M].北京：中华书局，1992：10396.
❹ 徐松.宋会辑稿·蕃夷6之28[M].中华书局影印本.北京：中华书局，1957：7832.
❺ 脱脱.宋史·卷18·哲宗二[M].北京：中华书局，1977：346.
❻ 脱脱.宋史·卷492·吐蕃传[M].北京：中华书局，1977：14166.

西攻瞎征"❶。瞎征对这一切并没有做好充分的准备，由于不能正确地处理大酋心牟钦毡与季父苏南党征之间的矛盾，错误地将苏南党征杀害，从而引发了青唐吐蕃政权上层的动荡。

哲宗亲政后，决心承继先帝神宗的业绩，欲在西北边疆开拓进取并建功立业，河湟地区再次卷入战争旋涡。元符二年（1099年）七月，宋军以王赡为先锋出师河湟，拉开了元符间河湟之役的序幕，"王赡将河州军兵为先锋，总管王愍将岷州及熙州军马策应"❷。这场战役打得非常顺利，七月二十五日，宋军渡黄河取邈川。八月，宗哥城大首领舍钦脚献宗哥城。邈川和宗哥城失守后，青唐城已无险可守，指日可破。大兵围城加剧了青唐吐蕃政权的内讧，大酋心牟钦毡等首领从青唐驱逐瞎征，瞎征出家避难，"徙居青唐新城，寻削发为僧"❸。驱逐瞎征之后，心牟钦毡等青唐吐蕃政权的一众上层到宗哥城投降，"董毡妻契丹公主，阿里骨妻夏国伪公主、回鹘伪公主等遣酋长李阿温旺以下六人赍宝玉至宗哥城通款"❹。在形势所迫之下，已出家为僧的瞎征不得不出城投降，"挈其子及亲信数十人趋宗哥，愍出城受其降"❺。降宋后，瞎征先是随宋军到达邈川，后又居于熙州。瞎征作为青唐吐蕃政权的第四位赞普，继位仅仅三年就结束了自己的政治生涯，阿里骨家族统治河湟的历史也宣告结束。❻

---

❶ 李焘.续资治通鉴长编·卷501 [M].北京：中华书局，1992：11943.
❷ 李焘.续资治通鉴长编·卷513 [M].北京：中华书局，1992：12203.
❸ 李埴.皇宋十朝纲要校正·卷14 [M].北京：中华书局，2013：376. 对瞎征出家为僧之事，在《续资治通鉴长编》卷五百十四，元符元年（当为二年）八月戊子条中还有记载："青唐主辖正既为临占等逼逐，移居青唐新城，弃其印于旧城而去。先有蕃字来乞汉官，寻与妻子削发为僧尼入城西佛舍。时七月庚午也。盖蕃俗为僧尼者例不杀，辖正但欲逃死耳。"
❹ 李焘.续资治通鉴长编·卷514 [M].北京：中华书局，1992：12222.
❺ 李焘.续资治通鉴长编·卷514 [M].北京：中华书局，1992：12227.
❻ 瞎征投降后，先是居住在河州地区。元符三年三月，他同陇拶等一起赴京师朝见宋朝皇帝，受封为"清远军节度使"。返回河湟地区后继续居住在河州地区。后来，受小陇拶的威迫，于1101年远迁邓州（今河南省邓州市），1102年去世。

三、阿里骨家族的第三代

阿里骨家族的第三代有扶麻之子结叱兀、瞎征之子溪嘉斯博邦贝昌。"瞎征男溪嘉斯博邦贝昌为银青光禄大夫、检校国子监祭酒兼监察御史,充本族副都军主。"❶苏南党征后人不见于史籍记载。

阿里骨家族世系传承如图 8-2 所示。

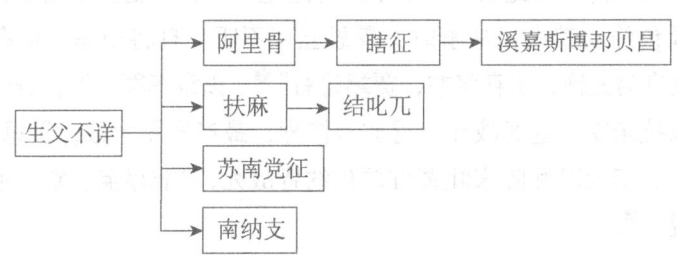

图 8-2 阿里骨家族世系传承

第四节 河南鬼章家族

鬼章家族原居河南,为溪巴温所属的重要吐蕃部族。董毡执政时期,鬼章势力逐渐强大,不断兼并河南吐蕃诸部并最终驱逐溪巴温成为黄河以南实力最强的吐蕃部族。阿里骨执政时期,鬼章为宋军所俘,鬼章家族逐渐走向没落。

一、鬼章家族的第一代

鬼章,又名"青宜结鬼章"。早年为溪巴温所属部族,后驱逐溪巴温,成为河南地区势力最大的吐蕃部族并归顺董毡,为

---

❶ 李焘.续资治通鉴长编·卷 497 [M].北京:中华书局,1992:11831.

董毡属下大将,"西蕃大酋果庄,楝戬别将也。桀黠有谋,所部兵锐,数为边患"❶。熙河之役后,董毡派鬼章率众数万进入河州、岷州、洮州等地试图与木征内外呼应,收复失地。熙宁七年(1074年)二月,鬼章"诱胁赵、常、枸家等三族集兵西山,袭杀河州采木军士,害使臣张普等七人"❷。被鬼章激怒的景思立率领蕃汉兵六千人马进攻踏白城❸,踏白城战役正式开始。

踏白城战役开始之时,景思立正如日中天,相反,鬼章则名不见经传,因此景思立根本没有把鬼章放在心上。当属下韩存宝及包约劝其谨慎从事时,景思立"不听。自将中军,使存宝及魏奇为先锋,王存将左,贾翊将右"❹。鬼章率军二万,分筑三城以抗宋军。这场战斗打得非常惨烈,最终宋军大败,景思立、王宁、李元凯和降宋吐蕃首领包约皆战死,"惟存宝、桒、思谊得脱"❺。

踏白城战役是熙河之役中吐蕃诸部对宋军取得最大的一次胜利,学术界普遍认为,"这次胜利,对唃厮啰政权的存亡有极其

---

❶ 陈均.九朝编年备要·卷22[M].上海:商务印书馆,1986.
❷ 李焘.续资治通鉴长编·卷250[M].北京:中华书局,1992:6098.
❸ 踏白城,据《大清一统志》卷199《兰州府二》记载,该城位于"河州西北,……州志:城在银川驿西"。
❹ 脱脱.宋史·卷452·景思立传[M].北京:中华书局,1977:13287.
❺ 李焘.续资治通鉴长编·卷250[M].北京:中华书局,1992:6098.对踏白城之役的时间,各种史籍记载并不一致,《皇宋十朝纲要》卷十记载景思立死于"二月乙未",而《九朝编年备要》卷十九则是"七年三月"。对这次战役的过程,《续资治通鉴长编》中记载特别详细,现摘录如下:"自辰及未,血战十合,贼从山下沿沟出围,中军宁战死,存宝及存亦被围。思立使人谓桒奈何纵贼马得过,桒不应。元凯死之,思立等溃围而出,与殿后合,思立已三中箭,存宝、奇各重伤。众议日晚兵疲,宜移陈东坡为砦,思立以奇重伤,令先移军岭上,又谓弟思谊及效用冯素曰:'兵非重兵无得动。'复将百余骑血战,走蕃兵数千人,方追之,而殿后兵动,思谊不能止,前阵欲战者见之皆溃。思立与奇百余骑,且战且退至东岭上,与置合,官军尚五千余人。思立曰:'我适以百骑走蕃兵千余人,诸人无助我者,军败矣,且自到以谢朝廷。'众止之。思立少顷,再激厉士卒,转战数合不能解,遇害。惟存宝、桒、思谊得脱。"

重要的意义，经董毡、阿里骨两代，宋军未能插足河湟，当与此有关"❶。鬼章自此一战成名，董毡也由此守住了岌岌可危的青唐吐蕃政权，"自是鬼章颇自矜大，函二将首级时出之，以慑制西域，于阗等诸国皆畏惮之。董毡藉此一战之胜，遂复其国，而王师亦不复西矣"❷。

此后，鬼章又以岷州铁城堡（后改称"滔山"）为根据地与宋军展开周旋，成为宋军在熙河地区最大的威胁。为消除鬼章的威胁，北宋曾经悬赏捉拿鬼章，"诸人及生熟蕃部得鬼章首来献，授左藏库使，赏钱五千缗，与本族巡检使"❸。熙宁十年（1077年），北宋册封鬼章为廓州刺史，"以西蕃邈川首领董毡都首领青宜结鬼章为廓州刺史"❹。

阿里骨执政后，决意收复被宋军占领的熙河六州之地。元祐二年（1087年）四月，鬼章以洮州蕃部为内应率部攻占洮州城，"鬼章又阴以印信文字结汉界属户为内应，四月遂举兵寇洮州，掳赵醇忠及杀属户大首领经斡穆等数千人，驻兵常家山，分驻洮州为两城以居"❺。五月，鬼章率部由洮州向河州进发，阿里骨亲发河北、廓州兵马10万之众配合鬼章攻围河州，由于宋军切断黄河"飞桥"，阿里骨10万大军无法渡河，鬼章孤立无援，宋军"擒鬼章及大首领九人，斩首一千七百级，余众奔溃，溺死者数千，洮水为之不流，遗铠仗刍粮数万"❻。

鬼章被擒后，宋朝廷上下对如何处置鬼章意见并不统一，范纯仁认为应该尽快将鬼章处决，他专门列出了鬼章应该被处决

---

❶ 祝启源.唃厮啰——宋代藏族政权[M].西宁：青海人民出版社，1988：93.
❷ 李焘.续资治通鉴长编·卷402[M].北京：中华书局，1992：9777.
❸ 李焘.续资治通鉴长编·卷279[M].北京：中华书局，1992：6846.
❹ 徐松辑.宋会要辑稿·蕃夷6之13[M].中华书局影印本.北京：中华书局，1957：7825.
❺ 李焘.续资治通鉴长编·卷400[M].北京：中华书局，1992：9743.
❻ 李焘.续资治通鉴长编·卷402[M].北京：中华书局，1992：9779.

的十一条理由。❶王觌等人则反对诛杀鬼章,"老羌虽被擒,其子统众如故,置土种落未减于前,安可遽戮以贾怨。宜处之洮、岷、秦、雍间,以示包容好生之德,离其石交而坏其死党"❷。宋哲宗采取了王觌等人的建议,释鬼章罪,免诛,"听招其子及部属归附以自赎"❸。元祐四年八月,宋朝册封鬼章为陪戎校尉并给予物质奖赏,"鬼章已除陪戎校尉,请给官屋二十间,月支食粮钱三十缗,春冬衣绢各十匹,科衣绵三十两并时服,马一匹给刍菽,令开封府推、判官一员提举"❹。元祐五年(1090年),鬼章被安排于秦州居住,"遣陪戎校尉鬼章于秦州居住"❺。元祐六年(1091年),鬼章去世,宋朝将鬼章尸首焚化后将骸骨送回青唐城,"令西京焚鬼章尸,收骸骨付进奉人,其鞍马分物等并给还,仍令育谕之"❻。

二、鬼章家族的第二代

结瓦龊,鬼章长子,史籍中又译为"结兀捉""结斡磋"。元祐二年(1087年)六月,结瓦龊随鬼章进犯洮州,鬼章引兵攻南川寨,结瓦龊则前往宗哥城寻求援兵,"由是鬼章有窥觊故土之心,与夏国阴相结连,约分其地,自引兵攻南川寨,城洮州,使其子结瓦龊诣宗哥,请益兵为入寇计"❼。元祐四年(1089年),结瓦龊被宋朝册封为"银青光禄大夫、检校工部尚书、镇州刺史,月给茶、彩有差"❽。元符二年(1099年)闰九月,结瓦龊随青唐

---

❶ 李焘.续资治通鉴长编·卷406 [M].北京:中华书局,1992:9890.
❷ 脱脱.宋史.卷344·王觌传 [M].北京:中华书局,1977:10942.
❸ 李焘.续资治通鉴长编·卷407 [M].北京:中华书局,1992:9898.
❹ 李焘.续资治通鉴长编·卷432 [M].北京:中华书局,1992:10425.
❺ 徐松辑.宋会要辑稿·蕃夷6之23 [M].中华书局影印本.北京:中华书局,1957:7830.
❻ 李焘.续资治通鉴长编·卷461 [M].北京:中华书局,1992:11015.
❼ 李焘.续资治通鉴长编·卷402 [M].北京:中华书局,1992:9777.
❽ 徐松辑.宋会要辑稿·蕃夷6之23 [M].中华书局影印本.北京:中华书局,1957:7830.

吐蕃赞普陇拶降宋,"青唐新伪主陇拶等出降,及大首领结瓦龊、心牟钦毡率诸族首领,并在城蕃汉人、部落子、回鹘等并契丹、夏国、回鹘伪公主等,并出城迎降者,不战成功,平定一国,巂伟敏速,历古所无"❶。同年十月,结瓦龊与心牟钦毡等九人密谋叛宋,被王赡所杀,"有大首领结兀龊、心牟钦毡、蔺通叱、巴金符、心牟冷麻、钦捉剥兵龙毡、陇逋驴、厮铎、搭捉马洛等九人于洗纳阿结家,谋遣逐族质户入城,欲于闰九月九日夜内外相应,复夺青唐城,已将结兀龊等处置讫"❷。

阿苏,鬼章之子。阿苏占据溪哥城,溪巴温派子杓赞夺取溪哥城,杓赞兵败后为阿苏所杀害。溪巴温亲率大军攻占溪哥城,阿苏城破后为溪巴温所害,"溪巴温杀鬼章子阿苏,夺溪哥城,自称王子,河南部族多叛瞎征而归巴温。……巴温遣长子杓栘往夺溪哥城,为阿苏所杀,故巴温因众怒而起攻溪哥城,城中人为内应,遂杀阿苏而据之,部族翕然归附,牛羊仓库皆为其所有"❸。

苏南结,鬼章之子。苏南结于元祐五年(1090年)被宋朝册封为右班殿直,"诏鬼章男苏南结为右班殿直,仍月给茶、彩。以能抚帖部族故也"❹。

三、鬼章家族的第三代

边厮波结,结瓦龊之子。结瓦龊生有三子,见于史籍记载的只有边厮波结。"边厮波结兄弟三人及一首领、从人二百余人出汉。边厮波结,结吼龊之子,鬼章之孙也。本附瞎征,故为溪巴

---

❶ 李焘.续资治通鉴长编·卷516 [M].北京:中华书局,1992:12265.
❷ 徐松辑.宋会要辑稿·蕃夷6之34 [M].中华书局影印本.北京:中华书局,1957:7835.
❸ 曾布.曾公遗录·卷7 [M].北京:中华书局,1992:56.
❹ 徐松辑.宋会要辑稿·蕃夷6之23 [M].中华书局影印本.北京:中华书局,1957:7830.

温之党所逐，仅以身免，穷无所归，散投汉"❶。元符二年（1099年）六月，边厮波结率部献四城降宋，"西蕃大首领边厮波结等与鬼章妻桂摩及其妻挈并鬼章河南旧部族皆叩河州、岷州境上，乞以讲朱、一公、错凿、当标四城来降"❷。边厮波结有一定的实力，"所管地分，西至黄河，北至克鲁克、丹巴国，南至隆科尔结一带，东至庸咙城、额勒济格城、当标城至斯丹南一带，甚有部族人户，见管蕃兵六千一百四十人"❸。边厮波结降宋起到了很好的示范效应，西北吐蕃诸部纷纷投降，加快了宋军收复整个河湟地区的进程。"初，边厮波结既以讲朱等四城来降，邈川诸酋相继亦求内附。"❹十月，边厮波结被加封为供备库使等职，"边厮波结特授供备库使，遥郡刺史，令李毂一就管押赴阙"❺。

四、鬼章家族的第四代

鬼章家族的第四代人数并不少，边厮波结有子七人，侄两人，但是见于史籍记载的不多。"边厮波结等归汉，献纳地土、部族不少，并子七人、二侄、一婿，乞补授官职。"❻

钦波结、角蝉，边厮波结之子。青唐吐蕃部族围困一公、错凿城，钦波结与角蝉兄弟率鬼胪族埋伏于混胪谷协助宋军解二城之围。"青唐蕃贼约一万余骑围闭一公、错凿城，钦波结、角蝉率鬼胪族伏混胪谷出不意，与官军相为表里，攻退蕃贼。"❼二城围解之后，钦波结特被授供备库副使及讲朱等四城巡检等职，角

---

❶ 曾布.曾公遗录·卷7[M].北京：中华书局，1992：68.
❷ 李焘.续资治通鉴长编·卷511[M].北京：中华书局，1992：12171.
❸ 李焘.续资治通鉴长编·卷513[M].北京：中华书局，1992：12202.
❹ 李焘.续资治通鉴长编·卷513[M].北京：中华书局，1992：12203.
❺ 徐松辑.宋会要辑稿·蕃夷6之35[M].中华书局影印本.北京：中华书局，1957：7836.
❻ 曾布.曾公遗录·卷7[M].北京：中华书局，1992：75
❼ 徐松辑.宋会要辑稿·蕃夷6之34[M].中华书局影印本.北京：中华书局，1957：7835.

蝉被宋朝特授予东头供奉官并担任本族巡检。元符三年（1100年），角蝉随王厚参与了征讨多罗巴的战事，"洛吴与东头供奉官差充本族都巡检，厮铎毡、钤令结、笃胪令结、角蝉并与三班借职，各赐银、帛有差"❶。

鬼章家族的世系传承如图 8-3 所示。

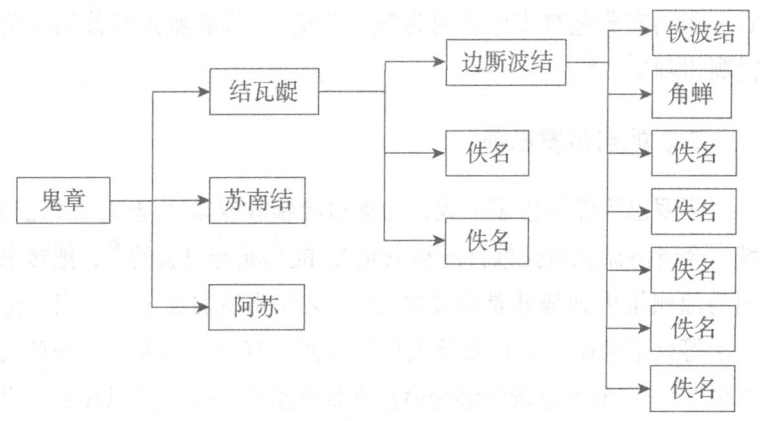

图 8-3　鬼章家族世系传承

第五节　其他吐蕃世家大族

一、吹麻城张族

张族世居吹麻城，吹麻城在秦州永宁寨以北七十里，史书有"故渭州……废城在秦州永宁寨北七十里，熟户张香儿族之所"❷。张族的第一代为张小哥，是一位僧人，被称为"张遵"，张族即因首位部族首领张小哥而得名。张族的第二代即《武经总要前

---

❶ 徐松辑.宋会要辑稿·蕃夷 6 之 36 [M]. 中华书局影印本.北京：中华书局，1957：7836.
❷ 曾公亮.武经总要前集·卷 18·边防上 [M]. 台北：台湾商务印书馆影印文渊阁四库全书本.

集》中提及的张香儿,生平事迹在史籍中并无记载。张族的第三代为张讷支蔺毡,《乐全集》明确记载张讷支蔺毡为张小哥之孙,"鱼角蝉遂留古渭,欲招集蕃部,玮令首领张小哥(原注:纳支蔺毡祖)"❶。张族世居于古渭州,到张讷支蔺毡时已发展成为一方酋豪,"古渭寨乃秦州属地,张讷支蔺毡世为蕃官"❷。张族降宋后,张讷支蔺毡被宋朝加封为顺州刺史,"吹麻城张族首领以功授顺州刺史"❸。

二、乩当多罗巴部

多罗巴为湟州世家大族,为青唐吐蕃政权镇守湟州所属乩当城(今青海循化撒拉族自治县东北),乩当城与巴金岭❹、把拶宗同为湟州境内地势非常险要之处,"又湟州境内巴金、乩当、把拶宗等处形势险阨,自来羌人负以为固,有一夫当关、万夫莫前之说"❺。多罗巴家族能够受命镇守如此重要关隘,足以显示其家族在青唐吐蕃政权的实力及重要地位。

崇宁二年(1103年)六月十六日,王厚兵进河州;十七日,王厚兵至安乡关,童贯部将李忠抵达巴金岭城,多罗巴派其三个儿子阿令结、厮铎麻令、阿蒙等据险迎战童贯大军。"王厚次安乡关,童贯率统领官李忠等以前军趋巴金城,旧名安川堡,在巴金岭上。多罗巴使其三子,长曰阿令结、次曰厮铎麻令、次曰阿

---

❶ 张方平.乐全集·卷22·秦州奏唃厮啰事[M].台湾商务印书馆影印文渊阁四库全书本.
❷ 李焘.续资治通鉴长编·卷183[M].北京:中华书局,1992:4431.
❸ 脱脱.宋史·卷492·吐蕃传[M].北京:中华书局,1977:14159.
❹ 巴金城,旧名安川堡,在巴金岭上。《宋史·地理志》谓:安川堡,故膘哥城,在巴金岭上,元符二年收复,三年赐名。东至湟州界七十里,西至来宾城界四十里,南至安乡关三十里,北至宁川堡四十里。《甘肃舆地志》舆地八"乐都县"条谓:巴金岭在县南八十里。
❺ 黄以周等辑注.顾吉辰点校.续资治通鉴长编拾补·卷21[M].北京:中华书局,2004:740.

蒙率众拒守，城据冈阜，四面皆天堑，深不可测，道路险狭。"❶多罗巴三子与童贯军在巴金岭下展开激战，最终阿令结和厮铎麻令战死军前，阿蒙受重伤后逃走，多罗巴率军来援时发现大势已去，于是亦率军逃走。十八日，宋军占领巴金岭城，"贼大惊，因鼓之，诸军四面奋击，杀阿令结、厮铎麻令于阵，其幼弟阿蒙流矢中目贯脑，遁去。多罗巴率众来援，闻败亦遁去。日未中，大破贼众，凡斩首二百一十三，擒九十八人，降者五百余户，遂克其城。贼恃巴金之险，以一战决胜负，不逾刻而败，军威大震，远近争降附，厚诛强悍首领数百人，入据其城，遣高永年引兵万余出京玉关"❷。

多罗巴在回援的过程中与受重伤的阿蒙会合，在回兵肫当时惧怕被心向宋军的蕃部生擒而前往青唐城投奔溪赊罗撒。"父子相持恸哭，恐追骑及，偕驰而去。至肫当城，所居附顺者张心白旗甚众，复惧见擒，逾城奔青唐。"❸崇宁四年（1105年），多罗巴随溪赊罗撒联合西夏军进犯宣威城，宋军陇右都护高永年部坚守宣威城，高永年兵败被俘后为多罗巴所杀。"溪赊罗撒合夏国四监军之众，逼宣威城，永年出御之。行三十里，逢羌帐下亲兵，皆永年昔所推纳熟户也。永年不之备，羌遽执永年以叛，遂为多罗巴所杀……"❹

三、兰州禹藏部

禹藏部为兰州吐蕃世家大族，世居定西和兰州。宋嘉祐八年

---

❶ 黄以周等辑注. 顾吉辰点校. 续资治通鉴长编拾补·卷21 [M]. 北京：中华书局，2004：748.

❷ 黄以周等辑注. 顾吉辰点校. 续资治通鉴长编拾补·卷21 [M]. 北京：中华书局，2004：748–749.

❸ 黄以周等辑注. 顾吉辰点校. 续资治通鉴长编拾补·卷21[M]. 北京：中华书局，2004：751.

❹ 脱脱. 宋史·卷453·高永年传 [M]. 北京：中华书局，1977：13316.

(1063年)，禹藏花麻率部归降西夏，西夏元昊将禹藏花麻招为驸马，"其定西城、兰州，议者或谓木花麻所居，赵元昊以女妻之，羁縻役属"❶。禹藏花麻降西夏后，宋治平三年（1066年），西夏将西使城（今甘肃定西南）升为保泰军，命禹藏花麻镇守保泰军，"春二月，升西使城为保泰军，以驸马禹藏花麻守之"❷。

禹藏花麻尽管投降西夏并成为西夏驸马，但是他并非真心降夏，而是希望投降北宋，他利用自己的身份多次向宋军传递情报。"保泰军统军禹藏花麻以兵事入报，花麻尝疑边境有谋，遣酋长撒蝉等十四人入塞卖马，觇之，为德顺砦所获，知渭州蔡延庆曰：'彼疑，故来觇，若执之，是成其疑也。估尝马值遣还，花麻心德之。王韶城武胜，常恐夏兵来争，军中一日数惊。花麻密以蕃文字报无他，韶因遣金帛，使伺国中动静。是时，遣弟诺尔入告，梁乙埋点集人马，谋掠沿边熟户丁家族。"❸

宋神宗元丰四年（1081年），宋军兵分五路大举攻夏。八月二十三日，李宪总领七军出师，董毡所部洛施军笃和乔阿公同时出师，宋军兵不血刃攻占禹藏花麻居地西使新城，禹藏花麻率令的西夏守军一万多人不战而降。"禹藏花麻闻李宪出熙河，已与蕃西首领洛施军笃、乔阿公等将兵入境，率部出战，佯败西走。讹勃哆等三人及首领厮都啰潘二十余人、兵万余举西使城降。乙埋遣兵数万，出女遮谷援之，知城已失，登山逆战，大败，退伏垒中，半夜潜走。"❹

---

❶ 杨仲良.皇宋通鉴长编纪事本末·卷86[M].北京：北京图书馆出版社，2003.
❷ 吴广成撰.龚世俊等校证.西夏书事校证·卷21[M].兰州：甘肃文化出版社，1995：244.
❸ 吴广成撰.龚世俊等校证.西夏书事校证·卷24[M].兰州：甘肃文化出版社，1995：275.
❹ 吴广成撰.龚世俊等校证.西夏书事校证·卷25[M].兰州：甘肃文化出版社，1995：285.

兰州禹藏部还有一位重要首领为禹藏郢成四。元丰四年（1081年）十一月初五，其与汪家族六位部族首领同时降宋，宋朝加封郢成四为内殿崇班，汪家族等六位部族首领被封为右班殿直及三班差使。史书记载有："熙河路都大经制司言：'十月乙亥至屈吴山遇贼，斩获四百级，生擒百人，获牛马羊万余，见于打啰城川下营。西界禹藏郢成四自贼寨遣人以蕃首乞发兵应接，分遣将士招纳本人。以汪家等族大首领六人并蕃部及母妻男三十余人来降，各赉伪印并伪宣告数道。'郢成四于西域一带世为酋豪，族望最大。今既内附，郢成四已授内殿崇班，其余六人与右班殿直及三班差使，遣家属老小复归西使城及龛谷堡族帐，其郢成四等并令随军。"❶

四、河州郎家族

郎家族最初居于河州郎家山，因居地而得族名。"熙河用兵，以咒策应攻破河州，大酋木征聚兵于郎家山，咒又破之。"❷郎家族居河州时期最有名的首领为郎结毡，又作"郎戬"。郎结毡于熙宁九年（1076年）欲杀鬼章降宋，事情败露后郎结毡等率部归宋，宋朝廷遂重奖郎结毡等人。"熙河路经略司奏：'河州首领郎结毡、鬼驴叱逋、巴角言，鬼章令结毡等攻河州，结毡等心欲内附，与甥欺巴温同谋杀鬼章，未发而鬼章觉，走归塔南城，结毡率本族首领百二十一人来降。'上批：结毡等相率出降，仍斩不顺蕃部首级及同谋杀鬼章不克，河州虽已犒赏，恐未足酬其忠顺，鼓动众心，可优与官赏。"❸

郎结毡率部归降后，宋朝廷将郎家族和一起投降的鬼驴族一

---

❶ 李焘.续资治通鉴长编·卷319[M].北京：中华书局，1992：7707.

❷ 韩荫晟.党项与西夏资料汇编[M].银川：宁夏人民出版社，2000：3847.

❸ 徐松辑.宋会要辑稿.蕃夷6之11[M].中华书局影印本.北京：中华书局，1957：7824.

同安置于河州和南川寨附近居住。"熙河路走马承受长孙良臣言：'郎、鬼两族共六百余人，虽从来借地耕种，终非已有，乞于河州或南川寨侧近，根括空闲及弓箭手选田内标拨二十顷分给。'从之。"❶元祐二年（1087年），宋哲宗命刘舜卿招抚河南吐蕃诸部，鉴于郎结毡曾经长期在鬼章帐下任职，宋哲宗特命郎结毡负责招抚鬼章旧部，"诏：刘舜卿先抚纳河南生羌，若讲朱未可下，即先以祸福晓谕阿里骨，若郎结毡能招抚鬼章旧部部族土地，即视鬼章官禄推赏"❷。

郎家族后来定居于河南地区，郎结毡之子郎阿章承袭为部族首领，"郎阿克章者，溪巴温舅郎戬之子也"❸。元符年间，郎阿章降宋，宋朝廷先加封郎阿章为内殿承制后又升迁为右班殿直，"元丰中以其家来归，授内殿承制，郎阿章累官右班殿直"❹。河南蕃部毕斯布结降宋时，孙路派郎阿章前往诱接，事情败露后郎阿章逃走，孙路将郎阿章妻儿禁锢于河州，史书有"毕斯布结之以嘉木卓等四城来降也，孙路实使郎阿章诱接焉，寻以人言致疑，欲寘之法，郎阿章觉，遂脱身亡去为边患"❺。

郎阿章逃到河南地区后逐渐成为宋军的心腹大患，元符二年（1099年）闰九月十八日，朗阿章派兵包围一公城，"是日，河南叛酋朗阿克章举兵围一公城"❻。十月，宋军负责镇守熙州的胡宗回派王吉率领五百骑兵袭击郎阿章，结果王吉全军覆没。宋朝又派开封府界第八将魏钊前往助战，魏钊亦兵败身亡。同月二十一日，面对郎阿章带来的军事压力，胡宗回又派种朴前往征讨，结

---

❶ 徐松辑.宋会要辑稿·蕃夷6之14[M].中华书局影印本.北京：中华书局，1957：7825.
❷ 徐松辑.宋会要辑稿·蕃夷6之21[M].中华书局影印本.北京：中华书局，1957：7829.
❸ 李焘.续资治通鉴长编·卷515[M].北京：中华书局，1992：12241.
❹ 李焘.续资治通鉴长编·卷515[M].北京：中华书局，1992：12241.
❺ 李焘.续资治通鉴长编·卷515[M].北京：中华书局，1992：12241.
❻ 李焘.续资治通鉴长编·卷516[M].北京：中华书局，1992：12283.

果种朴也战死,"朴遇伏,首尾不相应,朴殊死战,为贼所杀,以马负其尸去"❶。种朴战死后,宋军士气低落,"将士皆号泣无战心","熙河将士气夺无敢复言战者"❷。此后,郎阿章继续扩大战果,率军继续围困一公城,"城中粮乏,日杀马食肉饮其血,吉、舜臣等遣人求援十辈,辄为阿章所擒,马且尽,乃帅众突围而出,转战百里,士卒获免十二三"❸。

元符三年(1100年)正月,面对郎阿章咄咄逼人的攻势,宋朝廷认为还是应该招抚郎阿章。宋哲宗令胡宗回拟写诏书并遣人招抚郎阿章,"诏令胡宗回眷写蕃字,选差人赍付晓谕,若能翻然改图归顺,依前降指挥除授官职,朗阿章当议并未赏功,续优与迁补,多罗巴亦当优补名目"❹。

四月,宋朝廷再次派姚雄招抚溪巴温和郎阿章,"同呈熙河奏:'鄜州兵将已到湟州,姚雄四战,获二千余级,伤折已失只三十八人。'又叙姚雄去秋解鄯、湟州围未赏,并今来功状,特除正任防御使,升钤辖洮西安抚使。又令招谕郎阿章、溪巴温等早令归顺"❺。然而,郎阿章却一直未降。六月十四日,宋徽宗又"诏胡宗回令更多方招诱溪巴温、郎阿章等出汉"❻。

---

❶ 脱脱.宋史·卷335·种朴传[M].北京:中华书局,1977:10749.对种朴之死,在赵挺之所著《崇宁边略》中记载更为详细,现摘录如下:"窦志充宣German言,蕃情反覆变诈,极不可信。种朴知河州,会湟州、一公城为羌众所围,遂自河北出兵自将救之。有蕃僧二人为边帅探事者十余年矣,朴将行,僧告朴曰:羌人虽畏旗帜之多,益畏大将之旗鲜明光彩者。朴信其言,别制新旗数百竿,文采甚绚,建旗而出,以蕃僧为向导,使夹马而行。俄行六十里,忽于涧道中有骑百余成队而出,朴甚忽之,俄见朴旗,忽奔驰,直冲朴军至旗下,以枪刺朴即死,众遂溃乱。盖蕃僧与羌众为谋,令种建新旗即知朴所在,朴不悟,信其言,遂败而死,蕃僧不知所往矣。"

❷ 李焘.续资治通鉴长编·卷517[M].北京:中华书局,1992:12304.

❸ 李焘.续资治通鉴长编·卷517[M].北京:中华书局,1992:12313.

❹ 李焘.续资治通鉴长编·卷520[M].北京:中华书局,1992:12356.

❺ 曾布.曾公遗录·卷9[M].北京:中华书局,1992:235.

❻ 曾布.曾公遗录·卷9[M].北京:中华书局,1992:284.

郎阿章在河南地区挟溪巴温自立，与宋朝廷为敌，青唐主陇拶降宋后曾明确告知宋徽宗，溪巴温不降的最主要原因即受郎阿章挟持，要招抚溪巴温首先应该赦免郎阿章之罪。宋徽宗当即同意陇拶的提议，随后陇拶向宋徽宗说出了自己的策略，先行招抚，如果招抚不成即斩郎阿章，"如此，待到岷州，便遣人说与，若不从，即以兵马取阿章头来"❶。宋徽宗则建议对郎阿章还是以招抚为好，尽量避免杀戮。

崇宁二年（1103年）正月二十七日，王厚调往河州任职，拉开了崇宁年间收复河湟战役的序幕，"东上阁门副使新知岢岚军王厚权发河州，兼洮西沿边安抚司公事"❷。宋军进军河南的途中再次遇到溪巴温和郎阿章强有力的抵抗，崇宁二年（1103年）四月二十六日，王厚上书建议继续采用"以夷攻夷"之计，继续招抚大陇拶和郎阿章等人作为内应，"大陇拶虽累与郎阿章仇，赛得胜，终恐为青唐吞并，及慕汉家威德，决有归顺之意。其郎阿章亦以数败，内怀恐惧不安。臣今与童贯并召高永年在此商量，乘此机便，前去措置。但臣等稍似出界，即诸处强梗酋豪当尽款服，其间或有说谕不从，即行剪戮，庶几一两月便见大定，伏乞圣慈详察。"❸然而，王厚的"以夷攻夷"之计并未奏效，同年十月三十日，郎阿章率河南部族进攻来宾、循化等城，李忠率部救援，"郎阿章领河南部族寇来宾、循化等城。是日，洮西安抚李忠统兵发安强寨往救之"❹。

---

❶ 徐松辑.宋会要辑稿·蕃夷6之38[M].中华书局影印本.北京：中华书局，1957：7837.
❷ 黄以周等辑注.顾吉辰点校.续资治通鉴长编拾补.卷21[M].北京：中华书局，2004：731.
❸ 黄以周等辑注.顾吉辰点校.续资治通鉴长编拾补.卷21[M].北京：中华书局，2004：741.
❹ 黄以周等辑注.顾吉辰点校.续资治通鉴长编拾补.卷22[M].北京：中华书局，2004：778.

第九章 宋代吐蕃部族的内部运行机制及特点

宋金时期，大大小小的吐蕃部族千差万别，既有地缘和血缘的不同，又有发展模式的差异。这些吐蕃部族既有自身的发展个性，同时在政治、经济、文化等方面又存在一些共性，下面分述之。

第一节 宋金吐蕃部族的分布与分类

宋金时期，吐蕃部族遍布西北各地，据不完全统计，这一时期出现于各种史籍中的部族有数百个之多，汤开建先生曾经对其中的219个吐蕃部族的居地进行过详细考证。❶部族与部族之间差距很大，不仅仅是居地不同，互不统属，而且有生户和熟户之分、地域与血缘之别、大小强弱之分等。

一、宋金吐蕃部族的居住区域

前文已述，宋金时期大大小小的吐蕃部族共分为五大居住区域。根据汤开建先生所统计的结果，这五大区域的吐蕃部族主要

---

❶ 汤开建.五代宋金时期甘青藏族部落的分布[J].中国藏学，1989（4）.

分布如下。❶

陕西沿边吐蕃居住区：尚波于部、大石族、小石族、安家族、王泥猪部、大马家族、小马家族、朵藏族、枭波族、默星族、郭厮敦部、尚样丹族、者龙族、俞龙潘部、大卢族、小卢族、药令族、离王族、他斯麻族、陇波族、利族、阿俄族、空俞族、厮鸡波族、鬼留家族、药家族、党令征部、颇忠族、隆忠族、下家族、樊诸族、野儿和尚族、锡默族、唵厮波部、延厮铎部、张朴令狐部、李宫八族、迈凌错吉族、党宗族、绰克宗部、王家族、延家族、狸家族、妙娥族、麻毡族、党留族、铎厮那部、卫狸族、章埋族、贱遇族、马藏族、西鼠族、万子族、剥波族、格隆族、熟嵬族、苏温啰族、策拉部、伊普才迭三族、裕勒萨部、角撒部、烟景云部、张绍志部、拨藏族、康奴族、明珠族、玛尔默族、灭藏族、野狸族、水令逋族、大虫族、羊喔族、巴沟族、潘征部、斯多伦部、下杏家族、那龙部、拽罗钵部、鸠令结部、白家族、密克默特族、野龙十九族、小遇族、阿克节族。

熙河兰会吐蕃居住区：青唐族、张族、鱼角蝉部、掌乌族、密栋族、禹藏六族、郢成嘉卜部、巴令谒三族、龛波给家二十二族、懒家族、诸路族、章家族、渴龙族、乞当族、马波族、刑家族、立公族、剡毛族、耳金族、星罗述三族、岱尔族、注丁族、擦令归二族、汪家族、葩俄族、星斯珪部、布沁巴勒族、郎家族、李奇崖部、温布察克族、常族、赵家族、杓家族、摩雅克族、沈千族、杓吹逋族、耸昌厮均部、蒙罗角族、抹耳水巴族、阴坡族、马禄族、鄂特凌部、兀冷部、日脚族、结彪部、巴勒斯丹部、羊家族、丹波秃令结部、苡黎五族、突门族、冷鸡朴

---

❶ 汤开建. 五代宋金时期甘青藏族部落的分布[J]. 中国藏学, 1989（4）: 50—68.

部、托硕族、结吴叱腊部、康藏星罗结部、错凿族、一公族、当标族、吹斯乌伞王阿噶部、李巴占部。

黄河以北吐蕃居住区：唃厮啰族、宗哥族、亚然家族、齐暖族、固密族、捴家族、多罗巴族、聂农族漆令族、六心族、溪丁族、布证族、归丁族、徒杓族、结药特部、浪家族、禄斯结家族、乞平家族、尹家族、齐勒巴族、瞎养呱族、洗纳族、心牟族、容鲁族、钦厮鸡族、神波族、习令波族、青归族、山南族、阿装部、吹厮波族、邈龙族、拘掠族、汪洛施族、罗日准族、凌结溪丹族、布哩克族、鲁尊部、青丹谷族。

黄河以南吐蕃居住区：扎实庸咙部、鬼章部、木波族、乔家族、庄浪四族、陇逋族、厖拜族、丙离族、十八族、南山族、圭洛族、缅什罗蒙部、密垒族、强扬族、瓜家族、哈鲁结族、厮纳族、蕃城族、凌珪族、青龙族、木令征部、锡伯族、辖木沁扎实族、策凌博族、浪黎厮江族、大罗苏木嘉族、毋家族、鲁黎族、把羊族、捺罗族、衣彪族、梦阿郎部、罗斯结族、贝斯结族、青厮逋族、心捴族、卦斯敦部、容家族、李家族、龙家族、默锡勒罗密克部、萨底族、李蒙族、董家族、白马丹族、弄麻十一族、勘陀孟迦十族。

河西吐蕃居住区：六谷部、折逋族、崔悉波部、督六族、野马族、暨龙族、宗家族、吴福圣腊部、当尊部、阎藏部、潘毒石鸡部、逋速部、鹘鹦部、沈念般部裕勒榜族、灵武五部、来离八族、卑宁族、厮邦族、星多族、的流族、周家族、罢延族。

陕西沿边吐蕃居住区主要为吐蕃熟户居住区；熙河兰会吐蕃居住区最初为唃厮啰政权统治区，后来唃厮啰政权一分为三，唃厮啰之子瞎征来到熙河地区被推举为首领；黄河以北吐蕃居住区是唃厮啰家族政权统治的政治、经济、文化中心；黄河以南吐蕃居住区最初为唃厮啰之兄扎实庸咙及其后裔的统治区域，后来一部分地区成为唃厮啰四世孙结什角统治地区；河西吐蕃居住区最初为六谷蕃部统治区域，后来为西夏占领，六谷蕃部全部迁走。

二、宋金吐蕃部族的分类

宋金时期出现于各种文献典籍中的吐蕃部族纷繁复杂，部族之间差距很大，《宋史·吐蕃传》笼统地将其划分为生户和熟户，"内属者谓之熟户，余谓之生户"❶。熟户和生户的分类以吐蕃部族与中原王朝的亲疏关系为标准，尽管有一定的道理，但是并不能完全体现诸多吐蕃部族的特征。学术界一般倾向于将部族分为血缘部族和地缘部族两大类，这种分类显然更为准确，也更能体现部族自身的本质特征。血缘部族是以血缘关系为纽带维系部族统治与发展，地缘部族是以共同的居住区域为纽带维系部族统治与发展。宋金时期，在西北地区大量存在的吐蕃部族中，既有血缘部族，亦有地缘部族，甚至还有一些部族处于两者之间，兼具血缘、地缘部族的特征。

（一）地缘部族

宋金时期，出现于典籍中以居地命名的部族多属地缘部族，如常家族，因其居住于常家山而得名。常家山在河州地区，阿里骨进攻巴毡角时曾"驻兵常家山，分筑洮州为两城以居"❷。常家山的具体位置在《明史》中有明确记载："（狄道，即现在甘肃省临洮县）西南有常家山，与西倾山相接。"❸赵家族亦属地缘部族，因居住于赵家山而得名。赵家山亦在河州，熙宁七年（1074年）二月，北宋因为在赵家山伐木与蕃部发生冲突，"赵家山采

---

❶ 脱脱.宋史·卷492·吐蕃传[M].北京：中华书局，1977：14151.
❷ 李焘.续资治通鉴长编·卷400[M].北京：中华书局，1992：9743.
❸ 张廷玉.明史·卷42·地理三·陕西[M].北京：中华书局，1974：4008.

木并防拓使臣殿侍军将孙贵等及厢兵、弓箭手二百九十三人，马五十四匹，为贼所掳"❶。赵家族比较著名的首领有赵结成玛和赵惟吉等，赵家族没有如其他部族一样以其首领命名，足见其地缘部族的特征。

地缘部族中势力最大的当数宗哥族和六谷蕃部。宗哥族的名称是因宗哥河（湟水）和宗哥城而得名。宗哥族最初依附于六谷蕃部，实力并不强大，"西凉府既闻罗支遇害，乃率龛谷、兰州、宗哥、觅诺诸族攻者龙六族"❷。在李立遵担任宗哥族首领之后，宗哥族拥有兵力达到六七万人之多，李立遵实力迅速壮大，"族帐甚盛，胜兵六七万"❸。

六谷蕃部以六谷之地名而得名，有学者考证，六谷应是"凉州城远远近近绝好适于农牧的六处谷地"❹。也有一些学者认为"六谷"是音译而非意译，仅仅是一个地名而已，具体位置在浩门河流域，即今之大通河。❺学者洲塔认为六谷应为六个谷地的总称，这六个谷地是阳妃谷、洪源谷、浩门河谷、庄浪河谷、东大河谷和西大河谷。❻尽管六谷的说法学术界并没有达成一致意见，但以六谷命名的六谷蕃部属典型的地缘部族却无任何异议，六谷蕃部是北宋时期地缘部族当中实力最强大的一支。"六谷者，西北之远蕃也，羌夷之内，推为雄豪。"❼此外还有错凿族、当标族、一公族等均为地缘部族。

---

❶ 李焘.续资治通鉴长编·卷250 [M].北京：中华书局，1992：6087.
❷ 脱脱.宋史·卷492·吐蕃传 [M].北京：中华书局，1977：14157.
❸ 马端临.文献通考·卷335·四裔考十二 [M].北京：中华书局，1986：2630.
❹ 前田正名.河西历史地理学研究 [M].陈俊谋，译.北京：中国藏学出版社，1993：328—332.
❺ 汤开建.公元861—1015年凉州地方政权历史考察 [M]// 汤开建.宋金时期安多吐蕃部落史研究.上海：上海古籍出版社，2007：137—138.
❻ 洲塔.甘肃藏族通史 [M].西宁：青海人民出版社，2004：154.
❼ 李焘.续资治通鉴长编·卷49 [M].北京：中华书局，1992：1477.

(二) 血缘部族

宋金时期的吐蕃部族中,以首领姓名或者以首领姓氏命名的部族多属血缘部族。如鱼角蝉族,以其首领鱼角蝉命名,"曹玮言蕃僧鱼角蝉,先于故渭州吹麻城聚众立文法,今悉以破散"❶。乔家族则是因其部族首领姓乔而得名,同样属于血缘部族。血缘部族是当时部族中的大多数,最大的特点是首领世袭制。亚然部族和折逋部族是其中比较有代表性的两大部族,世袭制在这两大部族体现得非常明显。亚然部族居于邈川地区,可能因其最初首领之名而得名,史籍中称其为邈川亚然家,"授唃厮啰、温逋奇官,邈川亚然家二部首领也"❷。温逋奇担任部族首领之后,亚然部族非常强大,"所管部族二十八,有兵六万四千人"❸。温逋奇死后,亚然部族一直由温逋奇后人统领,见于文献中的首领有一声金龙、温溪心、温阿格旺(以上三人均为温逋奇之子)、厮波温、阿罗、阿令京、觉勒玛斯多卜、阿敏、温声腊抹、温讷支郢成(以上均为温逋奇之孙)、集星袞(温逋奇曾孙)。从亚然家族的世袭罔替可以看出其血缘部族的特征。

折逋部族,又称"折平族",以姓氏命名,为居于凉州地区的血缘部族。其从后汉乾祐元年(948年)统治整个凉州起,到折逋喻龙波承继共历四世:折逋嘉施、折逋葛支(又作"折逋支")、折逋阿喻丹、折逋喻龙波。凉州地区实力强大的六谷蕃部亦曾在折逋族的领导之下,"(淳化)五年,折平族大首领、护远州军铸督延巴率六谷诸族马千余匹来贡"❹。

宋金时期,还有一种部族介于地缘部族与血缘部族之间,属

---

❶ 李焘.续资治通鉴长编·卷91[M].北京:中华书局,1992:2108.
❷ 陈均.九朝编年备要·卷9[M].北京:商务印书馆,1986.
❸ 徐松辑.宋会要辑稿·蕃夷6之9[M].中华书局影印本.北京:中华书局,1957:7823.
❹ 脱脱.宋史·卷492·吐蕃传[M].北京:中华书局,1977:14154.

性并不十分明确。如唃厮啰族，最初居于渭州，被称为"渭州蕃族"，显然是以地名命名，"以渭州蕃族首领唃厮啰为殿直充巡检使"❶。后来，唃厮啰势力越加强大，其所在的部落遂改称"唃厮啰族"。与唃厮啰相似的还有青唐族，最初以居地在古渭寨南之青唐❷而得名，后来随着部族首领俞龙珂部实力的壮大，青唐族又被称为"俞龙珂部"，"时青唐俞龙珂大族难制，议请讨且城之"❸。俞龙珂降宋后被赐姓包，到明清时期被称为包家族，青唐族和俞龙珂族不再被提及。

第二节 宋金吐蕃部族的内部运行机制

宋金时期吐蕃部族的政治发展分为两个方面，一是维系部落内部运转的政治制度，即部落联盟制度，这一制度自始至终都贯穿于河湟吐蕃社会发展的过程中；二是与历代封建王朝政权之间的关系。

一、部落联盟

从原始社会的部落开始，河湟地区的羌人便以部落的形式存在。吐蕃统治河陇地区之后，原有的部落与新迁入此地的吐蕃部落相结合，发展成为宋金时期的吐蕃部落。大大小小的吐蕃部落为维系自身的生存与发展组成了各种各样的部落联盟，较大的部落联盟甚至组成了地方政权，如唃厮啰政权、结什角政权。部落联盟的特点主要有以下几个方面。

---

❶ 李焘.续资治通鉴长编·卷82 [M].北京：中华书局，1992：1877.
❷ 此处的青唐并非唃厮啰政权都城的青唐城，而是指古渭州之南的青唐，大致在今甘肃临洮县。详见汤开建，杨惠玲.宋、金时期安多藏族部落包家族考述 [J].民族研究，2006（1）：67–76.
❸ 彭百川.太平治迹统类·卷16·神宗开熙河 [M].扬州：江苏广陵古籍刻印社，1981：77.

（一）部落联盟以某一部落为核心

西北吐蕃地区无论是统一时期的唃厮啰政权，还是分裂时期的各个部落联盟及后来的结什角政权，均辖有大量的部落，每一部落有自己的首领，负责处理本部落中一些琐碎的小事、组织农牧业生产等。这些部落当中最强大的部落或者出身高贵的部落成为部落联盟的核心，他们的首领顺理成章地担任整个部落联盟的总首领。例如，李立遵主政时期唃厮啰政权的核心即是宗哥族，实力强大，部落首领当然由李立遵担任。温逋奇主政时期的唃厮啰政权则以温逋奇所在的亚然部落为核心，温逋奇所在的亚然部族"所管部族二十八，有兵六万四千人"❶。唃厮啰迁居青唐城之后，慢慢凝聚起自己的核心力量，那就是唃厮啰族及唃厮啰第三任妻子所在的乔氏家族，其中乔氏家族在当地是望族，"所部可六七万人，号令明肃，人惮服之"❷。结什角政权的核心则是木波四族，即木波、厖拜、丙离、陇逋四族。

（二）部落联盟以"立文法""纳质"等方式进行统治

在唃厮啰政权统治时期，青唐吐蕃政权并没有制定一部规定唃厮啰政权与所属各部落之间责任与义务关系的成文法。由于部族之间分散，唃厮啰"立文法"之后如何加强吐蕃部族的凝聚力成为其必须面对的难题。为维持唃厮啰政权对各吐蕃部族的统治和约束，唃厮啰政权一是采取"立文法"的传统方式维持其政权的稳定和政令的畅通。"立文法"是吐蕃部落加强内部联络的一种传统方式，"就是各部落首领联合举事自立为政时，为首的大首领同参事的诸首领事先所定下的一些必须共同遵守的秘密誓约，以此来统一各个部落的行动。宋初，西北地区的吐蕃、夏人

---

❶ 徐松.宋会要辑稿·蕃夷6之9[M].中华书局影印本.北京：中华书局，1957：7823.
❷ 李焘.续资治通鉴长编·卷127[M].北京：中华书局，1992：3008.

进行地方割据时，多采取'立文法'的形式聚结力量"❶。在同一文法之下，各部落统一行动，听从唃厮啰政权的调度。二是采取"纳质"的方式。唃厮啰政权要求参与"立文法"的部落，必须向部落联盟"纳质"以表示自己的忠心与归顺，如大中祥符九年（1016年），唃厮啰率部到渭州缘边地区，"扇摇熟户，且令纳质，不尔，则破其聚落"❷。同年，唃厮啰还到大、小洛门地区，"胁诱熟户，寻呼集令纳质于永宁寨，有陇波、他厮麻二族不至"❸。

（三）部落联盟以"盟誓""祭天"等宗教活动作为彼此之间联系的纽带

唃厮啰在青唐城重立文法时，河湟吐蕃部落分居各地，难以统一，"虽各有鞍甲，无魁首统摄，并皆散漫山川"❹。为加强各部族的联系，唃厮啰沿用了吐蕃时期"祭天"盟誓的方式，在青唐城修建"祭天"场所，"直南大衢之西，有坛三级，纵广亩余，每三岁冕祭天于其上"❺。

这种祭天的方式，在吐蕃王朝时期就已经存在，吐蕃赞普与各部族进行过多次祭天仪式。

"赞普与其臣岁一小盟，用羊、犬、猴为牲；三岁一大盟，夜肴诸坛，用人、马、牛、间为牲。凡牲必折足裂肠陈于前，使巫告神曰：'渝盟者有如牲。'"❻

"祭天"仪式举行时有一套专门的仪轨，渭州蕃部"祭天"在《续资治通鉴长编》中有完整的描述：

---

❶ 祝启源. 唃厮啰——宋代藏族政权[M]. 西宁：青海人民出版社，1988：42.
❷ 李焘. 续资治通鉴长编·卷87[M]. 北京：中华书局，1992：1996.
❸ 李焘. 续资治通鉴长编·卷88[M]. 北京：中华书局，1992：2015.
❹ 脱脱. 宋史·卷264·李琪传[M]. 北京：中华书局，1977：9129.
❺ 李远. 青唐录[M]//青海省民委少数民族古籍整理规划办公室. 青海地方旧志五种. 西宁：青海人民出版社，1989：10.
❻ 欧阳修，宋祁. 新唐书·卷216·吐蕃（上）[M]. 北京：中华书局，1975：6073.

> 故事，蕃部私誓，当先输抵兵求和物，官司籍所掠人畜财物使归之，不在者增其贾，然后输誓，牛、羊、豕、棘、耒耜各一，乃缚剑门于誓场，酋豪皆集，人人引于剑门下过，刺牛、羊、豕血歃之。掘地为坎，反缚羌婢坎中，加耒耜及棘于上，投一石击婢，以土埋之，以巫师诅云："有违誓者，当如此婢。"❶

唃厮啰刚到河湟时居于渭州，甚至被称为"渭州蕃部"，由此可以推断唃厮啰政权时期的祭天与此大同小异。

（四）各部落要向部落联盟提供兵源并参与部落联盟统一的军事活动

在部落联盟的体制之下，各部落之间保持着相对的独立性。在同一文法之下，各部落必须为部落联盟提供兵源并进行统一的军事行动。各吐蕃部落过去并无专职军队，实行"兵民合一""寓兵于民"，这是军事游牧部落典型的特色之一。为提高军事实力，唃厮啰在其统治期间建立起现代意义上的常备军。常备军的出现是宋金时期吐蕃部落的一大特点，很多吐蕃部落均有自己的常备军。亚然家族的温逋奇也建有自己的常备军，温逋奇发动政变失败后，他的儿子一声金龙成为这支军队的首领。

唃厮啰迁居青唐城后，依托乔氏家族和自己的旧部唃厮啰族及他所具有的吐蕃后裔的身份扩充实力，逐渐建立起一支强大的军队。正是拥有了这支强大的军队，唃厮啰才有了与元昊一争高下的资本，也有了保全自己的坚实基础。唃厮啰领导的青唐保卫战之初，他甚至一次派出十万军队断元昊后路，由部将安子罗亲

---

❶ 李焘.续资治通鉴长编·卷279[M].北京：中华书局，1992：6823.

自指挥,"(元昊)攻青唐、安二、宗哥、带星岭诸城,唃厮啰部将安子罗以兵十万绝归路"❶。安子罗作为一名部将能率兵十万,唃厮啰的军事实力已不容小觑。据保守估计,当时参与青唐城保卫战的部队可能在二十万人以上。

唃厮啰时期的部队大致分为两部分,一是部落联盟的常备军,由部落联盟统一指挥;二是各部落自己的军队,平时分散于各个部落,战时则统一征调。如元丰四年(1081年),北宋出师进攻西夏,照会董毡出兵相助,董毡立刻"遣酋长抹征等率三万人赴党龙耳江及陇、朱、珂诺,又集六部兵十二万,约以八月分三路与官军会"❷。从这段记载可以看出,董毡最早派遣的抹征的三万人应该是唃厮啰政权的常备军,而后来的十二万人则属战时从各部落中临时征调的部队。

二、宋金时期吐蕃部族对中原王朝的依附关系

宋金时期的吐蕃部族由于吐蕃王朝的崩溃而失去了凝聚力,从而处于一种"族种分散""无复统一"的政治状态。北宋立国之后,吐蕃部落与中原王朝的接触逐渐增多,形成了对中原王朝在政治、军事、经济和文化方面的依附关系,最终确立了对中原王朝新的向心力,到北宋后期,河湟吐蕃彻底融入国家体系。

河湟吐蕃部族所居住的河湟地区平均海拔达3000米,常年气温偏低,气候寒冷。从地理位置来看,这一地区位于青藏高原东北部边缘,不仅遍布草场,而且牧草茂盛,牧草的品种、质量均属上乘,特别适合畜牧业生产。正因如此,畜牧业成为河湟地区的主导产业,尤以养马业最为发达,"自汉地白塔寺以上的

---

❶ 李焘.续资治通鉴长编·卷117[M].北京:中华书局,1992:2765.
❷ 脱脱.宋史·卷492·吐蕃传[M].北京:中华书局,1977:14164.

区域，则称为安多马区"[1]。宋朝建立之后，青唐马的名声在中原地区非常有名，马的品种不仅优良，数量也非常惊人。熙宁六年（1073年），王韶在熙河之役中一次就得到数万匹马，"获牛羊马以数万计"[2]。数量如此之多的畜产品在西北是难以消化的，"西北吐蕃地区，绝大部分人以畜牧为业，如此单一的社会经济结构，决定了其内部不可能转化大量的过剩产品，只能销往外部市场。而与西北吐蕃相邻的西夏、辽、回鹘等地区经济结构与西北吐蕃地区相似，亦农亦牧，以畜牧业为主，不可能消费大量的畜产品，因而，其寻求畜牧产品销售市场的目光，只能投向战马缺少而又大量需求战马的宋朝"[3]。只能将马匹销售到汉地的现实状况使得北宋王朝拥有了控制河湟吐蕃部落经济的手段，"惟恃卖马获利"[4]的河湟吐蕃的经济不可避免为北宋中原王朝马匹的需求状况所左右。在生活方式方面，吐蕃部族以食肉、饮酪为主，这种高脂肪和高热量的饮食方式恰好与茶叶清热解毒、助消化、解油腻的特殊功能完美结合，正因如此，茶叶自中原王朝传入吐蕃地区，以食肉和奶酪为主食的吐蕃部族很快对其产生了依赖性。"（茶叶）以其腥肉之食，非茶不消，青稞之热，非茶不解。"[5]到后来，吐蕃部族的饮食生活中已离不开茶叶，饮茶成为吐蕃人重要的生活习惯，"夷人不可一日无茶以生"[6]。由此，河湟吐蕃在生活方式上也形成了对中原王朝的依附关系。

吐蕃王朝崩溃之后，河湟吐蕃各部失去向心力，渐渐地开

---

[1] 智观巴·贡却乎丹巴绕吉.安多政教史[M].吴均，毛继祖，马世林，译.兰州：甘肃民族出版社，1989：5.

[2] 李焘.续资治通鉴长编·卷247[M].北京：中华书局，1992：6022.

[3] 刘建丽.略论西北吐蕃与北宋的关系[J].兰州大学学报，2002（6）.

[4] 李焘.续资治通鉴长编·卷51[M].北京：中华书局，1992：1122.

[5] 王廷相.王氏家藏集·卷2·严茶（蜀茶）[M]//陈子龙辑.明经世文编·卷149.北京：中华书局，1962：1489.

[6] 乾隆官修.续文献通考·卷22·征榷考·榷茶[M].杭州：浙江古籍出版社，1988：2981.

始在政治上依附于中原王朝。为提高本部族的权威，西北吐蕃部族均期望得到中原王朝的封授与赏赐，从而提升其在西北吐蕃部族的政治地位。宋初，凉州六谷蕃部正是得到宋朝的封授之后才统一西凉地区，扩充自己的实力，兵力一度达数万人之多。六谷蕃部最强盛之时在首领潘罗支的率领下曾数次击败侵扰的党项军队，甚至将党项首领李继迁射死。同样，河湟的李立遵部和温逋奇部为提升自己的政治地位，统一河湟吐蕃诸部，也极力寻求宋朝的支持与封授。唃厮啰迁居青唐城之后，特别是在青唐保卫战胜利后，继而在青唐城站稳脚跟，唃厮啰不断与宋朝进行联系，制定联宋抗夏的政策，接受宋朝的册封，与宋朝始终保持良好的关系。此外，在军事上，以游牧为主的河湟吐蕃部落与同样以游牧为主的西夏王朝存在草场争夺的矛盾。河湟吐蕃要想维护自己的利益，抵抗强大的西夏，就必须借助北宋王朝的军事力量。

由此可见，宋朝时期的西北吐蕃部族对北宋王朝存在政治、经济、军事、生活等方面的依附关系，这种依附关系使西北吐蕃对中原王朝逐渐产生了向心力，为北宋后期收复熙河地区、经略河湟奠定了重要的基础。

第三节 宋金时期吐蕃部族的经济运行特点

河湟地区既有肥沃的土壤适宜农业种植，又有适宜于发展畜牧业的水草丰美的天然牧场。湟水两岸水利灌溉发达，因此，北宋时期，河湟吐蕃部落形成了两种经济类型：游牧经济和半农半牧经济。游牧经济主要分布在洮水以南、积石山以北、青海湖以西地区，这一地区位于河湟地区的西部，海拔较高，"海西地皆平衍，无垄断，其人逐善水草，以牧放射猎为生，多不粒食"❶。半农半牧经济位于海拔相对较低的地区，如湟鄯、兰会、泾原、秦渭等地，"秦州古渭之西，吐蕃部族散居山野，不相君长，耕牧自足"❷。农业最发达的地区当属秦凤和泾原地区，"臣切见秦凤、泾原沿边熟户番部比诸路最多，秋成以来，禾稼、牛羊满野，以致弭寇诲盗"❸。此外，河湟吐蕃部落与各地区建立了商业贸易关系，形成了稳定的市场，河湟吐蕃的商业贸易繁荣兴盛。

一、发达的畜牧业

畜牧业是西北吐蕃部落的支柱产业，非常发达。西北吐蕃部落畜牧业的发达首先表现为品种丰富，有马、牛、羊、犬、猪、骆驼等，每一种又分为很多种。以牛为例，有黄牛、牦牛、犛牛、犏牛等。宋金时期著名的犛牛城即因盛产犛牛而得名，"犛牛城在青唐北五十余里，其野产牛"❹。犛牛与牦牛的形状、毛尾均相同，犛牛大而牦牛小。元祐元年（1086年），吐蕃温溪心部向北宋进贡犏牛，"董毡等贡乳香及温溪心贡犏牛"❺。西北地区的羊和内地一样，分为绵羊和山羊两种。北宋时期西北地区最有名的羊为大尾羊，主要产于青海柴达木地区。西北吐蕃诸部最有名的当属马，比较著名的有六谷马，被誉为活着的"天马"，鬃鬣浓密，体态雄骏，挽乘兼备，灵敏易驯，最显著的特点是蹓蹄善走，即在驰骋中不作前身起耸、后身腾跃的大幅度颠簸，四蹄分

---

❶ 李远.青唐录 [M]// 青海省民委少数民族古籍整理规划办公室.青海地方旧志五种.西宁：青海人民出版社，1989：10.

❷ 韩琦.安阳集·卷20·家传 [M].台北：台湾商务印书馆影印文渊阁四库全书本.

❸ 文彦博.文潞公集·卷17·乞令团结秦凤、泾原蕃部 [M].太原：山西人民出版社，2008：172.

❹ 李远.青唐录 [M]// 青海省民委少数民族古籍整理规划办公室.青海地方旧志五种.西宁：青海人民出版社，1989：10.

❺ 李焘.续资治通鉴长编·卷368 [M].北京：中华书局，1992：8862.

左右对侧,善走对侧步,蹓蹄疾走。❶唐朝时期,吐谷浑人将河湟本地马与中亚波斯马进行交配,培育出一种新型的良种马——青海马,这种马又被称为"青海神驹""青海骢",西北吐蕃也大规模地进行饲养。还有一种产于黄河九曲之地(今甘肃省玛曲县)的良种马,称为"河曲马",也称"南番马"。

据不完全统计,西北吐蕃诸部在宋神宗、宋哲宗、宋徽宗三朝向宋朝买马司出售近60万匹马。❷这60万匹马仅仅是官方采购,民间私贩者尚无法统计。以凉州六谷蕃部为例,咸平元年(998年)十一月,折逋喻龙波一次向北宋贡马两千余匹,"游龙钵四世受朝命为酋长,虽贡方物,未尝自行,今始至,献马二千余匹"❸。咸平五年(1002年)十月,六谷蕃部首领潘罗支一次贡马竟然达到了五千匹,"十一月,使来,贡马五千匹"❹。牛羊的数量更是惊人,文彦博称西北吐蕃地区"秋成以来,禾稼、牛羊满野"❺。熙宁六年(1073年)九月,王韶率军进入岷州,岷州蕃部瞎吴叱和本琳沁投降,岷州蕃部给王韶进贡大量牛羊,"两人各献大麦万石,牛五百头,羊二千口并甲五十领"❻。熙宁六年十月熙河战役结束之时,宋军获得的马牛羊数量更是难以计数,"获牛、羊、马以数万计"❼。次年(1074年)四月,踏白城和珂诺城被王韶攻占,熙河地区实力最为强大的木征率部降宋,宋军获得的牛羊数量更大,"获牛羊八万余口"❽。事实上,王韶所攻占的熙河地区并非西北吐蕃部族畜产品的主产区,一年间所产牛羊达十

---

❶ 凉州史话编写组.凉州史话[M].兰州:甘肃人民出版社,1988:13.
❷ 汤开建.宋金时期安多藏族部落与中原地区的马贸易[J].中国藏学,2006(2).
❸ 李焘.续资治通鉴长编·卷43[M].北京:中华书局,1992:920.
❹ 脱脱.宋史·卷492·吐蕃传[M].北京:中华书局,1977:14156.
❺ 文彦博.潞公集·卷17·乞令团结秦凤泾原番部[M].太原:山西人民出版社,2008:172.
❻ 李焘.续资治通鉴长编·卷247[M].北京:中华书局,1992:6015.
❼ 李焘.续资治通鉴长编·卷247[M].北京:中华书局,1992:6022.
❽ 李焘.续资治通鉴长编·卷252[M].北京:中华书局,1992:6179.

余万头,西北吐蕃畜产品数量之多可见一斑。畜牧业品种多,数量大,表现出的正是西北吐蕃部族畜牧业的兴盛与发达。

二、逐渐兴起的农业

西北吐蕃部族以畜牧业为主,但随着民族交往的日渐频繁,外来人口大量涌入将先进的农具和农业技术传入,促使"蕃人旧日不耕犁,相学如今种和黍"❶,农业由此成为西北吐蕃部族除畜牧业之外最重要的经济支柱。吐蕃王朝中后期,整个吐蕃王朝的军粮大部分从西北吐蕃部族中征调,"军粮兵马,半出其中"❷。

西北吐蕃部族农业发达的一个重要表现是种植面积扩大。王韶的《平戎策》开篇即讲河湟地区农业种植面积的广袤,"武威之南,至于洮、河、兰、鄯,皆故汉郡县,所谓湟中、浩门、大小榆谷、抱罕,土地肥美,宜五种者在焉"❸。在更远的湟水两岸,吐蕃部落沿河而居,以农业为生,过着定居生活,"自墨城西,下坡十余里,始得平川,皆沃壤。中有流水,羌多相依水筑屋而居,激流而碓。由平壤中西北行三十里至湟州"❹。

西北吐蕃部族农业发达的另一个表现是农业产量非常大。宋金时期,西北吐蕃部落主要种植的农作物有大麦、小麦、青稞、荞麦等。受气候和环境的影响,大麦和青稞的种植面积最广,产量最高。熙宁六年(1073年),王韶率军进入岷州地区,吐蕃瞎吴叱部和本琳沁部归附,这两人向王韶各献大麦万石。一个部落就贮存大麦万石,整个西北吐蕃地区大麦的产量可以想象数量巨大。大麦之外便是青稞,西北有些地区仅能种植青稞,"地高寒,

---

❶ 王建.王司马集·卷2·凉州行[M].上海:上海古籍出版社,1993:11.
❷ 王钦若.册府元龟·卷977·外臣部[M].北京:中华书局,1989:3895.
❸ 脱脱.宋史·卷328·王韶传[M].北京:中华书局,1977:10579.
❹ 李远.青唐录[M]//青海省民委少数民族古籍整理规划办公室.青海地方旧志五种.西宁:青海人民出版社,1989:10.

无丝枲五谷,惟产青稞,与野菜合酥酪食之"❶。

宋金时期,西北吐蕃部落一年粮食产量的具体数字无据可考,但从一些零星的数据来看产量是巨大的。宋哲宗元符二年(1099年)八月,西北吐蕃重镇宗哥城被高永年攻占,进城之后高永年发现宗哥城内储存有大量粮食,"诸羌为乱者闻之,皆逾城遁去。收见粮得四万余斛"❷。同样的情况还发生在河湟吐蕃政权的首府青唐城。元符二年(1099年)九月,王赡进入青唐城后,在已经被盗掠一空的青唐城内收获大量粮食,"府库多为诸酋侵盗,仓储初以百万计,及是才余二万斛"❸。河湟吐蕃政权的最后一任赞普瞎征曾骄傲地宣称青唐城的粮食可供一万人吃十年,"吾畜积甚多,若汉兵至,可支一万人十年之储"❹。这还仅仅是官方的仓储,民间的储存更难以统计。元祐二年(1087年),鬼章率军围河州南川寨,"焚庐舍二万五千区,发窖粟三万斛"❺。由上可知,宋金时期西北吐蕃部族农业经济非常发达。

三、商业贸易

六谷蕃部被击败之后,整个河西走廊为西夏控制。河西走廊是古代丝绸之路的必经之地,西夏对过往河西走廊的西域商人进行层层盘剥,征收重税,使来往的客商利益严重受损。为躲避西夏的横征暴敛,西域和中亚的各国商贾不得不绕道河湟地区前往中原地区交易,西北吐蕃部落的很多城镇如青唐城、宗哥城、邈川城等应运而生,成为各国商贾辐辏前往中原地区的中转站。

---

❶ 脱脱.金史·卷91·结什角传[M].北京:中华书局,1975:2017.
❷ 李焘.续资治通鉴长编·卷514[M].北京:中华书局,1992:12218.
❸ 李焘.续资治通鉴长编·卷515[M].北京:中华书局,1992:12248.
❹ 李焘.续资治通鉴长编·卷515[M].北京:中华书局,1992:12248.
❺ 李焘.续资治通鉴长编·卷400[M].北京:中华书局,1992:9743.

（一）茶马互市

西北吐蕃地区有马无茶和中原地区有茶无马的现状及各自对茶和马的强烈需求催生了茶马互市这种特殊的贸易形式，这种贸易形式本质上是农耕民族和游牧民族经济互补的产物。

从唐朝开始，西北吐蕃部落就与中原王朝进行茶马互市的交易。北宋立国之后，西北地区面临着西夏李元昊和契丹的军事压力，迫切需要提高军队的战斗力。要提高军事实力就需要补充大量战马，北宋对战马的需求骤增。在这种情况下，北宋开始用茶叶向西北吐蕃部落特别是青唐吐蕃政权购买大量战马，"买马岁二万匹，而青唐十居七八"❶。北宋从西北吐蕃部落买马的数量从最初的五千匹增加到数万匹，"大抵国初市马，岁仅得五千余匹。天圣中，番部省马至三万四千九百余匹。嘉祐以前，原、渭、德顺凡三岁市马至万七千一百匹，秦州券马岁至万五千匹"❷。熙河开边之后，宋朝在熙河路设置六处买马场，专门负责购买西北吐蕃部落的马匹。

（二）贡赐贸易

"贡赐贸易是一种特殊的经济活动，带有浓厚的政治色彩。这种经济活动一般来说并不是一种完全的等价交换，往往是'回赐'价值高于'进贡'价值。尽管如此，'互通有无'却是这种经济活动客观上遵循的一个原则。"❸可以这么说，贡赐贸易是西北吐蕃部落与北宋王朝除茶马互市之外最重要的贸易方式。

吐蕃王朝崩溃之后，西北吐蕃部族就开始与中原王朝进行贡赐贸易。北宋建立之后，贡赐贸易不仅非常频繁，而且数量巨

---

❶ 傅增湘.宋代蜀文辑存（第3册）[M].北京：北京图书馆出版社，2005：264.
❷ 脱脱.宋史.卷198·兵十二·马政[M].北京：中华书局，1977：4935.
❸ 刘建丽.宋代西北吐蕃研究[M].兰州：甘肃文化出版社，1998：323.

大，仅在宋真宗一朝的25年间，西北吐蕃部落就向宋朝进贡35次之多。❶ 西北吐蕃部落向北宋进贡的主要物品是名马，还有西北的土特产和与西域各国商人贸易所得的商品，北宋向西北吐蕃回赐的物品往往以金银为主，还包括内地的一些商品等。例如，大中祥符八年（1015年），宗哥部落联盟进贡名马，北宋回赐的物品有"锦袍、金带、供帐、什物、茶药有差，凡中金七千两，他物称是"❷。西北吐蕃部落的每一次进贡都是用中原稀有的物品换回西北吐蕃所必需的大量茶叶、绢、锦袍、药品等，这种互通有无的商业贸易活动增进了西北吐蕃部落与中原王朝之间的联系，增强了西北吐蕃部落对中原王朝的向心力，如河湟吐蕃政权的赞普唃厮啰对中原王朝非常向往，其穿着打扮模仿汉式，"厮啰冠紫罗毡冠，服金线花袍、黄金带、丝履"❸。

（三）边境贸易

除茶马互市和贡赐贸易之外，西北吐蕃部落与中原王朝还存在着边境贸易，包括合法的榷场贸易和非法的走私贸易，数量也非常巨大。熙河开边之后，宋朝在熙河地区设置市易司，获利丰厚，"经制熙河路边防财用官言，置司以来实收利入：元丰元年，四十一万四千六百二十六贯石；二年，六十八万四千九十九贯石"❹。除官办榷场贸易，走私贸易不仅商品品种多，而且贸易量相当大。从商品品种上看，凡是官办榷场交易的商品在走私贸易市场均有交易，甚至官方榷场没有交易的商品在走私贸易也有交易，"经制熙河路边防财用李宪言：'卢甘、丁吴、于阗、西

---

❶ 汤开建. 宋金时期安多藏族部落与中原地区的马贸易 [J]. 中国藏学，2006（2）：160-168.

❷ 李焘. 续资治通鉴长编·卷84 [M]. 北京：中华书局，1992：1917.

❸ 脱脱. 宋史·卷492·吐蕃传 [M]. 北京：中华书局，1977：14162.

❹ 李焘. 续资治通鉴长编·卷302 [M]. 北京：中华书局，1992：7344.

蕃，旧以麝香、水银、硃砂、牛黄、真珠、生金、犀玉、珊瑚、茸褐、駞褐、三雅褐、花蕊布、兜罗绵、碙砂、阿魏、木香、安息香、黄连、牦牛尾、狨毛、羚羊角、竹牛角、红绿皮交市，而博买牙人与蕃部私交易，由小路入秦州，避免商税打扑'"❶。从贸易数量上看，走私商人一次携带的物品多的有十几万缗，少的也有六七万缗。宋朝边臣李复曾经询问这些商人所带货物的数量，"臣累次详问所赍物货，上者有至十余万缗，下者亦不减五七万"❷。从商品品种和数量上可以看出，宋朝与西北吐蕃部族边境贸易十分兴盛。

第四节　宋金时期吐蕃部族的共性特点

一、部落制长期存在

从原始社会开始，生活在西北地区的各个少数民族即以部落作为社会基本组成单位，进入阶级社会以后，部落制的社会结构被完整地保留下来。吐蕃王朝占领西北地区之后，移居于此的吐蕃部落与原有部落结合在一起，形成新的部落，部落制进一步成熟。吐蕃王朝崩溃之后，西北吐蕃部落失去向心力，而此时，中原王朝在从五代到宋代的发展过程中无暇西顾，这一地区遂成为政治真空地带。吐蕃各部落之间在政治上不统一，在战争频繁的情况下只有依靠部落制才能维系自身的生存与发展。元、明、清时期，随着国家权力的延伸和西北吐蕃部落对中原王朝向心力的大幅增强，部落制和地方政权结合形成土司制。近代以来，部落制的外壳比较完整地保存下来，直到 1958 年民族宗教改革为止。

---

❶ 李焘.续资治通鉴长编·卷299 [M]. 北京：中华书局，1992：7272.
❷ 李复.潏水集·卷1·乞置榷场 [M]. 台北：台湾商务印书馆影印文渊阁四库全书本.

部落制之所以长期存在，一方面，由于西北吐蕃部落长期处于边疆地区，远离政治中心，受中央政府的影响相对较小；另一方面，西北吐蕃部落又处于卫藏的边缘地带，历代西藏的地方政权也不能对这一地区进行直接和有效的管辖。与此相反，部落却具有生产、行政、军事"三位一体"的职能，控制力非常强大，因此中央王朝只有依靠部落首领才能对这一地区进行有效的管辖，这成为西北吐蕃部落制长期存在最重要的原因。

二、具有极大的不稳定性

宋金时期的吐蕃部落从开始就表现出极大的不稳定性，有的部落在兼并其他部落后愈加强盛。如宗哥族，本是西凉府六谷蕃部管辖之下的一个小部落，在李立遵担任部落酋长并且控制唃厮啰之后势力大增，全盛时拥有常备军六七万人。亚然族亦是如此，最初实力并不强大，后来经过几代人在邈川的经营发展俨然成为河湟大族，"住河州之北，所管二十八部族，有兵约六万四千人。西接董毡，南距黄河勺家族，东界捞家族，北邻夏国，所居至河州四驿，今与夏国通和，董毡即不相往来"❶。还有一些部落在天灾人祸中急剧衰微，如六谷蕃部。曾经在折逋氏家族和潘罗支的率领下建立六谷蕃部政权，强盛之时控制着五县十几万人口，"旧领姑臧、神鸟、蕃禾、昌松、嘉麟五县，户二万五千六百九十三，口十二万八千一百九十三"❷。六谷蕃部曾经在与西夏的战争中屡次击败西夏，后来在西夏的持续打击下走向衰落。明道元年（1032年），元昊攻陷西凉府，六谷蕃部十余万人不得已投奔青唐吐蕃政权，"唃厮啰并厮铎督之众十余万，回

---

❶ 徐松辑.宋会要辑稿·蕃夷6之9[M].中华书局影印本.北京：中华书局，1957：7823.
❷ 脱脱.宋史·卷492·吐蕃传[M].北京：中华书局，1977：14155.

纥亦以数万归焉"❶。六谷蕃部大部分被其他部落兼并,一小部分发展成为明清时期的华锐部落,人口最多时也仅仅为清朝时期的十余万众,与强盛之时的六谷蕃部根本不可同日而语。

西北吐蕃部落的不稳定性还表现为居地不定,始终处于不断的迁徙之中。由于游牧部落"逐水草而居"的特点,大多数吐蕃部落不断迁徙。如前文述及的陇逋族,先后居于秦州大小洛门地区、阶州、迭州、岷州、青唐城及其附近地区、积石山以北、玉树地区等地;西纳族也曾经在四川、甘肃、青海的许多地方游牧。唃厮啰家族最初居于古代渭州,后来又迁居宗哥城、邈川城、青唐城,最后定居于甘肃临洮地区。包家族最初居于秦州地区,后来辗转迁徙,最后定居于岷州地区。

导致西北吐蕃部落长期处于不稳定状态的原因很多。一是自然环境影响。西北吐蕃部落长期生存于气候条件恶劣的高原牧区或偏僻贫瘠的山区,自然条件较差。面对恶劣的自然环境,西北吐蕃部落为维系自身的生存不可避免地面临与其他部落争夺草场、不断迁徙以寻求新的生存场所等问题。二是政治环境影响。吐蕃王朝崩溃之后,西北吐蕃部落失去向心力,互不统属。尽管河湟地区的吐蕃部落由唃厮啰完成了统一,但是唃厮啰政权对西北吐蕃部落的控制力并不是很强,各个部落仍然各自为政。此外,西北吐蕃部落处在西夏和北宋两大政治势力的夹缝之中,两大政治势力集团均试图控制西北吐蕃部落并多次发动对西北吐蕃部落的战争。受战争的影响,西北吐蕃部落很难保持稳定的状态。三是部落自身的问题。西北吐蕃部落往往各自为政,彼此之间互不隶属,矛盾重重。即使在唃厮啰统一期间,西北吐蕃部落

---

❶ 王称. 东都事略·卷129·附录七 [M]// 赵铁寒. 宋史资料萃编(第1辑)台北:文海出版社, 1967.

也很难做到政令统一，大的部落集团与其他部落常因草山纠纷杀戮不断，这就造成整个西北吐蕃部落很难统一发展，进而使部落社会长期处于动荡和不稳定的状态中。

三、政教合一制长期存在

西北吐蕃地区的政教合一制形成较晚，大致形成于唃厮啰政权统治时期。有的学者认为，西北地区的政教合一制是伴随着佛教的兴盛而产生的，"唃厮啰时期佛教繁荣的直接产物，是唃厮啰政权在辖区内实现了比较完善、初具规模的政教合一制统治"❶。一方面，唃厮啰本人是河湟吐蕃政权最高的政治领袖，是西北吐蕃政权的赞普；另一方面，他又是河湟吐蕃人民心中具有最高威望的宗教领袖，被尊称为"唃厮啰"。

宋朝灭亡之后，西北吐蕃部族的政教合一制仍然存在。元朝建立之后，从统治的长远利益考虑，统治者奉行尊崇藏传佛教、礼遇高僧的政策，藏传佛教萨迦派盛行一时。藏传佛教在西北吐蕃部族中发挥着巨大作用，西北吐蕃部落的政教合一制得以延续与发展。

四、重视部族首领的血缘关系

宋代西北的广大吐蕃部族，非常重视部族首领的血缘关系，"西蕃种类皆尊大族，重故主"❷。青唐吐蕃政权的第一任赞普唃厮啰就是由于其吐蕃王朝后裔的高贵身份才被河湟广大吐蕃部族推立为赞普。同样，其兄扎实庸咙在河南地区被拥立为部族首领，其长子瞎毡在宕谷地区、次子在宗哥地区均被推举为部族首领。

---

❶ 秦永章. 唃厮啰政权中的政教合一制统治 [J]. 青海民族学院学报，1988（1）：81–86.
❷ 赵汝愚. 宋名臣奏议·卷141·边防门 [M]. 台北：台湾商务印书馆影印文渊阁四库全书本.

到唃厮啰家族第三代时，木征兄弟六人分居于熙河各地成为吐蕃部族首领。木征弟瞎吴叱最初居于"银川聂家山"❶，后来率部前往岷州，被岷州蕃部推举为首领，"瞎吴叱者，木征诸弟也，居岷州，虽有部族，无文法"❷。木征弟巴毡角为洮州蕃部首领，熙宁六年（1073年）被王韶击败，"王韶自以兵穿露骨山南，入洮州界，破木征弟巴毡角，尽逐南山诸羌"❸。木征弟结吴延征为武胜城和巩令城蕃部首领，熙宁五年（1072年）王韶率宋军先后攻占武胜和巩令城，木征弟结吴延征率所属蕃部两千余人投降。

五、始终与中央王朝在政治、军事上相互影响

宋金时期吐蕃部族赖以生存的河陇地区为蒙古高原、黄土高原、青藏高原三大高原的接壤交汇之处，处于我国半月形游牧经济文化圈内，是农耕文化和游牧文化的交汇之地，地理位置非常重要。这一地区自古以来就是各游牧民族驰骋往来的场所，是历代中原王朝经略边疆的重中之重，能否成功经营河陇地区直接决定着中原王朝的强弱与稳定。唐朝中后期，安禄山发动"安史之乱"，唐朝河陇驻军奉命内调平叛，吐蕃王朝趁机出兵河陇，直接威胁到唐朝的安全。吐蕃王朝崩溃之后，已经定居于河陇地区的吐蕃部落继续占据河陇地区，伴随着五代十国时期中原王朝的虚弱而渐渐形成五大居住区，成为西北地区宋、辽、西夏之外的第四支力量，其向背归属对任何一方均有至关重要的影响。因此，宋朝十分重视与西北吐蕃部落之间的关系，西北吐蕃部落也由于在政治、经济、军事方面对中原王朝存在着依附关系而主动向中原王朝靠拢。

---

❶ 马端临.文献通考·卷335·四裔考十二 [M].北京：中华书局，1986：2630.
❷ 李焘.续资治通鉴长编·卷247 [M].北京：中华书局，1992：6013.
❸ 李焘.续资治通鉴长编·卷246 [M].北京：中华书局，1992：5998.

早在五代时期，西北吐蕃部落就开始接受中原王朝的封授，如五代时期，凉州吐蕃部落首领孙超自立为凉州留后，为得到中原王朝的承认，他于后唐长兴四年（933 年）派大臣到后唐寻求册封，"凉州留后孙超遣大将拓跋承谦及僧道士耆老杨通信等至京师，明宗拜孙超节度使"❶。孙超去世之后，吐蕃部族推折逋嘉施为留后，他随即派使臣去后汉，并由后汉册封他为留后，"超卒，州人推其土人折逋嘉施权知留后，遣使来贡，即以嘉施代超为留后"❷。宋朝建立之后，折逋氏又很快与北宋王朝建立联系，数次遣使到北宋朝廷请求册封，"自申师厚逃归，朝廷不复疆理凉州，于是蕃部首领数十人诣阙请帅"❸。唃厮啰部也数度接受朝廷册封，先后被宋朝册封为宁远大将军、爱州团练使、保顺军节度观察留后、保顺军节度使、邈川大首领、检校太保、充保顺、河西节度使等官职。唃厮啰三子董毡也先后被宋朝加封为会州刺史、邈川首领、保顺军节度使、检校司空、检校太保、廓州刺史兼西平军节度使、常乐郡公、武威郡王等。

除唃厮啰家族，西北大大小小的吐蕃部族接受中原王朝封授者不计其数。能够得到中原王朝的封授，其实就等于得到了中原王朝的承认与支持，可以提高本部族的权威。对大的部落集团来说，可以以此达到对其他部族发号施令的目的，如李立遵，就是因为得到北宋王朝的封授势力大增，"立遵自作威福，屡恃朝廷恩宠，凌轹边部，此亦近理"❹。对小的部落来说则可以加强本部族内部的统治，巩固自己的权力，如秦州近边马家和丁家，"此

---

❶ 薛居正. 旧五代史. 卷 138 · 吐蕃传 [M]. 北京：中华书局，1976：1840.
❷ 脱脱. 宋史. 卷 492 · 吐蕃传 [M]. 北京：中华书局，1977：14152.
❸ 李焘. 续资治通鉴长编. 卷 5 [M]. 北京：中华书局，1992：136.
❹ 李焘. 续资治通鉴长编. 卷 85 [M]. 北京：中华书局，1992：1950.

二族人马颇众，倚依朝廷"❶。

同时，西北吐蕃部族由于特殊的地位在政治、军事上对宋朝的西北经略影响很大。李继迁叛宋自立后，西北吐蕃地区的战略地位日益重要，西北吐蕃部族在宋朝的西北经略中发挥的作用更为突出。宋夏对峙初期，北宋在西北的兵力非常有限，为有效遏制党项人的进一步发展，北宋统治者制定了利用西北吐蕃部族抵抗西夏的政策，"激励自来与继迁有仇蕃部，招诱远处大族首领，啖之以官爵，诱之以货财，推恩信以导其诚，述利害以激其志。若山西蕃部响应，远处族帐倾心，则凶丑之势减矣"❷。为鼓励西北吐蕃部族与西夏为敌，宋朝制定悬赏政策，明确向西北吐蕃部族承诺："西蕃诸族有能生擒李继迁者，当授节度使，赐银彩茶六万；斩首来献者，授观察使，赐物有差。"❸

在宋朝激励政策的刺激下，西北吐蕃部族成为北宋经略西北的一支重要力量。在北宋与西夏的历次交锋中，西北吐蕃部族发挥了重要作用，除直接派兵随宋军参战，还在以下两个方面直接影响战局的发展。一是充当向导。西北吐蕃诸部长期生活在宋夏交界的边境地区，对山川道路非常熟悉，因此宋军大量使用吐蕃部族为向导，"我师如入夏州之境，宜先招到接界熟户，使为向导，其强壮有马者，令去官军三五十里，踏白先行。缘此三路，土山柏林，溪谷相接，而复隘狭不得成列，蹂此向导踏白，可使步卒多持弓弩枪锯随之，以三二千人登山侦逻，俟见坦途宁静，可传号勾马，遵路而行，我皆严备，保无虞也"❹。二是为宋朝提

---

❶ 李焘. 续资治通鉴长编・卷85 [M]. 北京：中华书局，1992：1958.
❷ 赵汝愚. 宋名臣奏议・卷103・边防门・上真宗论陕西事宜 [M]. 台北：台湾商务印书馆影印文渊阁四库全书本.
❸ 李焘. 续资治通鉴长编・卷50 [M]. 北京：中华书局，1992：1089.
❹ 李焘. 续资治通鉴长编・卷35 [M]. 北京：中华书局，1992：768.

供大量军马。在冷兵器时代，战马的重要性不言而喻，其数量和优劣往往决定着战争胜负，"自古论兵，必以马为先"❶。宋朝统治者甚至认为"有百万之兵，无马以壮军势，而用其胜力于追奔逐北之际，与无兵同"❷。西北吐蕃部族发达的畜牧业满足了宋朝的需求，为宋朝提供了必要的军马供应，在一定程度上决定了宋夏战争的胜负。熙河开边之后，宋朝在新建的熙河路设置六处买马场，"买马岁二万匹，而青唐十居七八"❸。

由此可以看出，宋代西北吐蕃部族在政治和军事上与宋朝相互影响：西北吐蕃部族必须借助宋朝的扶持与帮助才能维系自身的生存与发展，进而在与西夏的对抗中站稳脚跟；对宋朝来说，想要在与辽、西夏的争夺中拥有战略上的相对优势，就必须最大限度地利用西北吐蕃部族的人力、物力和财力，只有这样才能维护西北边境的安宁和陆地丝绸之路的畅通无阻。西北吐蕃部族的向背对宋朝来说至关重要。

第五节　宋金时期吐蕃部族的发展路径

自宋朝开始，大大小小的吐蕃部族经历了不同的兴衰存亡历程，有的部族一直绵延发展至1959年民主改革，有的部族则因各种原因逐渐湮没于历史长河之中，有的部族经过重新组合后发展成为新的部族。在一千多年的发展过程中，吐蕃部族经历了不同的发展道路，在坚守与嬗变中向前发展。部落制的始终如一、政教合一制的延续是西北吐蕃部族在发展路径上长期执着的坚

---

❶ 赵汝愚.宋名臣奏议・卷125・马政・上徽宗论西蕃市马[M].台北：台湾商务印书馆影印文渊阁四库全书本．

❷ 傅增湘.宋代蜀文辑存（第5册）[M].北京：北京图书馆出版社，2005：134.

❸ 傅增湘.宋代蜀文辑存（第3册）[M].北京：北京图书馆出版社，2005：264.

守,而政治上国家观的增强、经济上与中原地区一体化经济格局的实现、文化上的相互融合则体现了嬗变的一面。

一、从部落酋长制到土司制是西北吐蕃部族重要的发展路径

宋之后,广大吐蕃部族分别归属于西夏和金的统治之下。蒙古人控制西北地区之后,面对众多的吐蕃部族,如何有效地进行管理成为元朝统治者面临的首要难题。元朝统治者认识到,必须"因俗而治",任用吐蕃部族的上层人物才能实行有效治理。因此,一方面元朝统治者册封驸马章吉为宁濮郡王,镇守西宁,于河州建吐蕃宣慰司,以洮、岷、黎、雅诸州隶之;另一方面在西北吐蕃地区册封大量土官,准其世袭,"太祖、太宗用兵沙漠,得一地即封一人,使之世守;其以所属来降者,亦即官其人,使之世袭"❶。这些土官,本来就是世代相袭,相当一部分可以追溯到宋朝时期吐蕃部族首领,如临洮土官赵阿哥潘,其先祖就是北宋时期青唐吐蕃政权的赞普唃厮啰,十八族元帅府担任重要官职的包旺等人则可以追溯到宋朝时期的俞龙珂家族,被封为宗喀万户的西纳贝本就是出自宋朝时有名的西纳族。这样,西北吐蕃各部族的酋长到元朝时便成为中央政府正式任命的土官,部落制与土司制有效结合在一起。明朝建立之后,在西北吐蕃地区继续任命土司和土官进行统治,故元土官大多都获得了明政府的重新任命。尽管如此,明政府在元制的基础上对土司制度进行了改革,一方面,明初在西北地区实行众封多建政策,大规模分封土司和土官,西北藏区的土司、土官数目急剧增加。到明朝中后期,西北藏区除少数偏远高寒牧区,

---

❶ 赵翼. 廿二史札记校证记[M]. 北京:中华书局,1984:691.

土司制度已经非常普及。另一方面，明朝在西北地区还大力推行"土流参治"，将土官和流官同时安排在卫所任职，土官要服从流官的领导。明朝允许土官世袭，就是要利用他们的地位更好地治理西北地区，而将土官置于流官的领导之下又很好地限制了他们的权力，"土流参设，以流管土，以土治番，这是明政府为安定甘青藏区，根据具体情况而制定的一项很有远见的战略决策"❶。

西北吐蕃部族由部落酋长制发展到土司制是国家权力逐渐增强的重要体现，"部落制度与土司制度完全结合在一起，合而为一，对中央政府来说，它对部落社会的统治是通过土司制度来实现的，土司制度就是对部落社会的一种管理系统；对于广大藏区来说，部落制度在土司制度的庇护下得以存在和发展，部落成为土司管辖下的群体单位，土司是部落的组织者。部落制度与土司制度合为一体是甘肃藏族部落发展过程中的一个重要特征"❷。

二、部落制逐渐纳入国家政权体系

北宋建立之初，在西北地区沿袭唐制，设置大大小小的蕃官，将西北吐蕃部族一步步纳入国家政权的体系之中，大大小小的吐蕃部族首领逐渐成为宋朝任命的地方官员。蕃官的任命由兵部统一掌管，"兵部格掌管蕃夷官授官主客，令蕃国进奉人陈乞转授官职者取裁，即旧应除转官者，报所属看详。主客止合掌行蕃国进奉陈乞事体，其应缘进奉人陈乞授官，尽合归兵

---

❶ 李文学.明代安多藏区土司制度略论[J].西北第二民族学院学报（哲学社会科学版），2005（2）：26-31.

❷ 洲塔.甘肃藏族部落的社会与历史研究[M].兰州：甘肃民族出版社，1996：123.

部"❶。宋代西北蕃官的一个重要来源即各部族首领,宋朝对率部投降的部族首领封官赏赐,"能率部下归顺者,授团练使,赐银万两。其军主职员外郎,将校补赐有差"❷。随着西北吐蕃部族归顺数量的增多,宋真宗时期蕃官封授逐渐制度化,"属羌百帐以上,其首领为本族军主,次为指挥使,又其次为副指挥使,不及百帐为本族指挥使。其蕃落将校,止于本军叙进,以其习知羌情与地利,不可徙他军"❸。到宋朝中后期,西北蕃官的数量已非常庞大,仅举一例,王韶发动的"熙河之役"结束后封授的蕃官就达数百人,"凡补蕃官、首领九百三十二人,蕃官给奉者四百七十二人"❹。

大量的蕃官从部族首领成为宋朝在西北地区任命的地方长官,对于维护西北地区社会稳定和实施宋朝廷的军政方略起着至关重要的作用。宋朝制定和颁布了许多管理和约束蕃官的条令,对蕃官在授职名、品位、承袭和与汉官地位等方面予以严格规定,将蕃官机制纳入统一的封建国家统治机制之下,便于监控和管理蕃官,使之为朝廷效力,最终将部落制纳入国家体制之中,成为治边政策的重要一环。

三、西北吐蕃部族的命运与封建王朝的民族政策息息相关

宋代吐蕃部族的每一次兴衰沉浮均与封建王朝的民族政策息息相关。以唃厮啰为首领的宗哥族之所以能够兴起、统一整个河湟地区并建立河湟吐蕃政权,最主要的一个因素是宋朝初年"无意疆理"的西北边疆的政策导致河湟地区形成权力真空,宗哥族

---

❶ 李焘.续资治通鉴长编·卷461 [M].北京:中华书局,1992:11028.
❷ 李焘.续资治通鉴长编·卷56 [M].北京:中华书局,1992:1229.
❸ 脱脱.宋史·卷258·曹玮传 [M].北京:中华书局,1977:9888.
❹ 脱脱.宋史·卷191·兵五 [M].北京:中华书局,1977:4757.

正是在这种权力的真空中应运而生,迎来部族发展史上第一个辉煌时期。唃厮啰迁居青唐后,他所领导的青唐吐蕃部族的命运同样随着宋朝西北政策的转变而沉浮,王安石和王韶所推行的"断西夏右臂"的民族政策令青唐吐蕃部族失去对熙河地区的统治权,宋哲宗亲政之后积极经略西北的民族政策让青唐吐蕃部族举步维艰,最终在宋朝开疆拓土的民族政策之下部族离散,政权覆灭。

另外,有宋一代,西北吐蕃部族也在西北的社会制度和社会关系的变革中扮演着重要的角色,以自己独特的方式、地位及实力影响着宋代民族政策的制定与发展。凡是顺应历史潮流、归顺宋朝且与宋王朝的民族政策保持一致的吐蕃部族,大多经受住了历史的考验,在历史的洪流中能够生存下来并持续发展,如宗哥族、俞龙珂部等;相反,那些逆历史潮流的吐蕃部族大多没有延续下来,要么被其他部族所兼并,要么被时代淘汰。

附录一

宋代吐蕃部族同名异译对照表

《宋史》《宋会要辑稿》	《续资治通鉴长编》（文渊阁四库全书本）
尚波于部	尚巴约
大石、小石族	大石、小石族
安家族	安家族
王泥猪族	王宁珠族
大马家、小马家族	大马家、小马家族
朵藏、枭波	朵藏、枭篦
末星族	默星族
宗哥族	总噶尔族
廓厮敦部	郭干苏都部
赏样丹部	尚扬丹部
者龙族	咱尔隆部
药令族	裕勒凌族
离王族	哩旺族
厮鸡波	斯节博
鬼留族	珪律族
空俞族	崆裕勒族
唡厮波部	嘉勒斯博部
擦罗部	纳克垒部

续表

《宋史》《宋会要辑稿》	《续资治通鉴长编》（文渊阁四库全书本）
立公族	哩恭族
马颇族	玛颇克族
捞家族	咱家族
铺心把离族	布沁巴勒族
禄斯结族	罗斯结族
鬼族	珪族
剡毛族	音摩族
耳金族	额勒锦族
星罗述族	星罗舒克族
洗纳族	斯纳族
篯南族	齐暖族
心牟族	森摩族
亚然族	雅仁结族
妙娥族	密鄂克族
麻毡族	玛展族
党留族	当罗族
章埋族	章默特族
西鼠族	西舒族
万子族	万资族
熟嵬族	硕克威族
明珠族	敏珠尔族
小遇族	辖裕勒族
鱼角蝉部	裕木扎卜沁部
禹藏六族	裕勒藏六族
懒家族	兰家族
乞当族	锡丹族

续表

《宋史》《宋会要辑稿》	《续资治通鉴长编》（文渊阁四库全书本）
葩俄族	巴鄂特族
马禄族	玛勒族
抹耳水巴族	穆尔瑞巴族
日脚族	日珠族
结彪族	结布族
朴心族	布证族
鲁尊部	罗遵部
陇逋族	隆博族
鬼驴族	珪罗族
木令征部	本琳沁部

附录二

宋代西北吐蕃大事记

公元962年（宋建隆三年）

六月，秦州吐蕃尚波于与宋军争夺山林，杀伤数名宋军采造务士卒，知秦州高防前往弹压，俘吐蕃四十余人。宋朝廷任命吴廷祚代替高防知秦州。吴廷祚赦免尚波于罪并将俘获吐蕃部族全数放还，宋帝赏赐尚波于锦袍、银带。不久，宋朝廷取消采造务。

九月，尚波于献伏羌地。

公元966年（宋乾德四年）

知西凉府折逋葛支护送过境前往天竺取经的汉僧六十余人到达甘州。

公元973年（宋开宝六年）

凉州令步奏官僧各毡声、遁胜拉蠋二人前往宋都，请求允许借道灵州朝贡。

公元983年（宋太平兴国八年）

吐蕃部族向宋朝廷献马，宋太宗在勤政殿召见吐蕃酋长，对吐蕃酋长大加抚慰并赏赐束帛。

公元990年（宋淳化元年）

秦州大马家、小马家族献地内附。

公元 991 年（宋淳化二年）

十一月，权知西凉州左厢押蕃落副使折逋阿喻丹向宋进贡。

公元 993 年（宋淳化四年）

阿喻丹死，宋命阿喻丹弟西凉府都总管权知军府事喻龙波接任保顺郎将。

公元 994 年（宋淳化五年）

三月，环州知州柳开整顿边民与吐蕃贸易事宜，将一些在贸易中欺夺吐蕃人的不法之徒绳之以法。

同年，折平族大首领、护远州军铸督延巴率六谷诸族向宋贡马千余匹。知西凉府左厢押蕃落副使折逋喻龙波、振武军都罗族大首领一起向宋进贡马匹。

公元 995 年（宋至道元年）

凉州吐蕃当尊向宋进贡良马。宋太宗对当尊表示慰抚并赏赐当尊虎皮。

公元 996 年（宋至道二年）

李继迁侵夺西凉吐蕃诸部，折平族首领握散及喻龙波等大首领向宋报告此事，并派六谷蕃部众首领向宋贡名马。宋任命殿直丁惟清知凉州事，赐以牌印。

公元 997 年（宋至道三年）

唃厮啰出生于郭仓芒域，即今西藏阿里地区的芒域。

公元 998 年（宋咸平元年）

十一月，河西军左厢副使、归德军折逋喻龙波到达宋朝京师，宋任命折逋喻龙波为安远大将军。宋设置估马司，并铸"估马司印"。

公元 1000 年（宋咸平三年）

十月，宋朝廷授予西凉府吐蕃大首领折逋喻龙波及属下将军、郎将等官爵。

公元 1001 年（宋咸平四年）

十月，宋朝廷任命西凉府六谷都首领潘罗支为盐州防御使兼灵州西南都巡检使。同时加封折逋喻龙波为宥州刺史，六族首领褚下篯等三人加封为怀化将军。

闰十二月，潘罗支遣部属李万山率众进讨西夏，同时向宋朝廷请求派兵出师西夏。西凉卑宁族首领喝邻丰祝请求归附，喝邻丰祝同时进贡名马并自称有精骑三万，愿听从宋朝廷调遣。

公元 1002 年（宋咸平五年）

十月，潘罗支遣使向宋朝廷报告李继迁送铁箭诱其属部叛离之事。

十一月，潘罗支遣使向宋朝廷进贡马五千匹。宋朝廷对潘罗支进贡马匹给予高价并额外赏赐潘罗支彩百段、茶百斤。

公元 1003 年（宋咸平六年）

二月，潘罗支派遣属下首领吴福圣腊向宋进贡，潘罗支声称自己已调集骑兵六万，希望与宋军合兵收复灵州。宋朝廷遂加封潘罗支为朔方军节度、灵州西面都巡检使，加封吴福圣腊为安远将军，加封首领兀佐等七人为怀化将军。

四月，潘罗支遣使铎论向宋朝廷进贡，声称六谷部兵已聚齐，希望能够与宋军共讨西夏李继迁。

八月，西凉府者龙族首领派遣使者向宋朝廷进贡马十七匹。宋真宗认为者龙族曾经与潘罗支协力抗击西夏人，对者龙族予以重赏。

十一月，李继迁陷西凉府，知凉州丁惟清死于乱军之中，潘罗支诈降李继迁。

公元 1004 年（宋景德元年）

一月，潘罗支派遣外甥厮陁完向宋献马三十匹，并请求宋派工匠及赐金箔、绢彩修缮洪元寺，宋朝廷除认为工匠难以远去之外,对潘罗支的其他请求照准。潘罗支调集六谷蕃部及者龙族合击李继迁,李继迁中箭后在距灵州界三十井地死去。

六月,潘罗支派遣其兄邦逋支入宋,请朝廷准许自己率本部族兵及回鹘精兵抵贺兰山进讨西夏,希望能够与宋军会师灵州,统一行动。不久,潘罗支被归降的原夏人部落迷般嘱和日逋吉罗丹二族杀害于帐中。潘罗支弟厮铎督为六谷蕃部酋豪推举为六谷部大首领。

十月,宋朝廷听闻潘罗支遇害,追封潘罗支为武威郡王,并承认厮铎督继承潘罗支的地位及封爵。

公元1005年(宋景德二年)

厮铎督派遣外甥呵昔与凉州教练使贾人义向宋朝廷进贡名马及所俘西夏人马。西凉蕃部杨丹族向宋请求购买弓箭,得到宋朝廷的批准。宋朝加封潘罗支之子潘失吉为归德将军。

公元1006年(宋景德三年)

五月,西凉府康古家、宗家、咱隆、当宗、章密等十余族向宋进贡。厮铎督派使者入宋,报告西凉地区发生疾疫,请宋朝廷赐药。宋赏赐厮铎督白龙脑、犀角、硫黄、安息香、白紫石英等药七十六种。厮铎督派遣蕃部波机向宋朝廷进贡马匹,同时请求宋朝廷支付拖欠的半年薪俸。

公元1007年(宋景德四年)

厮铎督派遣六谷部十八位首领向宋朝廷进贡名马,宋朝廷派李仁义携带诏书到西凉府赏赐厮铎督,命厮铎督约回鹘为援,以防备西夏赵德明入侵。

公元1008年(宋大中祥符元年)

河州大酋何郎业贤至高昌(郭仓)贸易,将唃厮啰带回河州。不久,唃厮啰被大姓耸昌厮均带到移公城(一公城,后改为循化城)。厮铎督派遣蕃部厮铎奴等首领向宋朝廷进贡名马。宋朝廷加封厮铎督为检校太尉。

公元1014年（宋大中祥符七年）

五月，宋朝廷授唃厮啰为殿直充巡检使。

十二月，李立遵、唃厮啰、温逋奇聚兵六七万，与西夏赵德明为敌，希望宋朝廷能够册封爵位以及赏赐薪俸，宋朝廷并未答应。

公元1015年（宋大中祥符八年）

二月，唃厮啰、李立遵、温逋奇、摩罗木丹向宋朝廷进贡名马。宋朝廷赏赐唃厮啰等锦袍、金带、供帐什物、茶药等，合计中金七千两以及其他物品若干。

五月，西凉府厮铎督派遣使者朝贡。

九月，唃厮啰立文法，聚集数十万兵，派人向宋朝廷上奏，希望进讨西夏，宋朝廷并未许可唃厮啰的出兵请求。

十月，西凉府厮铎督派遣使者向宋朝廷朝贡。

公元1016年（宋大中祥符九年）

正月，唃厮啰、李立遵派遣使者到宋朝廷谢恩并献马五百八十二匹，宋朝回赐以器币、钱，总计一万两千缗。

三月，李立遵上书宋朝求"赞普"号，宋朝不准，唃厮啰与李立遵的矛盾公开化。

四月，唃厮啰遣使入贡。

六月，唃厮啰派人至渭州沿边，煽动熟户作乱，要求各熟户向唃厮啰政权纳质。

九月，唃厮啰与李立遵等率众三万余人进犯伏羌砦，与曹玮大战于三都谷，为曹玮所败。

公元1017年，（宋天禧元年）

二月，宗哥族首领马波叱腊等率众设寨于野吴谷，为曹玮所破。

九月，唃厮啰向宋朝廷贡马，乞求和断。

公元 1018 年（宋天禧二年）

二月，唃厮啰为穆尔锡里库部所败，唃厮啰部族离散，河州吐蕃诸部族均脱离宗哥联盟。

公元 1019 年（宋天禧三年）

二月，唃厮啰派僧景遵至宋朝进贡。

公元 1020 年（宋天禧四年）

闰十二月，唃厮啰再次立文法，东山再起。宋朝廷下诏西凉府、回鹘进贡时改走秦州入朝。

公元 1021 年（宋天禧五年）

九月，唃厮啰派遣蕃部到宋朝廷请和，欲归附宋朝。

公元 1022 年（宋乾兴元年）

唃厮啰率部与西夏赵德明交战。

公元 1024 年（宋天圣二年）

唃厮啰、李立遵派大首领斯多正进贡。

公元 1025 年（宋天圣三年）

唃厮啰随妻族纳斯结等前往邈川城投奔温逋奇，唃厮啰政权第一次分裂。

公元 1026 年（宋天圣四年）

者龙族首领厮铎督等派人向宋朝廷贡马，宋朝廷赏赐厮铎督衣服、银带。

公元 1032 年（宋明道元年）

唃厮啰三子董毡出生。

八月，唃厮啰被宋朝加封为宁远大将军、爱州团练使。

温逋奇发动政变，将唃厮啰囚于阱中。守阱人释放唃厮啰，唃厮啰集合部族讨杀温逋奇后迁居青唐城。

公元 1035 年（宋景祐二年）

十二月，宋朝加封唃厮啰为保顺军留后，仍为邈川首领。

同年，元昊派部将苏奴儿率兵进攻唃厮啰，苏奴儿全军覆没。元昊遂亲率大军进攻唃厮啰。唃厮啰率兵进行青唐城保卫战，最终取得胜利。

公元 1036 年（宋景祐三年）

唃厮啰家庭分裂，长子瞎毡迁居宄谷，后居于河州。次子磨毡角迁居宗哥城。同年，元昊再次举兵进攻唃厮啰政权所辖兰州地区，筑城瓦川会，唃厮啰与宋朝的联系被切断。

公元 1038 年（宋宝元元年）

十二月，宋朝任命唃厮啰为节度使。

公元 1039 年（宋宝元二年）

二月，宋朝派左侍禁鲁经出使青唐城，诏谕唃厮啰从侧面出击元昊，并赏赐唃厮啰二万匹帛。

三月，唃厮啰派李博木喇斡进贡方物。

四月，宋朝赐唃厮啰妻李氏紫衣，加封乔氏为永嘉郡夫人。唃厮啰长子瞎毡加封为澄州团练使，次子磨毡角加封为顺州团练使，各赏赐紫衣、金带、器币及茶，仍每月别给彩绢各十五匹。

公元 1040 年（宋康定元年）

二月，宋朝诏唃厮啰乘西夏空虚进攻元昊，唃厮啰最终并没有出兵。

四月，宋朝任命唃厮啰三子董毡为会州刺史。

四月，唃厮啰次子磨毡角称有兵二万，愿出兵收复西凉府。宋仁宗下诏嘉奖磨毡角。

八月，宋屯田员外郎刘涣出使青唐城，诏谕唃厮啰出兵协助宋军征讨西夏。

公元 1041 年（宋庆历元年）

正月，宋朝廷加封唃厮啰为河西节度使。

公元 1042 年（宋庆历二年）

二月，元昊与唃厮啰长子瞎毡大战于宪谷，瞎毡大败。

公元 1043 年（宋庆历三年）

正月，唃厮啰次子磨毡角入贡。

公元 1044 年（宋庆历四年）

十二月，唃厮啰长子瞎毡派遣使者入贡马九十匹，金二十两、铁甲一副。

公元 1046 年（宋庆历六年）

三月，唃厮啰派人进献方物。

四月，唃厮啰次子磨毡角派人入贡。

公元 1047 年（宋庆历七年）

十月，唃厮啰次子磨毡角派遣使者进贡方物。

公元 1050 年（宋皇祐二年）

十二月，唃厮啰派遣使者进贡方物。

公元 1054 年（宋至和元年）

四月，唃厮啰长子瞎毡派人贡马，宋朝廷赏赐瞎毡月增大彩五匹，角茶五斤，加封瞎毡之妻李萨勒邑号。

公元 1056 年（宋嘉祐元年）

正月，唃厮啰次子磨毡角进贡方物。

公元 1057 年（宋嘉祐二年）

四月，唃厮啰长子瞎毡派人进贡方物，宋朝廷回赐瞎毡金箔、药物。

公元 1058 年（宋嘉祐三年）

是年，唃厮啰长子瞎毡、次子磨毡角相继去世

四月，唃厮啰所属擦罗部阿作叛逃西夏。

五月，宋朝任命磨毡角之子瞎撒欺丁为顺州刺史。唃厮啰之妻李氏担心实力太弱不能守住宗哥城，向唃厮啰进献皮帛，唃厮啰接受李氏进献之皮帛。

六月，西夏以阿作为向导举兵进攻唃厮啰，唃厮啰率众抵抗，大获全胜。

九月，西夏属部陇逋、公立、马颇三族归附唃厮啰，唃厮啰率兵进攻西夏。此时，契丹派使者送公主与董毡成亲，西夏因此罢兵。

十月，宋朝任命瞎毡子木征为河州刺史。

十二月，唃厮啰与董毡迁居历精城。

公元 1059 年（宋嘉祐四年）

十月，契丹派遣使者由回鹘路到达河湟，与唃厮啰相约共同举兵攻夏国。唃厮啰以路途遥远为由未出兵。

十二月，宋仁宗下令，今后唃厮啰进奉首领赴殿宴，升其坐近北一间。

公元 1060 年（宋嘉祐五年）

三月，宋朝封唃厮啰妻乔氏为定安郡夫人。

公元 1062 年（宋嘉祐七年）

八月，唃厮啰年老，国事全部交于三子董毡处置。

八月，董毡杀契丹使者，不再与其妻相见，契丹遂与唃厮啰政权断交。

公元 1064 年（宋治平元年）

六月，宋朝廷下诏每年给唃厮啰增加大彩百匹，角茶二百斤，散茶三百斤。

七月，宋朝任命董毡为顺州防御使。瞎毡子木征归附，宋朝任命木征为河州刺史。

公元 1065 年（宋治平二年）

十月，唃厮啰去世，年六十九，其三子董毡继位。

公元 1066 年（宋治平三年）

五月，唃厮啰下葬。

公元 1067 年（宋治平四年）

二月，宋朝加封董毡为检校太保。

十二月，董毡进贡。宋朝回赐，依治平元年赐唃厮啰惯例，董毡妻获赐银器五十两，衣着百匹。

公元 1068 年（宋熙宁元年）

二月，宋朝封董毡母乔氏为安康郡太君，董毡子蔺逋比为锦州刺史。

公元 1069 年（宋熙宁二年）

宋神宗诏谕河州木征进奉首领张纳儿潘等，命他们转告木征，木征妻子与父瞎厮铎心已返回各自部族。

公元 1070 年（宋熙宁三年）

十二月，董毡乘夏人犯环庆之际深入夏境，虏获甚多财物，宋朝赏董毡衣、带、鞍马等。

公元 1071 年（宋熙宁四年）

七月，董毡遣首领进贡。

八月，因董毡、木征与僧亲善，宋朝遣僧智缘随王韶驱使，赐银三百两，置洮河安抚司。

九月，宋朝赏赐董毡加食邑一千户，实封三百户。

公元 1072 年（宋熙宁五年）

二月，木征对王韶所发动的熙河之役向宋朝提出抗议。王韶不听，继续用兵熙河地区。

五月，董毡子与西夏国主秉常妹联姻并于是年十二月成婚。因木征进献药物，宋朝廷赏赐木征细衣百匹，翠毛细法锦旋襕一领。木征心腹俞龙珂与兄瞎药降宋。木征败走巩令城,木征弟结吴延征投降。宋朝任命结吴延征为礼宾副使,充镇洮军洮河西一带蕃部钤辖。

八月,宋神宗诏谕秦凤缘边安抚司晓谕木征,限木征一月之内投降。

公元 1073 年（宋熙宁六年）

二月,王韶率军攻破河州,木征败走。宋军生擒木征妻子瞎三牟及儿子续本洛。宋军继续向南进攻,木征弟瞎吴叱率军急攻滔山未果,去围临江,临江守军不敌瞎吴叱。熙河蕃汉部巡检刘惟吉率所部赴临江解围,瞎吴叱败走。夏天,王韶由露骨山南入洮河界,击破木征弟巴毡角部,南山吐蕃诸部溃走。此后,王韶率军两路迎击木征,王韶大获全胜,木征弟巴毡角降。

八月,宋朝廷下诏册封木征子兀丁兀补三班奉职,赐姓钱,名怀义。

九月,木征弟瞎吴叱降。

十月,熙河之役结束。

十二月,宋朝廷任命木征弟瞎吴叱、巴毡角同为崇仪副使,任命董谷为礼宾副使。

公元 1074 年（宋熙宁七年）

二月,董毡派鬼章入河州支援木征抗宋。

四月,踏白城之役。木征投降王韶。

六月,宋朝赐木征姓名赵思忠,任命木征为荣州团练使,加封木征母亲寿安郡君郢成结赐姓李,加封其为遂宁郡太夫人。木征妻子俞龙七加封为安定郡君,另一位妻子结施卒为仁和县君。木征弟董谷赐名赵继忠,结吴延征赐名为济忠,瞎吴叱赐名为绍忠,巴毡角赐名为醇忠,巴毡抹赐名为存忠。木征长子邦辟勿丁呱赐名为赵怀义,次子盖呱赐名为赵秉义。

十二月，宋朝廷任命木征为秦州钤辖，但是并无实职。同月，木征母亲请求为子董谷在河州修建廨舍。木征妻子俞龙七请求朝廷给予儿子巴鄂多尔济、巴勒索诺木和董谷一样的官职，宋朝廷准予给两人各迁一资，又赐两人姓名，巴鄂多尔济赐名为赵忠，巴勒索诺木赐名为赵毅。

公元 1075 年（宋熙宁八年）

闰四月，因木征为秦州钤辖，不理职，依熙州例供给存恤，闲暇之余木征教儿子学习汉字。

六月，宋朝下诏任命崇仪副使赵醇忠（即巴毡角）为洮州汉蕃钤辖，可以免予出巡。是月，宋朝廷赏赐木征熙河两州地五十顷，其中包括赏赐木征妻子包氏和俞龙七各五顷。

公元 1076 年（宋熙宁九年）

二月，董毡携带旗号、蕃字到洮州、叠州诱胁顺汉蕃部，双方展开激战。

五月，木征为李奇崖向宋朝廷求印信。

公元 1077 年（宋熙宁十年）

二月，宋朝任命赵绍忠（瞎吴叱）为内藏库副使，任命赵醇忠（巴毡角）为六宅副使。

五月，蕃官隆吉卜引诱山后吐蕃扰边，木征请求亲自出战，犯边的吐蕃诸部看到木征后丧失斗志，宋军大获全胜，隆吉卜在乱军之中被宋军斩杀。董毡兵败后上书求和并派使者进贡。

六月，瞎吴叱随宋军进兵岷南，宋朝廷任命瞎吴叱为崇仪使。是月，木征去世。宋朝追赠木征为镇洮军留后，由官方负责处理木征葬事，以宋朝赏赐给木征的牌印随葬，宋朝廷录木征子左侍禁赵怀义为内殿承制，录右侍禁赵秉义为内殿崇班。

十月，董毡派使者进贡。

十一月，宋朝以董毡手下将领鬼章为廓州刺史，董毡养子阿里骨为松州刺史。

十二月，宋朝廷以董毡为西平军节度使。

公元1078年（宋元丰元年）

五月，瞎吴叱暗中与董毡联系，宋朝获悉后将瞎吴叱押往秦州，不许擅自出城。

七月，董毡派遣使者入贡。宋朝差供奉官郭英赟诏前往青唐城慰抚董毡，并赏赐董毡对衣、金带、银器、衣着和三百两匹，令熙河路经略司依治平二年差使臣赐敕告例。

公元1079年（宋元丰二年）

二月，巴毡角助宋修建熙州外城。

三月，董毡派遣景青宜党令支等入宋贡方物。宋朝赐董毡钱一千二百缗，银、采各千，对衣、金带、银器、衣着等。

公元1080年（宋元丰三年）

六月，董毡欲修城，派人至宋朝求铁器及援兵。

闰九月，董毡遣使者入贡。

公元1081年（宋元丰四年）

三月，董毡遣使者进贡。

七月，李宪与董毡会兵进攻西夏。于阗使者进贡，董毡派人将于阗使者导引至熙州。

九月，董毡派首领李察勒沁入贡，称董毡已派洛施军笃、乔阿公等率三万人进攻西夏。

公元1082年（宋元丰五年）

二月，因董毡助宋讨夏有功，宋朝廷下诏加封董毡为武威郡王，赐金束带一、银器二千两、色绢绅三千匹，每年赏赐大彩五百匹。

三月，西夏欲与董毡重新通好，董毡没有答应西夏的请求并且派使臣告知宋朝，已训整兵马以等待西夏入讨。

四月，西夏数次派遣使者欲与董毡通好，并请契丹派人至青唐游说董毡，董毡以受宋厚恩，没有与西夏通好。

十月，董毡闻西夏兵东出，派阿里骨进兵斫龙、龈哆等城，大破西夏军队，俘获西夏大量士兵，战事结束之后董毡派人向宋朝廷报捷。

公元1083年（宋元丰六年）

四月，宋朝廷以巴毡角为皇城使、荣州刺史。

八月，西夏秉常派人至辽，请辽再次游说董毡，欲与董毡结好，以为声援。辽再遣使者至青唐，董毡仍不与西夏通好。

十月，董毡去世，阿里骨继立。

公元1085年（宋元丰八年）

二月，宋朝廷以巴毡角为光州团练使。

十月，木征子左藏库副使赵怀义因兰州渡河进讨西夏有功而恩转两官。

公元1087年（宋元祐二年）

二月，阿里骨进兵洮州，俘虏巴毡角（赵醇忠）及其属户，驻兵常家山，分筑洮州为两城以居住。

九月，刘舜卿要求削去阿里骨官爵，并让巴毡角（赵醇忠）遥领青唐城。

十月，宋朝廷以巴毡角（赵醇忠）为西上閤门使。

公元1095年（宋绍圣二年）

十一月，因赵怀义在与阿里骨的战争中为宋朝屡立战功，宋朝对赵怀义等进行嘉奖，因熙河路蕃官包顺、包诚、李忠杰、赵怀义、赵永寿累立战功，宋朝廷令经略司差使臣管押乘驿兼程前往熙河路慰劳。

公元1096年（宋绍圣三年）

一月，宋任命溪苏南邦彪篯为使持节鄯州防御使，苏南纳支为使持节西州刺史。

七月，宋派礼宾使李宁、供备库副使王师中担任抚谕副使前往青唐城抚慰阿里骨，并面谕朝廷旨意。宋朝廷同意依元丰四年赏赐董毡旧例赏赐给阿里骨茶彩什物。

九月，阿里骨去世，终年五十七岁，阿里骨子瞎征继嗣。

十一月二十四日，宋朝廷追赐阿里骨孝赠绢五百匹，羊百口，酒五十瓶。其中羊、酒以绢替代，仍修写蕃字差贯熟使臣一名管押入青唐。

公元1097年（宋绍圣四年）

一月，宋朝廷正式承认瞎征地位，同意他承袭阿里骨官爵。

四月，宋朝以赵永寿为忠州刺史，赵永福、赵永保同时加封为皇城使遥郡刺史。

六月，巴毡角（赵醇忠）之母上书称赵永寿等身陷夏国，请宋朝廷准许赵永寿之弟赵永顺和赵永吉掌管本部部族，并请允许赵永寿子阿陵（即阿克陵）承袭官爵，赵永福和赵永保二人三年后再另行赏赐。宋朝廷准奏，令赵永寿弟承袭，下诏令阿陵为内殿崇班，赐名赵世长，差充本族巡检。

公元1098年（宋元符元年）

四月，宋朝廷册封瞎征子溪嘉斯博邦贝及其属下大首领职名。

五月，瞎征派大首领纳麻抹毡向宋进贡，纳麻抹毡被授以职名，领本族军都指挥使。

八月，蕃官包顺带温溪心孙巴霭吉归汉，巴霭吉被宋朝廷授以内殿崇班之职。

公元1099年（宋元符二年）

六月，吐蕃大首领边厮波结等以河南讲朱、一公、错凿、丹巴四城降宋。宋哲宗采纳王赡的建议，以应接初立之溪巴温、抚慰邈川降宋诸酋的名义，命王愍为统军、王赡为副统军率兵渡黄河，进入湟水流域，拉开了元符河湟之役的序幕。

七月，王赡攻取邈川。边厮波结表示愿意将本部所辖地土族部献于宋。青唐主瞎征被大首领心牟钦毡逐出青唐城，徙居青唐新城，入寺削发为僧。

八月，王愍入据宗哥城。大酋青归论征结等四十九人，瞎征及其妻子亲信数十人都前往宗哥城降宋。孙路上奏称前后共招降西蕃大小首领、蕃僧等三千余人。大首领篯罗结与心牟钦毡等到河南迎立溪巴温之子陇拶入青唐，并继立为青唐主。

九月，宋朝廷令胡宗回等派人劝谕陇拶投降。陇拶与诸族首领并契丹、夏国、回鹘公主降宋。王赡入据青唐城。

闰九月，宋朝廷百官称贺，向宋哲宗祝贺河湟之捷。宋哲宗命河湟吐蕃降附首领均赴阙朝觐。王赡镇压吐蕃人反抗，杀害心牟钦毡、结瓦龊等大首领九人于青唐城。

十月，篯罗结等大首领复迎立陇拶弟溪赊罗撒代替陇拶为青唐主。

十一月，王赡引兵返回邈川城。

十二月，秦希甫上奏朝廷状告王赡、王厚等盗取青唐府库财物。陇拶被宋哲宗加封为河西节度使、差知鄯州军州事，充西蕃都护。

公元1100年（宋元符三年）

二月，篯罗结等拥小陇拶率众三万攻青唐，王赡闭城拒守。吐蕃军攻城十余天未取胜。

三月，新登基的宋徽宗接见赴阙的河湟吐蕃首领瞎征、陇拶及契丹、夏国、回鹘三公主，以及随行的大小首领、亲属等。

四月，宋军撤出青唐、湟州返回河州。小陇拶入据青唐城。

公元 1101 年（宋建中靖国元年）

三月，宋军撤出湟州。

十一月，宋朝廷承认小陇拶溪赊罗撒的地位。瞎征入居邓州。

公元 1102 年（宋崇宁元年）

五月，瞎征在邓州去世。

十一月，宋朝廷特封溪赊罗撒为敦煌郡开国公。

公元 1103 年（宋崇宁二年）

四月，童贯到达熙州慰劳军队。

六月，宋军发动第二次进取湟水流域的战役。由童贯、王厚、高永年等率兵从兰州、河州两个方向同时挺进。宋军过安乡关黄河渡口上巴金岭，遇到吐蕃大首领多罗巴等人的顽强抵抗。多罗巴寡不敌众，溃退，宋军进驻湟州。

十二月，宋特授溪赊罗撒为检校太保。

公元 1104 年（宋崇宁三年）

三月，王厚、童贯率军自熙州往湟州进发，继续进取湟水流域。

四月，宋军到达湟州。王厚、童贯兵分三路占领青唐城。溪赊罗撒率部在宗哥城东之葛陂汤处迎战宋军，溪赊罗撒败走宗哥城，城门不开，遂赴青唐城。宋军紧追至青唐城下，溪赊罗撒见大势已去，遂走投西夏。青唐城中之龟兹公主及其他大酋豪出城降宋。

五月，宋朝改鄯州为西宁州。

十二月，宋朝廷改熙河兰会路为熙河兰湟路。唃厮啰政权宣告解体。

公元 1105 年（宋崇宁四年）

三月，廓州大首领洛施军令结叛宋，组织诸部围攻廓州。溪赊罗撒重新组织四万余众围困宣威城。

八月，宋朝廷下令在熙河兰湟路设置蕃学。

公元 1106 年（宋崇宁五年）

宋朝廷令重新占领的西宁、湟、廓三州诸城寨主簿，继续镇守本地。

公元 1108 年（宋大观二年）

一月，宋朝廷改封赵怀德为顺义郡王、昭化军节度使、河南蕃部总领。河南蕃将缅什罗蒙为节度观察留后，赐名赵怀忠。

四月，宋军收复洮州。

五月，溪哥城王子臧征仆哥投降，宋朝廷改溪哥城为积石军。

公元 1109 年（宋大观三年）

宋朝廷升湟州为向德军节度。

公元 1115 年（宋政和五年）

宋军十五万出湟州北，与西夏右厢军战于古骨龙城。赵怀德姑蔺毡兼卒身亡，其侄阿坚向宋请求承袭邑号得到宋朝廷准许。

公元 1116 年（宋政和六年）

六月，宋军筑古骨龙谷及清水河新城，宋朝廷改古骨龙谷为震武城，改清水新城为德威城。

七月，宋朝廷改震武城为震武军。

公元 1117 年（宋政和七年）

九月，西蕃王子益麻党征降宋，引见于紫宸殿。

公元 1118 年（宋重和元年）

一月，宋朝廷改湟州为乐州。

公元 1127 年（宋建炎元年）

宋朝廷命钱盖依旧担任陕西经制使，令钱盖在河湟选一名能服众而又忠于宋的大首领管勾部族。钱盖最终向朝廷推荐唃厮啰后人益麻党征，宋朝廷遂令益麻党征措置湟鄯事。后又赐益麻党征名为赵怀恩。

公元 1128 年（宋建炎二年）

金人攻陷秦州，宋边官李复降金。不久，金人兵临熙河。

公元 1134 年（宋绍兴四年）

赵怀恩因拒绝降金，被迫携家人及亲信到达四川阆中投附南宋。

公元 1136 年（宋绍兴六年）

西夏攻取乐州和西宁州。宋朝廷命赵怀恩为指挥都总领河南诸兵，并迁居成都府驻扎。

公元 1137 年（宋绍兴七年）

正月，南宋川陕宣抚使吴璘招降当地的吐蕃部落，董谷（赵继忠）率西蕃三十八族归降南宋。南宋加封董谷为武翼郎兼阁门宣赞舍人，其余各有赏赐。

公元 1153 年（宋绍兴二十三年）

赵怀恩由熙河观察使改授鼎州观察使，添差成都府兵马钤辖，不理务。

公元 1157 年（宋绍兴二十七年）

赵怀恩担任成都府兵马钤辖。

公元 1164 年（宋隆兴二年）

宋军攻破洮州，赵世昌之子结什角避祸乔家族，乔家族首领播逋与邻族木波、陇逋、厐拜、丙离四族耆老大僧等拥立结什角为木波四族长，号称王子。

公元 1165 年（宋乾道元年）

金世宗派移剌成除临洮尹，招降乔家族大首领结什角，由于金人为结什角报了杀父之仇,结什角率四族归附金朝。

公元 1166 年(宋乾道二年)

西夏出兵剿灭吹折、密臧二门,于是临近结什角统治区的陇逋、厖拜二门投降结什角。结什角接受陇逋、厖拜二门的投降让西夏大为不满,也使得这一地区的形势变得愈加复杂。西夏派使者到金国,称庄浪四族违法作乱,要求金朝兴兵铲除。但是金朝却以将检会其地旧所隶属为由,劝西夏勿擅自出兵。

公元 1169 年(宋乾道五年)

结什角去庄浪族探望母亲,被夏人侦知。于是夏人出兵围结什角并劝其投降。结什角不从,率所部力战,结什角被夏人斫断手臂,结什角之母被夏人掳走,结什角所部伤亡惨重。结什角不久因伤势过重而死。乔家等族以结什角之侄赵师古为首领。

公元 1170 年(宋乾道六年)

金朝诏以赵师古为木波乔家、丙离、陇逋、厖拜四族都钤辖,加宣武将军。

公元 1211 年(宋嘉定四年)

蒙古军灭西辽后回师东向,进入河湟地区。

公元 1213 年至 1217 年(金贞祐年间)

赵巴命富甲诸族。赵阿哥昌以军功任金熙河节度使。

公元 1227 年(宋宝庆三年)

成吉思汗率军攻打积石州,先后攻破临洮府及洮、河、西宁三州。是年灭西夏,占领河湟地区。赵阿哥潘退保莲花山,不久率部归降。

公元 1229 年(宋绍定二年)

窝阔台继汗位。皇子阔端率部进入秦、巩、临洮、河西等地镇守,承制以赵阿哥昌为叠州安抚使。

公元 1235 年（宋端平二年）

皇子阔端领兵由陕西入四川，赵阿哥潘率部随军出征。

公元 1237 年（宋嘉熙元年）

元军攻打蜀之门户大安城（今陕西宁强县阳平关），赵阿哥潘因战功被授予同知临洮府事。后又随军攻利州（今四川广元）、阆州等地，屡立战功。十月，攻破成都，赵阿哥潘进驻成都府。

参考文献

一、著作

[1] 班钦索南查巴.新红史[M].黄颢,译.拉萨:西藏人民出版社,1984.

[2] 蔡巴·贡嘎多吉,东嘎·洛桑赤列校注,红史[M].陈庆英、周润年译.拉萨:西藏人民出版社,2002.

[3] 蔡绦.铁围山丛谈[M].北京:中华书局,1983.

[4] 陈均.九朝编年备要[M].北京:商务印书馆,1986.

[5] 陈士桢等.兰州府志[M].清道光十三年刻本.

[6] 陈守忠.河陇史地考述[M].兰州:兰州大学出版社,1993.

[7] 陈守忠.宋史论略[M].兰州:甘肃文化出版社,2001.

[8] 崔永红,张得祖,杜常顺.青海通史[M].西宁:青海人民出版社,1999.

[9] 达仓宗巴·班觉桑布.汉藏史集[M].陈庆英,译.拉萨:西藏人民出版社,1986.

[10] 谷苞.西北通史[M].兰州:兰州大学出版社,2005.

[11] 顾祖禹.读史方舆纪要[M].北京:中华书局,2005.

[12] 郭厚安，陈守忠.甘肃古代史[M].兰州：兰州大学出版社，1989.

[13] 韩琦.韩魏公集[M].北京：商务印书馆，1936.

[14] 呼延华国.狄道州志[M].清乾隆二十八年修官报书局排印本.

[15] 孔平仲.谈苑[M].济南：齐鲁书社，2014.

[16] 廓诺·迅鲁伯.青史[M].郭和卿，译.拉萨：西藏人民出版社，2003.

[17] 李焘.续资治通鉴长编[M].北京：中华书局，1992.

[18] 李心传.建炎以来朝野杂记[M].北京：中华书局，2000.

[19] 李振翼.甘南藏区考古集萃[M].北京：民族出版社，2001.

[20] 联豫修.狄道州续志[M].宣统元年刻本.

[21] 刘建丽，汤开建.宋代吐蕃史料集[M].成都：四川民族出版社，1986.

[22] 刘建丽.《宋代西北吐蕃研究》[M].兰州：甘肃文化出版社，1998.

[23] 刘建丽.宋代西北民族文献与研究[M].兰州：甘肃人民出版社，2004.

[24] 吕温.吕衡州集[M].上海：上海古籍出版社，1993.

[25] 马端临.文献通考[M].北京：中华书局，1986.

[26] 芈一之.黄河上游地区历史与文物[M].重庆：重庆出版社，2006.

[27] 芈一之.芈一之民族历史研究文集[M].北京：民族出版社，2008.

[28] 穆彰阿.大清一统志[M].上海：上海古籍出版社，2008.

[29] 蒲文成，王心岳.汉藏民族关系史[M].兰州：甘肃人民出版社，2008.

[30] 齐德舜.唃厮啰家族世系史[M].北京：民族出版社，2011.

[31] 秦永章.甘宁青地区多民族格局形成史研究[M].北京：民族出版社，2005.

[32] 青海省民委少数民族古籍整理规划办公室.青海地方旧志五种[M].西宁：青海人民出版社，1989.

[33] 邵伯温.邵氏闻见录[M].北京：中华书局，1983.

[34] 沈括.梦溪笔谈[M].北京：中华书局，2009.

[35] 升允等.甘肃全省新通志[M].清宣统元年刻本.

[36] 司马光.涑水纪闻[M].北京：中华书局，1989.

[37] 司马光.资治通鉴[M].北京：中华书局，1956.

[38] 宋庠.元宪集[M].北京：商务印书馆，1933.

[39] 苏轼.苏轼文集[M].北京：中华书局，1986.

[40] 苏辙.栾城集[M].上海：上海古籍出版社，1987.

[41] 索南坚赞.西藏王统记[M].刘立千，译注.拉萨：西藏人民出版社，1985.

[42] 谭其骧.宋史地理志汇释[M].合肥：安徽教育出版社，2003.

[43] 汤开建.宋金时期安多吐蕃部落史研究[M].上海：上海古籍出版社，2007.

[44] 汪天顺，等.西夏战史[M].银川：宁夏人民出版社，1993.

[45] 王安石.临川先生文集[M].北京：中华书局，1959.

[46] 王溥.五代会要[M].北京：中华书局，1998.

[47] 王钦若等.册府元龟[M].北京：中华书局，1960.

[48] 王忠.《新唐书·吐蕃传》笺证[M].北京：科学出版

社，1958.

[49] 五世达赖喇嘛.西藏王臣记 [M].刘立千，译注.拉萨：西藏人民出版社，1992.

[50] 杨建新.中国西北少数民族通史 [M].北京：民族出版社，2008.

[51] 杨士奇.历代名臣奏议 [M].上海：上海古籍出版社，1989.

[52] 杨仲良.续资治通鉴长编纪事本末 [M].北京：北京图书馆出版社，2003.

[53] 佚名.宋大诏令集 [M].北京：中华书局，1962.

[54] 余说.岷州卫志 [M].清康熙二十六年抄本.

[55] 张舜民.画墁录 [M].北京：中华书局，1991.

[56] 张维.甘肃通志稿 [M].1964年油印本.

[57] 章如愚.群书考索后集 [M].扬州：广陵书社，2008.

[58] 赵汝愚.宋名臣奏议 [M].北京：商务印书馆，1986.

[59] 智观巴·贡却乎丹巴绕吉.安多政教史 [M].吴均，毛继祖，马世林译.兰州：甘肃民族出版社，1989.

[60] 洲塔.甘肃藏族部落的社会与历史研究 [M].兰州：甘肃民族出版社，1996.

[61] 洲塔.甘肃藏族通史 [M].西宁：青海人民出版社，2004.

[62] 祝启源.唃厮啰——宋代藏族政权 [M].西宁：青海人民出版社，1988.

[63] 祝启源.祝启源藏学研究文集 [M].北京：中国藏学出版社，2002.

二、论文

[1] 才让吉.唃厮啰政权和藏传佛教后弘期 [J].青海民族研

究，2005（3）．

[2] 陈守忠．北宋时期秦陇地区吐蕃各部族及其各居地考（上、下）[J]．西北师大学报，1996（2-3）．

[3] 陈新海．唃厮啰首府青唐城试探[J]．中国藏学，2000（3）．

[4] 杜建录．潘罗支河西吐蕃[J]．宁夏大学学报，1991（1）．

[5] 顾吉辰．《宋史》吐蕃纪事辨误[J]．史学月刊，1984（4）．

[6] 顾吉辰．北宋奉使邈川唃厮啰政权使者刘涣事迹编年[J]．西藏研究，1988（1）．

[7] 顾吉辰．北宋时期吐蕃政权与周邻的关系[J]．西藏研究，1991（1）．

[8] 顾吉辰．从夷坚志一条史料考辨唃厮啰之兄的后裔[J]．青海社会科学，1991（5）．

[9] 顾吉辰．唃厮啰编年事辑[J]．西藏研究，1986（4）．

[10] 顾吉辰．就唃厮啰家族世系的一些问题与汤开建同志商榷[J]．青海社会科学，1983（1）．

[11] 顾吉辰．邈川首领董毡编年事辑[J]．西藏研究，1984（3-4）．

[12] 顾吉辰．宋代蕃官制度考述[J]．中国史研究，1987（4）．

[13] 顾吉辰．宋与唃厮啰政权交往考述[J]．西藏民族学院学报，1987（1）．

[14] 黎宗华．论唃厮啰政权[J]．西北民族研究，1988（1）．

[15] 李峰．唃厮啰的交换贸易及货币形态[J]．中国藏学，1994（3）．

[16] 李蔚．论唃厮啰政权兴起的原因及其历史作用[J]．青海民族学院学报，1981（4）．

[17] 李智信．青唐城小议[J]．青海民族学院学报，2007（1）．

[18] 刘建丽．两宋时期西北少数民族政权特色述论[J]．西域

研究，2007（3）．

[19] 刘建丽．略论宋代西北吐蕃与周边政权的关系 [J]．西藏研究，2004（4）．

[20] 刘建丽．略论西北吐蕃与北宋的关系 [J]．兰州大学学报，2002（6）．

[21] 刘建丽．宋代西北吐蕃的手工业 [J]．西北师范大学学报，1997（4）．

[22] 马泓波．《宋史·吐蕃传》辨误 [J]．西藏研究，2004（4）．

[23] 孟楠．略论唃厮啰吐蕃政权与周边民族的联姻 [J]．青海社会科学，1998（4）．

[24] 蒲文成．宋代河湟开发述略 [J]．青海民族学院学报，2005（4）．

[25] 齐德舜．《陇右土司辑录·赵土司》初探——兼明清时期唃厮啰家族后裔史迹稽考 [J]．西藏民族学院学报，2012（2）．

[26] 齐德舜．《宋史·阿里骨传》笺证 [J]．西藏研究，2012（2）．

[27] 齐德舜．《宋史·董毡传》笺证 [J]．西藏研究，2014（2）．

[28] 齐德舜．《宋史·瞎征传》笺证 [J]．西藏研究，2013（3）．

[29] 齐德舜．《宋史·赵思忠传》笺证 [J]．西藏研究，2011（2）．

[30] 齐德舜．从"尊释氏"到"多元化"：唃厮啰家族及其居地的宗教嬗变研究 [J]．青海民族大学学报，2014（1）．

[31] 齐德舜．从《陇右土司辑录·赵土司》考明清时期的唃厮啰家族 [J]．四川民族学院学报，2012（3）．

[32] 齐德舜．从《清史稿》的一则错误考唃厮啰家族世

系——唃厮啰家族世系表辨误与补遗[J].中国边疆史地研究，2009（1）.

[33]齐德舜.唃厮啰家族末代土司赵天乙生平考述[J].中国藏学，2012（3）.

[34]齐德舜.陇逋族居地与迁徙研究[J].西藏研究，2019（2）.

[35]齐德舜.宋代邈川亚然家族考述[J].西藏大学学报，2020（1）.

[36]齐德舜.吐蕃政权的传统军事思想初探[J].西藏研究，2008（1）.

[37]齐德舜.吐蕃政权的传统军事思想初探[J].西藏研究，2008（1）.

[38]铃木隆一."唃厮啰"——青唐吐蕃王国和王号[J].秦永章，译.西藏研究，1990（2）.

[39]钱伯泉.唃厮啰生于高昌磨榆国辩正[J].民族研究，1990（2）.

[40]钱伯泉.凉州六谷蕃部的兴衰[J].甘肃民族研究，1992（1）.

[41]秦永章，邓文科.唃厮啰及其族属考述[J].西藏研究，1992（1）.

[42]秦永章.唃厮啰政权中的政教合一制统治[J].青海民族学院学报，1988（1）.

[43]任树民.北宋缘边吐蕃部族保卫盐井及反盐税斗争[J].西藏研究，1995（1）.

[44]任树民.宋代蕃部对西北边疆的开发[J].西藏民族学院学报，1998（2-3）.

[45]任树民.宋代缘边吐番风俗文化嬗变之考略[J].西藏民

族学院学报，1996（3）．

[46] 汤开建，杨惠玲．宋金时期安多藏族部落包家族考述[J]．民族研究，2006（1）．

[47] 汤开建，杨惠玲．宋金时期安多藏族部落佛教的兴盛及其原因[J]．广西民族学院学报，2005（1）．

[48] 汤开建，杨惠玲．宋金时期安多藏族部落与中原地区的马贸易[J]．中国藏学，2006（2）．

[49] 汤开建，杨惠玲．宋金时期安多藏族人口的数据与统计——兼谈宋金时期安多藏族人口发展的原因[J]．西北民族研究，2007（3）．

[50] 汤开建．唃厮啰家族世系考述[J]．青海社会科学，1982（1）．

[51] 汤开建．唃厮啰是青唐国的王号吗？[J]．民族研究，2007（1）．

[52] 汤开建．关于唃厮啰统治时期青唐吐蕃政权的历史考察[J]．中国藏学，1992（3）．

[53] 汤开建．宋"岷州广仁禅院碑"浅探[J]．西藏研究，1987（1）．

[54] 汤开建．宋代甘青藏族人口的发展及其原因[J]．民族研究，1988（5）．

[55] 汤开建．再谈唃厮啰家族世系的几个问题[J]．青海社会科学，1983（3）．

[56] 佟建荣．宋夏缘边叛服蕃部考[J]．固原师范专科学校学报，2006（2）．

[57] 汪天顺．北宋前中期的西北边疆经略[J]．甘肃理论学刊，2004（6）．

[58] 魏贤玲，洲塔．唃厮啰及其政权考述[J]．中国边疆史地

研究，2006（4）.

[59] 吴均.论邈川、宗哥、安儿三城及省章、安儿、青唐三峡的位置[J].中国历史地理论丛，1994（1）.

[60] 徐晓光.唃厮啰政权的"立文法"与宋朝藏汉关系立法[J].西藏民族学院学报，2004（4）.

[61] 岩崎力，古清尧校.西凉府政权的灭亡与宗哥族的发展[J].李大龙，译.西北史地，1991（2）.

[62] 姚兆余.论北宋对西北地区少数民族的政策[J].甘肃社会科学，1995（3）.

[63] 姚兆余.论唐宋元王朝对西北地区少数民族的羁縻政策[J].甘肃社会科学，1997（5）.

[64] 洲塔，樊秋丽.唃厮啰遗城"雍仲卡尔"考释[J].中国藏学，2010（1）.

[65] 祝启源.唃厮啰政权对维护中西交通线的贡献[J].中国藏学，1998（1）.

[66] 祝启源.唃厮啰政权史话[J].中国西藏，1989（4）.

[67] 祝启源.唃厮啰政权形成初探[J].西藏研究，1982（2）.

[68] 祝启源.宋代西北地区吐蕃与西夏关系研究[J].甘肃民族研究，1988（3-4）.

后　记

　　我始终觉得自己是幸运的，特别是在学术研究方面。学术研究最重要也是最为艰难的就是选题，无论是硕士研究生，还是博士研究生，抑或高校的青年教师，最为困惑的就是找不到固定的研究方向。而我没有这方面的困惑。在兰州大学攻读博士学位期间，我的导师洲塔先生为我选定的唃厮啰家族这一方向让我研究了十年之久，其间顺利获得了教育部和国家社科基金项目的资助。2015年和2016年，我申请的与唃厮啰相关的教育部人文社科青年项目和国家社科基金项目结项之后，如何继续自己的科研之路、选择一个主攻方向成为当时的我所面临的最大难题。再次让我感到幸运的是，我又遇到了一位良师，他就是我的博士后合作导师程民生先生。作为河南大学宋史研究团队的领军人物，程民生先生为我传道、授业、解惑，在学术上再次为我解决了难题。他鼓励我继续做宋代吐蕃研究，既可以延续以前的研究，又可以结合河南大学的地域特色。此外，从学科上来说，继续宋代吐蕃研究可以弥补河南大学宋史研究的薄弱环节；从个人方面来说，可以借助河南大学全国宋史研究重镇的地位得到学界的认可。

　　正是在程先生的鼓励和点拨之下，我将研究领域定位在宋代吐蕃研究。我没有将主攻方向定位在学术界热门的吐蕃政治、经济、宗教、文化等诸多方面，而是宋代吐蕃世家大族。众所周知，宋代西北地区分散居住着大大小小数千个吐蕃部族，《宋史·吐蕃传》称"自仪、渭、原、环、庆、镇戎暨于灵、夏皆有之"，我所研究的唃厮啰家族只是其中之一。在研究唃厮啰家族的过程中，我零星接触到其他一些家族，如邈川的亚然家族、秦州的尚波于家族、宗哥的李立遵家族、河南的扎实庸咙家族、青唐的阿里骨家族等。这些吐蕃世家大族在宋代是如何传承、生存的，后期又是如何发展、嬗变的，所有这些都值得深入探讨与研究。从 2016 年开始，我一方面着手整理宋代吐蕃世家大族的文献资料，另一方面逐一分专题进行研究。在发表了一系列文章作为前期成果之后，2018 年我的研究——"宋代吐蕃部族：个案与综合之研究"获批河南省高等学校哲学社会科学基础研究重大项目，这是唃厮啰家族研究之后我获批的第一个项目，本书正是这一项目的最终成果。

在对宋代吐蕃部族开展专题研究的同时，我开始着手收集宋代汉文文献中的吐蕃史料。正史中的吐蕃史料前辈学者已基本辑录完成，然而诸如宋代笔记、碑刻、文学作品等非正史资料中的吐蕃史料却从未有人辑录，这些资料同样是研究宋代吐蕃必不可少的重要文献，这项工作同样需要有人去完成。于是，我在 2019 年用了几乎一年的时间将宋代笔记当中的吐蕃史料全部辑出，并以此选题申报 2020 年教育部规划项目。2020 年 1 月，"宋代笔记吐蕃文献整理与研究"正式获批为教育部人文社科规划项目，这是我在唃厮啰家族研究之后获批的第二个高水平项目。

对宋代吐蕃的深入研究有一个永远绕不开的话题，那就是宋代汉文文献吐蕃词语的解读。这些吐蕃词语是宋代汉文文献在记录宋代西北吐蕃发展历程及与汉族、党项、契丹等周边民族政治、经济、文化交往过程中出现的大量与吐蕃相关的人名、地名、部族名、职官名、生产生活用语等方方面面的词语。据不完全统计，宋代汉文文献中出现的吐蕃词语达数千个之多，而目前学术界对宋代汉文文献中的吐蕃词语并未展开系统性研究。我在读博士的时候曾经跟着洲塔老师系统学习过藏语、藏文，我觉得应该利用所学全面解决宋代吐蕃词汇的同名异译、句读错误、拆合错误等讹误问题，准确诠释吐蕃词语的含义，从而更准确地理解和释读宋代汉文文献。宋代汉文文献中的吐蕃词语，大多具有特定的含义，与其社会、历史、文化背景密切相关，具有鲜明的民族和地方特色。对这些吐蕃人名、部族名、地名、职官名等逐一甄别和考辨，能够澄清由一人、一地、一事数名，进而误为数人、数地、数事的混乱现象，从而准确地理解吐蕃词语的含义，使相关史料得到正确的诠释和运用，避免张冠李戴，进而有助于准确地了解宋代西北吐蕃的政治、经济、文化、民族关系，以及自然和人文社会风貌。我的这一研究选题先后得到了博士后合作导师程民生先生、河南大学人文社科研究院院长展龙等人的认可，于是在继续宋代吐蕃部族研究和宋代汉文文献整理的同时，我着手以此为选题申报国家社科基金重点项目。一分付出，一分收获，"宋代汉文文献吐蕃词汇整理与研究"最终被立项为2021年国家社科基金重点项目。这一项目其实就是宋代吐蕃部族延伸的成果。

感谢这几年一直关心我的老师、同学、同事、朋友和亲人，我能够取得今天的成就离不开他们的支持和帮助！感谢河南大学宋史研究团队和河北大学宋史研究中心的所有同人。感谢我的导师洲塔先生和我的博士后合作导师程民生先生十余年如一日对我的悉心教导，我会一如既往地以我的努力回报两位恩师和所有朋友的关心与支持。此外，我的研究生关勇参与校对了本书的全部注释，在此一并谢过。

最后应该感谢的还是我的爱人李金英女士，数年前她曾经陪伴我度过人生中的至暗时刻，2021年上半年她又陪伴儿子齐庆钰度过了人生第一次大考——高考，顺利将儿子送入大学的校门，让我可以心无旁骛地专注于学术研究。本书的完成亦凝结着她的付出，工作之余她不仅为我收集了大量的文献资料，而且独立完成了本书最后两章5万余字的文稿，小家庭所取得的一切成绩都倾注着她的心血，都是对她的回报！

齐德舜
2021年12月10日于河南大学科技馆